政治理論のパラダイム転換

# 連邦主義とコスモポリタニズム

## ——思想・運動・制度構想

千葉 眞 *Chiba Shin*

風行社

# まえがき

*

本書の着想は、元々、筆者の本務校である国際基督教大学が推進した21世紀COEプログラム「『平和・安全・共生』研究教育の形成と展開」(二〇〇三〜二〇〇八年)との関連で行った平和研究を通じて得られた。その折、筆者は、研究テーマの一つとして平和の制度構想としての連邦主義の研究に取り組んだ。こうして平和の制度構想ということが、本書の基本的テーマとして自覚されるようになった。本書の着想は、したがってコスモポリタニズムから始まったというよりも、連邦主義の研究から触発された。そのような経緯もあり、第一章ではまず連邦主義の歴史的素描を行っている。

連邦主義とコスモポリタニズムは、古代世界に誕生し、人類史のさまざまな局面で少なからざる影響力をふるってきた思想・運動・制度構想であった。両者は歴史的にしばしば結合することもあったが、通常は別々に議論され、展開され、制度化されていった。西洋近代になって、なかんずくイマニュエル・カントにおいて、連邦主義の制度構想(国家連合および平和連合)とコスモポリタニズムは密接不離な結びつきを獲得し、その後の歴史において一般的に両者は不可分なものと認識されるようになった。そうした消息もあり、本書の基本的前提は、カントから出発しカントに帰着するという面をもっていることを最初に述べておきたい。本書の基本的モチーフは、カントの「平和連合」(Friedensbund/foedus pacificum) という理念から大きなインスピレーションを受けている。連邦主義とコスモポリタニズムにはそれぞれ多種多様な類型と理念があるが、そのなかでも平和の制度構想としての連邦主義と永遠平和を希求する理念としてのコスモポリタニズムに、本書は焦点を当てようと試みた。

＊　＊

連邦主義の概念の歴史において注目すべきは、その空間の組織化原理として古代オリエント、古代イスラエル、古代ギリシアといった世界のいくつかの地域に古くから定着していたという事実である。そうした歴史的過程をへて多様性のなかの統一という空間の組織化原理として展開された連邦主義は、次第に法的政治的行政的な制度として自らを展開し始めた。注目すべき第二点は、連邦主義の思想的系譜——たとえばJ・アルトジウス、H・グロティウス、L・フーゴー、S・プーフェンドルフなど——は、当時、勃興し展開されていった主権的国民国家体制へのオールタナティヴとして、国家の脱集権化、主権の共有を主張して連邦主義を展開していった事実である(第一章)。こうした主権的権力の分散化と共有を目指す分権型連邦主義は、当時の主流であった主権的国民国家に併走する仕方で、I・カントやP－J・プルードンなどをへて、傍流として二〇世紀に至るまで命脈を保ってきたことは、特筆に値する。とりわけ、カントのなかにはコスモポリタニズムと連邦主義が双方ともに流れ込み、しかも両者がカントにおいて結合し、カントから今度は一九世紀および二〇世紀へと流れ出ていく光景は壮観である（第二章）。カントの「平和連合」の考え方は、後に二〇世紀の国際連盟や国際連合へと収斂し、さらにその未完のモメントは、今日、欧州統合論、地球正義論を骨子としたコスモポリタニズム、さらには世界統合論へと流れ込んでいる。欧州連合（EU）の実験は、非戦共同体の形成という第二次世界大戦後の歴史的課題に出自を有する。そのようなものとして、「ポスト統合」の段階に入ったと言われる欧州連合が、今後ともその準国家連合的形態をどのように展開していくのか、まさに注目に値する。

本書ではさらに、今ではほぼ忘却の淵に沈み、また研究もほとんど進んでいない第二次世界大戦後の世界連邦運動を取り上げた（第三章）。この運動の歴史的意味を考察しつつ、その今日的意義と限界を十分に把握する作業は、不可欠であると考えられたからである。こうした第二次世界大戦後の世界連邦運動に関する批判的検討と考察は、今日、D・H・ドゥードニーやA・ウェントなどによって、核アナーキーの脅威との関連で一種の世界統合論が主張され始めたことを考えると、避けて通れないものといえよう。この関連では戦後の欧州統合に少なからざる貢献をなしたといわれるP-J・プルードンの主張、さらにはリヴァイアサン世界国家を忌避し、分権型連邦主義の可能性を模索したハンナ・アーレントの議論は傾聴に値する（第四章）。さらに今日に至るまで持続的な生命力を保持しているナショナリズムや愛国心の魅力と限界について、また愛郷心という意味合いに近い「パトリア主義」に媒介された複合的かつ重層的アイデンティティー、そしてそれに基づいた同心円的に広がっていくコスモポリタニズムの可能性についても考察している（第五章）。

終章の末尾と付論においては、東アジアの和解と平和に重点的に取り組む将来の日本の平和構築国家としての可能性について議論している。現状では、日本政府はかなりこれとは逆の方向に国政と外交の舵取りを行っているように見えるが、将来の日本の役割は、むしろ憲法の平和主義を積極的に活かすこと（活憲）にこそあり、平和構築外交（非軍事部門で国連との協働に限定）を積極的に展開していくことにこそあるであろう。具体的には東アジアの和解と平和にコミットしていくことにあり、またヒロシマ、ナガサキ、フクシマを経験した被爆（曝）国として、世界の核軍縮と核廃絶の実現に地道に取り組むことにある、といえるだろう。筆者はこのような主張（advocacy）をもって擱筆している。

連邦主義とコスモポリタニズム——思想・運動・制度構想／目次

まえがき……Ⅲ
第一章　連邦主義――定義と歴史的素描……1
はじめに　1
1　連邦主義の歴史的素描　6
2　連邦主義の二つの概念――哲学・社会的概念と政治・行政・法的概念　23
結びにかえて　40
第二章　カントのコスモポリタニズムと連邦主義構想……51
はじめに　51
1　永遠平和論の論理構造　55
2　連邦主義の制度構想とコスモポリタニズム　66
結びにかえて　75
第三章　第二次世界大戦後の世界連邦運動とその思想
――リーヴス、デューイ、ニーバーほか……87

はじめに 87
1 戦後の世界連邦運動の起源と経緯 89
2 世界連邦運動の思想とそれへの反論 106
結びにかえて 117
第四章 欧州連合の実験——その現状と連邦主義……129
はじめに 129
1 欧州連合とその連邦制のタイプ 131
2 補完性の原理と分権型連邦主義 140
3 分権型連邦主義への理論的示唆——プルードンとアーレント 145
結びにかえて——欧州連合の実験の示唆するもの 154
第五章 ナショナリズム、愛国心、コスモポリタニズム——集合的アイデンティティーに関する一試論……163
はじめに 163
1 ナショナリズムの持続的影響力 164
2 愛国心とコスモポリタニズム 179
結びにかえて——パトリア主義について 190
第六章 現代のコスモポリタニズム——世界の貧困、核廃絶、国連改革……203

はじめに　203
1　新しいアイデンティティーとしてのコスモポリタニズム　206
2　世界の貧困の克服をめざすコスモポリタニズム　208
3　核兵器出現後の政治と核廃絶の課題　216
4　緊急課題としての国連改革　226
結びにかえて　238

終章　分権型連邦主義とコスモポリタニズム
――もう一つの世界、世界政府論、東アジアの和解と平和構築……　249
はじめに　249
1　近年の世界統合論の復権について　250
2　「もう一つの世界」と世界政府論　259
3　東アジアにおける和解と平和構築　271
結びにかえて　278

付論　東アジアにおける和と共生の実現のために……　285
はじめに　285
1　戦後日本の戦争責任への対応とその不十全性　290
2　和、共生、正義　305
結びにかえて――東アジアの共同の家の建設にむけて　319

あとがき……327
事項索引 v
人名索引 i

# 第一章　連邦主義——定義と歴史的素描

## はじめに

本章ではまず連邦主義の定義と簡単な歴史的素描を行っておきたい。ここでの課題はもちろん網羅的なものではなく、いくつかの理念や系譜に限定されている。またコスモポリタニズムの歴史的概観は、これまた大がかりな作業になるため、ここではあまり取り上げていないことをお断りしておきたい。

「連邦主義」（federalism）とは、複数の構成体のあいだに統合と分権との連携の仕組みを創出する分節的結合の原理ないし理論である。その実際の制度的表現は、「連邦制」（federal system）と呼ばれている。連邦制には厳密な意味では二つの形態があり、「連邦国家」(federal state/federation)という単元的国家ならびに諸国家の連合体としての「国家連合」(confederation)である。しかし同時に、連邦主義の家族的類似概念としては、「同盟」(league)などもある。しかし、最小限の合意はここまでで、連邦主義は、社会諸科学、なかんずく政治学および国際関係論の概念として多義的であり、その定義に関しても混沌としている。連邦主義の概念は、その多義性のゆえに明確さに欠けていると指摘されてきた。さらに連邦主義の理論ないし概念といったものがはたして存在するのかについて、懐疑を差しはさむ論者も皆無ではない(1)。

こうした概念上の多義性ないし曖昧さにもかかわらず、この三〇年ほど、国際政治学、比較政治学、国際関係論、政治理論、行政学などの分野で、連邦主義の概念への関心の高まりが持続的に保持されてきたことは注目に値する。その理由はいくつか考えられるが、ここでは手短に三点だけを取り上げてみよう。

第一点は、一九九一年以降の欧州連合(EU)のダイナミックな展開に対する理論的および実践的関心である。すなわち、ヨーロッパというリージョン(地域)において、諸種の主権国家から構成される「国家連合」(confederation)形成の可能性や動きに対して、多くの理論家や分析者や政策作成者が、根強い関心を示してきたのである。西欧諸国の統合化への動きは、すでに第二次世界大戦後から一箇の規定の事実であり続けてきた。一九五一年にまず欧州石炭鉄鋼共同体(ECSC)が設立され、次に一九五八年には欧州経済共同体(EEC)結成により経済分野での統合が進み、また同年に欧州原子力共同体（EURATOM）の設立をみて、エネルギー分野における協力体制が整った。一九六七年にはこれら三つの機関が統合されて、欧州共同体（EC）の結成がみられたのである。そしてポスト冷戦期の幕開けに伴い、マーストリヒト条約の締結（一九九一年）を経て、実際には欧州連合（EU）という「国家連合」形成の模索が、飛躍的な仕方で展開していった。地方、国家、リージョン（地域）から構成される、いわば三空間の重層モデルが、はたして二一世紀の世界各地に見られるリージョン（地域）の進むべき方向を示しているのか否か、焦眉の理論的かつ実践的な関心事になったわけである。リーマン・ショック（二〇〇九年）と呼ばれた経済危機の後、経済・財政・金融分野における危機がギリシア、イタリアにも波及し、現在、欧州連合は歴史的な苦境に立たされている。しかし、こうした苦境を含めて欧州連合という「国家連合」形成の歩みは、世界の多くの理論家と政策作成者の注目と関心を引き寄せている。こうしたヨーロッパの統合化とポスト統合化の動きは、将来の制度構想としての世界のリージョン単位の連邦制的枠組みの形成への関心を地球規模で生み出さずにはおかなかった。

連邦主義への関心の高まりを招来した第二の理由は、前述の連邦主義の積極的意義とは鋭いコントラストにおいて、いわば連邦主義の消極的意義とでも言うべき問題と関連する。すなわち、前述の連邦国家であれ、国家連合であれ、なんらかの連邦制的枠組みが機能不全に陥り、解体の憂き目に遭遇した歴史的事例がいくつかあった。その顕著な事例は一九八〇年代から九〇年代にかけての旧ユーゴスラヴィアであり、旧ソヴィエト連邦であった。

たとえば旧ユーゴの場合には、チトー政権時代の連邦制的枠組みの解体の結果、異なった諸民族やエスニック集団間の緩やかな共存と連合の枠組みが崩れ、最悪の状況においては「民族浄化」（ethnic cleansing）という悪夢にさいなまれる事態となった。これは、元来の連邦制的枠組みの機能不全という形で出てきた一つの帰結であったが、その後の政治的混沌と社会的混乱は、ふたたびそれらを収束させる制度構想としてのなんらかの連邦制的枠組みへの期待を生み出すという皮肉な状況が見られたのである。旧ユーゴの歴史的事例は、当該地域の諸民族が今後とも地域内の共通の安全保障を手に入れるためには、なんらかの連邦主義の理念と制度に依拠することなしにそれがはたして可能なのか、という問題を提起している。同様の問題は、かつてのソ連の崩壊の問題にも見え隠れしていた。つまり、一九九一年にはソ連が解体して、ＣＩＳ（独立国家共同体）という「国家連合」を模索したものの、現実には諸民族の分裂と独立という事態を回避できなかった。問題は、ＣＩＳの場合も、連邦制的枠組みの解体が多くの独立国家の並立という事態を生み出したわけであるが、こうした多くの独立国家の並存は、ユーゴ危機やチェチェン紛争に持続的に見られるように、一発触発のリスクを背負った不安定な秩序だということである。こうした事態は、一面、より恒久的な平和と安全を保障するものとして、なんらかの連邦制的枠組みの形成が不可避であるとする、連邦主義の制度構想を一部では逆に要請するものとなっている。(2)

第三点として、一九八〇年代以降、今日に至るまで、世界各地で少数民族、エスニック集団、少数言語集団、少数文化集団による権利とアイデンティティーの承認を求める主張や闘争が持続的に発生してきた。これは、エスノ・ナショナリズムあるいは多文化主義（マルティカルチュラリズム）と呼称されてきた現象である。ここにはエスノ・ナショナリズムという現代版ナショナリズムの出現を確認できるだけでなく、同時に少数派集団の権利とアイデンティティーの承認を求めるデモクラシーの要求を観察することができる。

こうした動きはまた、いわゆる「先進社会」における現代政治の一形態としての「アイデンティティーの政治」と呼ばれる運動に繋がっていった。アイデンティティーの政治とは、少数民族、エスニック集団、少数言語集団、少数文化集団、ジェンダーに基づく構造的格差を受けてきた集合体としての女性、ホモセクシャルなど、これらの少数派集団ないし差別を受けてきたとの自己認識を保持する集団が、自分たちのアイデンティティーと権利擁護の承認を求めて、問題提起や法廷闘争や政治運動を展開してきた事例に由来している。このアイデンティティーの政治の要求との関連で、連邦主義の理念や制度構想が注目されてきたのである。要するに、多文化主義やアイデンティティーの政治が提起する民主主義的かつ解放主義的契機を尊重しながら、同時にそのアナーキー（無秩序）へのリスクをできるだけ抑止し、諸種の異質な集団が、なんらかの公正な統合のあり方を作り上げる必要が強く自覚された。ここから、社会的および政治的統合の方式としての連邦主義の可能性や制度構想への関心や期待が生じてきたわけである。(3) とりわけ、この関連で注目したいのは、多くの連邦国家が、旧来のスイスやカナダ、比較的近年のベルギーやスペインにしても、その起源として「複数ネーション（民族）連邦制」（キムリッカ）としての内実を保持していたことである。(4) こうして、積極的意味でも、消極的意味でも、また制度構想としても、連邦主義ないし連邦制とはいったい何であるのか、はたしてそれらは二一世紀の主要な社会的概念、政治・行政・法的概念、政治制度でありえるのか否か、という問題関心が広く共有されるようになった。

## 1　連邦主義の歴史的素描

連邦主義の概念の起源は、基本的に近代的概念であるナショナリズムよりも古いことは指摘するまでもない。同時にまたそれは、古代ギリシアに起源をもつデモクラシーよりもさらに古い時代にまでさかのぼる。数多くの連邦主義の解釈者によって長らく指摘されてきたように、連邦主義の概念は、古代世界各地のいくつもの歴史的系譜に由来している。それゆえに連邦主義は、古代世界において多種多様な形態をとって歴史に現れ、中世と近代における展開を経て、現在に至っているといえよう。本節においては連邦主義ないし連邦制の歴史的素描ということで、ごく簡単に振り返っておきたいと思う。

### (1) 古代

古代オリエント世界各地に見られた連邦制的構造は、どちらかといえば、宗主国が周辺の属国に対して権力の非対称に基づく支配・被支配の関係を半ば強制化しながら、同時に平和で安定した秩序を構築する制度的デザインという特徴を帯びていた。この権力の非対称に基づく連合の方式は、古代オリエント世界では紀元前三〇〇〇年前にさかのぼって確認することができる。その一つの典型的な歴史的事例は、たとえば紀元前一〇世紀頃の「ヒッタイト宗主権盟約」である。これは、さまざまな民族間ないしエスニック集団間の共同秩序の構成方式として一種の契約に基づいて連合体を形成する方法であった。しかしその場合、この構成方式の一つの顕著な特徴は、宗主国たるヒッタイトがその連合体において支配的な権限や特権――貢ぎ物の請求権など――を保持し、それらを承認する近隣のもろもろの属国を巻き込む仕方で構成されている点である。連合体を構成する諸種の属国には、宗主国に従属する見返りとして、当該リージョンにおける秩序と安寧が保障される。こうした連合の構成方式における権力の非対称は、後のペルシア帝国やローマ帝国の場合にも部分的に見られた特徴である。そこにはいわば帝国主義的な連合方式が採用されている。

## 古代イスラエル

連邦主義ないし連邦制的枠組みの起源について、古代イスラエルの果たした役割を看過することはできない。古代イスラエルの十二部族連合（アンフィクチオニー）は、紀元前一三世紀頃から八世紀――精確にはアッシリアにイスラエル北王国が制圧され、その仕組みが最終的に崩壊した紀元前七二二年――に至るまで、いくつもの体制変革を経ながらも、約六〇〇年間にもわたって持続された。古代イスラエルの伝統において、連邦主義の概念は、当初から神学的性格を帯びており、神と民族との契約関係（シナイ契約とモーセの十戒）という垂直の超越的次元が最初に存在した。そして民族内部の人間共同体としての水平的関係（十二部族連合）が、神と民族との契約（垂直的関係）によって作り出されつつ、同時にその契約関係を裏づける役割を果たすという構造がみられた。これは諸部族の民族的統一を連合の方式で維持しつつ、同時に諸部族の独立と多様性を尊重するという意味で、連邦主義の基本的性格を示すものであった。この古代イスラエルの連合的構造については、旧約聖書のモーセ五書、ヨシュア記、士師記、サムエル記上下、エゼキエル書などに断片的に示されているだけであり、旧約聖書の宗教的言語に覆われているので、その核心にある特徴を明らかにするのは骨の折れる作業となっている。

古代イスラエルの連邦制的枠組みの一つの大きな特徴は、それが基本的には、相互の権利義務関係や共通課題を規定した契約に基づく平等なパートナーとしての十二部族間の連合体の方式であった点である。この契約による連合方式は、士師サムエルの下にソウルが王に祭り上げられて王政が導入された（紀元前九世紀）後にも、部分的に継承された。すなわち、この連邦制的枠組みは、単に帝国主義的権力を保持する帝国とその国への忠誠を誓う周辺の隷属的諸国との関係を律する、古代オリエント世界に通常みられた連合方式を退け、連合体を構成する諸集団（十二部族）の水平的なパートナーシップの構成を意図するものであった。これが可能になった背景としては、同質性のきわめて高いイスラエル民族内部の部族間の連合方式であった事実があった。またこの連合方式の背後にはすでに、同一の宗教的世界像を前提とした神と民族（人間共同体）との契約関係が介在していた。この古代イスラエルの歴史的事例は、近代に至るまで、その後の連邦主義の思想の展開や諸種の連邦制の制度的展開に対して、規範的な影響を与えることになった(5)。

もちろん、古代イスラエルの世界像において契約の垂直的次元は、神と人間共同体（イスラエル）という非対称のパートナー間の契約であった。つまり、超越神ヤハウェが、一方的な恩寵と選びの下にイスラエルと契約関係に入ったがゆえに、イスラエルは、身分不相応にも神の自由なパートナーとして神との契約関係を締結したと説明される。たとえば、有名な「モーセの十戒」の冒頭には、「わたしは主、あなたの神、あなたをエジプトの国、奴隷の家から導き出した神である」（出エジプト記二〇章二節）という文章が記されている。イスラエルに対する神の一方的な選びと恩寵とは、イスラエルが保持する道徳的善や政治的力や経済的繁栄――実際、イスラエルはこれらのすべてを保持していなかった――のためではなく、むしろイスラエルが地上で最も弱小かつ寄る辺なき民であったがゆえに、一方的な僥倖として与えられたものであることが繰り返し述べられている（たとえば、申命記七章六―八節を参照）。しかしまた、これが神の一方的な恩寵に基づく契約であるがゆえに、十二部族から構成される人間共同体内部の水平的契約においても、ある種の宗教的かつ道徳的義務がイスラエル共同体の法と倫理として要求されることになる。たとえば、モーセの十戒の場合、それは「契約の書」とワンセットで制定されている。「契約の書」にはイスラエル共同体の法ないし倫理として、人道的律法が記されており、寡婦や孤児や外国からの寄留者への保護規定がそこには見られる（たとえば、出エジプト記二二章二〇―二六節を参照）[6]。

このように部族連合という水平的次元での契約関係に基づくイスラエル共同体の法と倫理の基礎には、神とイスラエルとの垂直的関係における契約が存在し、それが色濃く反映されている。こうしたイスラエル共同体の歴史的経験が、後代の連邦主義の思想と制度的展開に大きな影響を与えたことは、既述した通りである。その一つの証左として、その系譜から言葉の正当な意味での「フェデラル」——その語源はヘブライ語では berith、ラテン語では foedus であり、契約と連邦という両方の意味を保持する——な仕組みが生まれ出た事実を挙げることができる。そしてこの契約と連邦という二重の意味合いは、後代の連邦主義の展開にとっての一つの規定的な範型として作用した。またイスラエルの歴史的経験からは、契約、盟約、誓約、約束、連合といった概念が生み出され、これらの概念は、連邦主義の思想にとどまらず、後代の政治思想および政治実践や政治制度にはかり知れない役割を果たすことになった。(7)

## 古代ギリシア・ローマとコスモポリタニズムの発祥

連邦主義に対する古代的貢献については、古代オリエント世界や古代イスラエルの歴史的事例のほかに、古代ギリシアの歴史的事例も付け加えておく必要があろう。というのも、古代ギリシアの数多くのポリス（都市国家）が、紀元前六世紀頃から相互の共存共栄と軍事的防衛を目的とした連合的結束を追求したからである。だが、注意すべきは、古代ギリシアの場合は、純然たる連邦制的結合（federative union）——それもわずかにあったが——ではなく、同盟（league）関係が主流を形成したことである。後に見るように、連邦制的結合の場合——それが連邦国家であれ、国家連合であれ——は、それを構成する政治的諸単位のあいだに主権の統合ないし共有が見られる。しかし、同盟の場合には、二つ以上の国家がそれぞれの独自の主権を維持しながら、たとえば共同防衛の目的のために独自の戦争遂行権や交とどまる。

戦権――主権の重要な構成要素である――に相互に制約をかけたり、特別の取り決めを行ったりするに

二次にわたる「アカイア同盟」（第一次は紀元前六世紀から三三八年にまで、第二次は紀元前二八一年から一四六年にまで及んだ）や「イトリア同盟」（紀元前四世紀から一八九年まで続いた）などは、今日的には同盟に近い連合方式であった。同盟の目的は主として共同して軍事的防衛に当たることであったが、古代ギリシアでは短命に終わったものも含めて、一六から一八の同盟が存在したといわれる。

さらにアポロ神殿防衛のために近隣のポリスが結集して一種の連合を組織化したものに、「デルフォイ・アンフィクチオニー」（隣保同盟とも呼ばれる）があった。こうした古代ギリシアの同盟や連合については、ポリビウス著『歴史』やストラボン著『地理』において部分的に取り上げられたが、他方、政治体制の類型論に強い関心を示したアリストテレスは、『政治学』において同盟について一部批判的に取り上げている以外にほとんど言及することはなかった。したがって古代ギリシアにおいては、しばしば指摘されるように、同盟が主流であり、連邦ないし連合に類する事例はいくつか現れたものの、連邦主義の理論的探究や連邦制の実践的展開についてはほとんど見るべきものはなかったといえよう。(8)

古代ローマ帝国は、平等なパートナー間の双務的な連合の方式を foedera という用語で示したように、純然たる連邦主義の概念を有し、帝国初期の時代にはその実践もなされた。しかし、次第に片務的かつ不平等な帝国主義的な同盟ないし連合の関係が定着していった。また理論面でも、連邦主義に関して豊かな蓄積がなされたわけでもなかった。だが、ラテン語の foedus（連合／契約）やその類似語であ

るfides（信頼）は、政治的および対外的な関係における平等性、双務性、互恵性、寛容、尊敬、パートナーシップなどを含意する用語として定着していった。

さらに注目すべきは、世界市民とコスモポリタニズムの理念が、古代ギリシアとローマにおいて出現した事実である。世界市民の概念およびコスモポリタニズムの理念は、紀元前四世紀に生きたキニク派のディオゲネス、紀元前二世紀から紀元二世紀頃まで活躍したストア派の思想家たち——クリュシッポス、セネカ、キケロ、アウレリウスなど——によって提起されたのである。コスモポリタニズムは、事実、その後の連邦主義の議論に大きな影響を与えることになった。というのも、連邦主義の思想と制度構想は、多くの場合、ある種のコスモポリタニズムの理念によって導出され、基礎づけられてきたからである。世界市民の概念は、「世界」と「市民」の合成語である古代ギリシア語のkosmopolitēsに由来している。ディオゲネスは彼自身の出自を尋ねられた時、「私は世界市民だ」と答えたという逸話が伝わっている。キニク派やストア派のコスモポリタニズムの特徴は、それが必ずしも世界国家という政治的組織体を指向するものではなかったこと、むしろ人類共同体としての道徳的な世界市民共同体への帰属性とコミットメントを示していたことであろう。ストア派の理解にしたがえば、世界市民とは、共通の人間としての価値と尊厳のゆえに、また平等と理性の共有のゆえに、等しく世界の人類共同体に帰属する構成員としての自覚を共有している人々にほかならない[9]。

## （2）中世

中世においては、純然たる連邦主義、すなわち、平等なパートナー間の双務的な連合の方式は、ほとんど見られなかった。というのも、中世において支配的であった形態は、統治構造としては、たとえば神聖ローマ帝国のヒエラルヒー的統治であったり、国際関係としては片務的で帝国主義的な同盟関係ないし連合関係であったからである。中世世界において純粋な連邦主義の動きを示したのは、むしろ中央ヨーロッパの諸種の商業都市のあいだの軍事的防衛を目的とした同盟に近い連合体であった。その意味で中世ヨーロッパ諸都市の連合体は古代ギリシア型に近い。しかも注目すべきは、諸都市は具体的かつ明示的な文書を伴った「誓約」(compact) によって結ばれていたという事実である。とりわけ、重要な働きをなしたのは、諸都市を横断する同業種のギルド (職能組合) 間の誓約であり、それによって通商や交易にかかわる具体的かつ詳細な規定の策定がなされた。ある種の契約による双務的な結合関係がここには見られ、それが連邦主義的関係の証左となっている。これらのギルドはまた、自らの都市を治める領邦君主や統治者から商業活動を認める特別の許可証や認可証を取得し、自分たちの身分と自由を享受していた。新しい統治者が都市を治めるためには、これらのギルドの既得権を承認することを前提として、都市への入場が許可された。さらに統治の権限を得た後の新しい統治者の最初の仕事の一つが、これらのギルドの商業活動の許可証を更新することであった。こうして中世諸都市は自立的性格を強めていった。同様に一二世紀には中世ヨーロッパに散在したユダヤ人共同体も、ギルドと同じように他のユダヤ人共同体とのあいだに連合関係を結び、都市の統治者に彼らの存在と活動とを認可してもらうという方式を取っていた。(10)

中世ヨーロッパの連邦主義の展開について特筆すべきは、一二九一年にスイスの山岳地の諸共和国がゆるやかな連合を形成した最初の「スイス・コンフェデラシー」である。この旧スイス・コンフェデラシーは、長期にわたり安定した政治的秩序をスイス全土にもたらした。その地域にあった諸種の都市や共和国は多次元的および双務的契約をとりかわし、周辺の近隣諸国をも網羅する仕方で発展していった。中世の連邦主義の理論は、A・ダンテなどによって試みられたが、諸都市や旧スイス・コンフェデラシーなど、実際の連合体の形成の方が、理論的展開よりもはるかに先行していたことがうかがえる。

イベリア半島においては、「再征服」(Reconquest)の時代に、大小いくつかのキリスト教国家が、連邦制に類似した政治体制を作り上げたことが知られている。それらの国々は、一種の連邦制の下に多数の地方的政府を統制する仕組みを制度化していった。その結果、これらの地方的政府は、かなり自由度のある政治制度を保持することが許されたのである。その後、アラゴン王国が起こったが、連邦制はそこでも持続され、一四六九年には複数の王国から構成された地域連合が成立し、そこでは一八世紀初頭に至るまで緩やかな連合制が維持されたのである。

ヨーロッパ中世においては、イベリア半島の場合のように諸王国の連合制が各地で成就したことは顕著な歴史的事実であった。ハプスブルク王朝によって統治されたオーストリア=ハンガリー帝国、スウェーデンとノルウェーの二重構造の王国もまた、連合の方式を採り入れた政治制度を保持していた。[11]

西洋中世の連邦主義への理論的かつ実践的貢献の一つは、ローマ・カトリック教会の内部から出てきた神学的概念、すなわち、「補完性」(subsidiarity)の原理である。「補完性」の原理は、今日のリスボン条約（欧州連合条約）第五条第三項において規定された政策決定の基本原則として注目されてきた。そこでの政策決定は、通常、その影響を受ける小規模団体や地方自治体などの下位組織によって、効果的になされるべきであるとされる。それらの下位組織によって十分に遂行できない場合に限り、上位組織である国家や欧州連合によって政策決定はなされることになる。この補完性の原理は、初期近代以降、ヨハネス・アルトジウス[12]を嚆矢とする数多くの理論家たちやカトリック教会によって提起されてきた。しかしこの概念は、元来、カトリシズムの社会教説としてトマス・アクィナス『君主統治論』第一巻第一章にまでさかのぼるものである。そこでアクィナスは、後に「補完性」の原則として定式化されることになる考え方を次のように記している。「人々の個別の利益と共通善とは同一ではない。諸個人は私的利益については異なっているが、共通善に関しては一致している。そしてそのような差異にはさまざまな要因がある。それゆえに、個人が自分自身に固有の善の追求を促されること以外に、多数者の共通善を推進させる何かがあるということは、理に適っている」[13]。アクィナスはさらに、『対異教徒大全』第三巻第七六章において、一般的な重要事項については統治者が責任をもって決定し、より地方的かつ個別的事柄に関しては下位の統治責任者に決定権を委譲する必要性を主張している。欧州連合と補完性の原理については、第四章においてふたたび検討してみたい。

### （3）近代

初期近代あるいは近世と呼ばれていた時代に、宗教改革の思想、なかんずくジャン・カルヴァンとウルリッヒ・ツヴィングリの思想は、プロテスタンティズムを奉じるヨーロッパ各国の近代市民社会の形成に対して大きな影響を与えた。宗教改革の思想とその系譜やその傍流において、「契約＝連邦」(foedera) の理念を基軸とした教会と社会と政治共同体の形成の試みが、当時のヨーロッパ諸国やアメリカ大陸において果敢に行われたのである。教会の形成および政治共同体の形成は、「契約＝連邦」の理念を土台としつつ、基本的には諸個人の信仰と自由裁量を基盤としてなされた。既述した「契約（連邦）神学」(federal theology) とその立憲主義的諸概念とは、J・アルトジウス、ユグノー派、スコットランド誓約集団、さらには新旧イングランドのピューリタン諸派といった多様な担い手によって、一七世紀を中心にヨーロッパ各地とアメリカにもたらされる運命を背負っていたといえよう。[14]

「契約（連邦）神学」やピューリタニズムにおいて見られた自由教会や自由な共同社会の理念は、誓約共同体の原理および自発的結社の原理を基礎として、イングランド、スコットランド、オランダ、アメリカなどで活発に展開されたのである。さらに「契約＝連邦」の理念に基づく国家の形成という点では、なかでも一六世紀末のオランダが注目に値する。オランダは、諸地方を統合する理念および制度として、部分的にカルヴィニズムによって先鞭をつけられた連邦主義的方式を採用した。オランダが国家的独立を達成した際に、分権型の統治構造を制度化したが、この緩やかな連邦制はナポレオンによって征圧されるまで存続した。スイスもまた、「契約＝連邦」の理念による国家の形成を成し遂げた国である。カルヴィニズムとツヴィングリ主義の宗教改革の根強い影響の下で、一六四八年に第二次スイス・コンフェデラシーを確立し、ナポレオンに支配された時期を除いて、一八四八年に至るまで一種の連合体を維持したのである。そして近代西洋の連邦主義の制度的展開について特筆すべきは、アメリカ合衆国が「連邦国家」(federal state)として、ヨーロッパ型の「国家連合」(confederation)とは異質な連邦主義の形態として、一八世紀末に成立した事実である。

初期近代の連邦主義の理論は、たとえばJ・アルトジウス、H・グロティウス、L・フーゴー、S・プーフェンドルフなどによって部分的に展開された。その際、注目すべきは、連邦主義を部分的に理論化しようとしたこれらの思想家たちの自覚において、連邦主義の理念が、ニコロ・マキアヴェリ、ジャン・ボダン、トマス・ホッブズなどによって理論的考察に付された主権的国民国家パラダイムに対する一種の対抗パラダイムとして提示されたという事実である。アルトジウス、グロティウス、プーフェンドルフなどは、ほぼ同時代(一六世紀および一七世紀)のホッブズ、ジョン・ロックなどと同様に、自然法思想と社会契約説を援用した。しかし前者の理論家たちは、ホッブズなどがもっぱら主権的国民国家の基礎づけに終始したのに対して、国家の枠組みを超えて、国際秩序および国際法の可能性を視野に入れつつ、自然法思想や社会契約思想を自覚的に展開した。さらに初期近代のルネッサンス期に活躍したD・エラスムスは、古代ストア派のコスモポリタニズムを継承し、その自覚の下に人間の根源的な社会性や平和志向性を重視し、世界平和の論陣を張った。さらにイエズス会の神父であったサン・ピエールも、ホッブズやロックらと同様に宗教戦争の脅威に直面し、その惨禍を克服する方途として「国家連合としてのヨーロッパ」の理念を打ち出し、永遠平和論を唱道した。[15] こうした系譜は、イマニュエル・カントのコスモポリタニズム、永遠平和論、平和連合論に流れ込んでいった。カントのコスモポリタニズムと永遠平和論については、第二章で詳細に見ていくことになろう。

主権的国民国家へのアンチテーゼとしての連邦主義論は、一九世紀中葉のヨーロッパにおいてはP－J・プルードンにおいて最も典型的な形で現れた。プルードンは、フランス革命後の支配権力の専制化と中央集権化の過剰に対して脅威を覚え、さらに当時のイタリアの統一化の動きに対して危機感を抱いたのであった。これが、プルードンの連邦主義擁護の時代的背景にあった。第四章で具体的に検討するように、プルードンの連邦主義は、権力の分散化と脱集権化ならびに人民の地方的・文化的多様性を最大限に強調する分権型連邦主義であった。その理論上の特質は、一方において自由の可能性を現実が許容する限り最大限に認めつつも、他方、権力に関してはできる限り最小限度に保持される統治体を目指すところにあった。その点でプルードンの連邦主義論は、二〇世紀末以降の欧州連合の形成に実質的な貢献を果たしている[16]。

さらに主権的国民国家およびナショナリズムに対する対抗パラダイムとしての連邦主義の理論的意義は、一九世紀イギリスの自由主義者アクトン卿の連邦主義の議論においても確認できる。アクトン卿の政治思想においても、集権的権威を分散化させ、民族的多様性を維持し、可能な限り自由主義と民主主義を保障するものとして、連邦主義の精神と制度以上のものはないと理解されている[17]。R・ダミーコとP・ピコーンの以下のような見解は、いささか突飛に響くかもしれないが、近代連邦主義の思想史に即していえば、共通の前提と見解を提示するものといえよう。「連邦主義は、国民国家の時代的後進性に対する一つの有意義な応答にほかならない。国民国家は、もはやその歴史的役割を果たしえずにおり、もしくは公的事柄（res publica）を効果的に管理することはできずにいる」[18]。

プルードンは「連邦主義の最初の理論家」であることを自認し、また「連邦主義の父」であることを自ら主張した[19]。だが、『連邦主義の原理』（*Du Principe federatif*, 1863）において結実した彼の連邦主義論は、いわば一つの「国家連合」の理論であり、明らかに古典的な近代ヨーロッパの連邦主義の系譜に由来するものということも可能である。この限りでそれは、『ザ・フェデラリスト』（*The Federarlists*, 1788）の著者たちによって主張されたアメリカ型「連邦国家」とは対極に位置することは否定できない。というのも、アメリカ型連邦主義は、その始源において多様な諸邦を国家に統合化するために人工的国民の創造を試図した面があるからである。その意味でアメリカ型連邦主義は、少なくともその始源においては一種のナショナリズムのプロジェクトという一面をもっていた。この相違は双方の置かれた歴史的状況の違いによって説明できる。植民地時代の緩やかな連合体をより強固な国家に仕立て直そうとするアメリカ建国期のフェデラリストたちの試みは、一九世紀中葉のヨーロッパにおいてナショナリズムの過剰と排他性に対する抑制と均衡をいかに成し遂げるのかという問題意識に支えられていたプルードンの理論的試図とは、本質的に異なるものであったことは自明であろう。このように、プルードンのようなヨーロッパの近代連邦主義の思想史の視点に立った場合、アメリカ型連邦主義は、あくまでも亜流としての位置づけにとどまるものでしかない。

けれども「連邦国家」としてのアメリカ合衆国の成立は、後代の歴史に大きな影響を与え、アメリカ型連邦主義のカテゴリーに入るその後のいくつもの「連邦国家」の形成に先鞭を着けたのである。たとえば、D・J・エレイザーは、連邦制の歴史におけるアメリカ連邦国家の成立の多大な意義について語っている。アメリカ合衆国の事例は、近代国家として連邦国家の最初の事例であることは言うまでもない。しかも、大規模な領土において共和主義的自由と国家統合を成し遂げるために、ヨーロッパ型の連邦制（典型的には国家連合）とは別種の連邦制（連邦国家）を成立させた近代最初の歴史的事例である。アメリカ連邦国家の創設は、自由の政治体制の理念と連邦主義の理念との結合を大陸規模の領土で実現しようとする試みであった。[20] 連邦主義の研究者の幾人かは、アメリカの連邦制の事例を連邦主義の展開の歴史における亜流として受けとめる点で、エレイザーの前提とは異なった前提から出発している。それでもなお、近代の最初の連邦国家としてのアメリカの誕生は、連邦主義の概念を拡大する役割を果たしたことは否定できない事実である。

（4）現代

P・J・プルードンは、『連邦主義の原理』（一八六三年）において、「二〇世紀は連邦の時代の幕開けを見るであろう。さもなければ、人類はあと一〇〇〇年の煉獄の苦しみを経験するであろう」と述べた。[21] 二〇世紀と連邦制に関するプルードンのこの予言は、幾分かの真理性をもって実現されたにすぎない。というのも、二〇世紀は大々的な連邦制の幕開けにはならなかったが、しかしそれでもなお、統計的には二一世紀初頭までにおよそ二〇ヶ国を超える国家が自らの憲法によってなんらかの「連邦制」を採用しているのは事実だからである。そしてこれらの連邦国家は比較的に大規模な国家が多く、これら二十数ヶ国の人口を併せた数は、世界の総人口の約四〇パーセントにまで及んでいる。さらにこの他に二〇近くの国家が、正式に連邦制を採用しているわけではないが、それでもなんらかの方法で連邦主義的な制度、取り決め、協定を部分的に導入している。このような事実からも、現代における制度および理論としての連邦主義の意義は小さくなく、連邦主義への理論的および実践的関心の高まりは否定できない。とりわけ、二〇世紀末における欧州連合の目覚ましい展開は、ここ二〇年余り、世界のジャーナリズムや一般市民のあいだで、また学問の各分野を横断する仕方で注目を集めてきたことは周知の事実である。

ソヴィエト連邦が崩壊した一九九一年の暮れ、欧州共同体（ＥＣ）構成諸国は、オランダのマーストリヒトにおいて「マーストリヒト条約」を締結し、ヨーロッパ統合にむけて画期的な一歩を歴史に記した。この条約は、東西ドイツの統一をヨーロッパ統合の内部に位置づけ、統一ドイツのコントロールをはかりつつ、ヨーロッパ諸国の国家連合の枠組みを打ち立てるべく、やがて共通通貨の導入を決めたのである。その後の欧州連合の拡大と深化の動きはとどまるところを知らず、今日では二七の国家を擁する大規模な組織となっている。近年では欧州連合憲法の採択と批准に失敗し、ギリシア財政破綻、スペインやイタリアの経済的混迷など、多くの不安定材料を抱えてはいるが、欧州連合それ自体は政治的単位として確固たる基盤を形成しつつある。しかし、しばしば指摘されるように、欧州連合はいまだに「国家連合」（confederation）としての成立要件を満たしてはいず、せいぜい「通常の国家未満、政府間国際組織以上」の超国家的国際組織にすぎないと呼ばれることが多い。[22] 一方では、イギリスなどによって、欧州連合の連合的性格を極力抑えようとする試みが持続的になされ、他方、欧州連合による、南欧諸国と東欧諸国への南進と東進も限界を迎えつつある。そうしたことから、現在の欧州連合は統合化の動きに歯止めがかかり、「ポスト統合」の時代を迎えたという評価も有力になりつつある。[23] このように流動的であるが、欧州連合が提起しているのは、地方、国家、リージョン（地域）という三空間の共時的分節的結合の可能性である。主権的国民国家の至高性が成立しえなくなり、多文化主義や多民族主義が自らの正当性を主張する現代世界において、はたして欧州連合がリージョンを網羅する国際的統治体として、二一世紀の世界政治や国際関係を先取りする動きであるのか否かを含めて、世界の注目を集めている。

一九八〇年代以降、A・レイプハルト、K・ローウィン、J・スタイナーなどの政治学者たちは、「多極共存型民主主義」（consociational democracy）、「多極共存型政治体」（consociational polity）、「協和」（concordance）といった諸概念を駆使しつつ、中欧諸国の諸民族やエスニック諸集団による分断問題を克服しようと試みてきた。これらの理論的試みにも、連邦主義の発想法と制度構想が色濃く反映されており、それを「領土的条件を度外視した連邦制的枠組み」であると理解するのは適切であろう。[24] 少数民族やエスニック集団などのアイデンティティーの十全な承認は、従来の国民国家の枠組みでは次第に困難さを増してきている。今日、二〇〇を超える主権国家があるなかで、一七〇ヶ国を超える国々が多民族国家である。このことは、国民国家の内部においても、なんらかの連邦制的枠組みの必要性が鋭く認識されてきている実情を示している。

いずれにせよ、連邦主義は、二一世紀の世界の動向を考慮に入れた時、将来の制度構想として不可欠なものであることは否定できない。というのも、連邦主義の前提には自由かつ平等な人々や諸集団が、相互の自由と独立を尊重しながら、同時に共通の目的をより効果的に追求し、リージョンにおける平和な秩序と安全保障をより確実なものにしていくという意味合いがつねに存在するからである。それゆえに、自由と平等、連帯と平和な秩序を志向する連邦制的枠組みを追求していく試みは、これからも停止することはないであろう。これは、連邦主義が保持している平和の制度構想としての側面である。さらに連邦主義の制度構想には、自由の制度構想という側面もある。というのも、それは権力の集中化をできるだけ避けて権力を分散化させ、既存の主権的国民国家の主権を相対化していくことを追求する面があるからである。その意味で連邦主義は、自由で平等な人々が、主権の共有とその行使によって、契約や盟約を通じて自分たちの制度的枠組みを構成していく可能性と幅が担保されるという意味で、自由の制度構想という一面をも保持している。

## 2　連邦主義の二つの概念——哲学・社会的概念と政治・行政・法的概念

連邦主義の概念は、すでに見たように、紀元前三〇〇〇年という古代オリエント世界の歴史にさかのぼり、古代世界や中世世界そして近代世界において、さまざまな仕方で展開され理論化され精緻化されていった。それゆえに連邦主義に関しては、必然的に概念上の曖昧さがついてまわり、一義的な概念規定を許さないところがある。

要するに、連邦主義の概念の多義性、曖昧さの問題は、その歴史的展開の長大さ、複雑さ、多様さに帰せられるであろう。たとえば、一九五〇年代に隆盛をきわめたアメリカの行動科学的政治学において、連邦主義の概念は、概念上の曖昧さのゆえに社会科学の概念としては不適確であり、この概念の使用を控えるべきであるという議論がなされたことがある。

しかし、それにもかかわらず、長大な連邦主義の歴史的展開において、連邦主義の概念規定にとって、依拠することのできる分類法、考え方、発想法がないわけではない。そこで私たちは、連邦主義の概念規定にむけて、最小限の信頼できる分類法や考え方を整理する作業から出発したいと思う。

連邦主義には大別して、歴史的に二つの概念が見られるのであり、それらの二類型の区別から始めたい。第一の連邦主義の概念は、いわば政治的・行政的・法的概念である以前に、空間の組織化の原理としての連邦主義とでも称すべき広義の概念である。そして第二に連邦主義の概念は、「連邦国家」および「国家連合」に見られるような狭義の概念、つまり純粋に政治的・行政的・法的概念として連邦主義を意味するものである。最初にこの第2節では第一の広義の連邦主義の概念――一般的にはほとんど注目されることがない――について説明し、次に狭義の政治的・行政的および法的な概念としての連邦主義――今日における連邦主義ないし連邦制の通常の概念――を見ておきたい。

### （1）哲学原理ないし社会原理としての連邦主義

初めに、政治的・行政的・法的概念以前の広義の連邦主義——一種の哲学的ないし社会的概念——の概念規定を試みてみよう。筆者が広義の連邦主義というところのものは、通常の連邦主義の議論にはあまり出てこないが、とくに一九世紀中葉までの連邦制の歴史それ自体が問題としたのはこの広義の連邦主義であり、またその現代的意義は決して寡少ではなく、まず初めにそれを取り上げてみたい。

広義の連邦主義の概念は、一種の哲学原理ないし社会原理としての連邦主義であり、諸種の多様な集団や人々のあいだに共存共生の仕組みを形成する空間の組織化原理として定義できるであろう。空間の組織化の原理としての連邦主義が社会原理である以前に一種の哲学的原理である理由は、それが一定の哲学的方式を有しているからである。私たちは、この哲学的方式を一種の「多元主義」(pluralism)と説明してもよいし、「多様性からなる統一性」あるいは「統一性のなかの多様性」と理解してもよい。「多元主義」であれ、「多様性からなる統一性」であれ、逆に「統一性のなかの多様性」であれ、この哲学的方式を空間の組織化の原理として適用したのが、連邦主義である。たとえば、現代の連邦主義の主要な理論家の一人、プレストン・キングの理解によれば、連邦主義は、哲学的多元主義の制度的表現にほかならない。連邦主義の本質に内在したこの哲学的多元主義は、社会や政治の領域においては、たとえば権力分立の原則、均衡と抑制の原則、複数政党制、比例代表制、社会的多元主義の原則として表現されると説明されている[25]。哲学的多元主義の表現として連邦主義の本質を理解するキングの試みは、厳密な意味で政治制度や行政組織の概念というよりは、むしろ社会空間や政治空間ないしは集団的関係の組織化の原理としての連邦主義の理念を指し示すものといえよう。

さて空間の組織化の原理としての連邦主義の概念は、もともと古代オリエント世界および地中海世界の種々の政治社会において展開され行使された。この関連で注目すべきは、契約を媒介にして一種の連合体を形成する試みは、すでに見てきたように、古代オリエント世界や地中海世界においては共通に見られた現象であったということである。[26] 契約によって共通空間を組織化する広義の連邦主義は、ウィリアム・H・ステュアートの用語を借りれば、「盟約的連邦主義」(covenantal federalism) と呼ばれている。[27] この命名は、古代から近代にかけて展開された数多くの連邦主義および連邦制の実態を精確に反映しており、その意味では説得力のある呼称である。というのも、「連邦主義」(federalism) の原義ないし語源的意味が、既述したように、古代世界においてもともと種々の部族や集団のあいだに共同秩序を構成するための「盟約」ないし「契約」――たとえばその原義はヘブライ語 (berith) とラテン語 (foedus) の双方において「盟約」ないし「契約」を意味していた――という意味合いを帯びていたことからも理解できよう。この広義の「盟約主義」としての連邦主義は、たとえば、すでに触れたシナイ契約のような古代イスラエルの神と人間共同体との結合方式であったり、同時に十二部族連合のように諸種の人間共同体の結合方式でもあった。さらには同様の「盟約主義」としての連邦主義は、既述したように、古代ギリシアのアポロ神殿擁護のために近隣のいくつかのポリスが結集したデルフォイ・アンフィクチオニーにおいても、あるいは宗主国が近隣の属国をみずからの支配圏に組み入れる「ヒッタイト宗主権盟約」においても観察することができた連合体の結合方式であった。

ダニエル・J・エレイザーは、連邦主義の原理を説明する際に「自己統治と統治共有との結合」という表現を用いたことがある。[28] 彼の理解するところによれば、連邦主義を最も広範な意味合いにおいて理解するならば、それは「複数の個人、複数の集団、複数の政治体を持続的および有限的な結合において節合し、共通の目標を精力的に追求するための条件を作り上げると同時に、すべての当事者めいめいの固有性を維持する」仕組みにほかならない。[29] さらに別の箇所での彼の定義によれば、広義の連邦主義とは、契約を媒介にして節合される恒久性を帯びた結合体であり、この制度的枠組みによって、①権力の共有が可能となり、②主権問題が相対化され、③既存の有機的関係が補完されるようになる。[30] エレイザーのこうした連邦主義の理解は、後に検討する狭い意味での政治や行政の概念ないし制度としての連邦主義を念頭におきながらも、むしろ社会的概念としての連邦主義、すなわち、空間の組織化の原理としての連邦主義を言い表すものと言えよう。このような社会的概念としての広義の連邦主義は、国家レヴェルにとどまらず、またリージョンに限定されず、教会や集会、共同体や共同社会（結社）、連合組織などにも適用可能なものといえよう。

さらにまた斎藤眞はかつて、「メイフラワー誓約」に源流をおくアメリカ合衆国における契約や誓約の概念に基づく固有の組織化原理を「同質と異質との統合」[31] という表現で説明しようと試みた。この「同質と異質との統合」という概念もまた、空間の組織化の原理としての広義の連邦主義、つまり、「メイフラワー誓約」以来のアメリカに特有の「盟約的連邦主義」を示唆するものと理解することが可能であろう。一九世紀以降の政治制度、行政制度、法制度としての狭義の連邦主義は、歴史的には古代以来の「盟約的連邦主義」の多様な系譜から派生してきたものにほかならない。

既述した広義の連邦主義、すなわち、空間の組織化の原理としての連邦主義の概念は、今日、ますます重要性を帯びてきていると思われる。というのも、この広義の連邦主義は、現代世界において理論的にも実際的にも強く要請されている面があるからである。すでに検討したように、空間の組織化の原理としての広義の連邦主義は、ある場合は「多元主義」を意味し、「多様性からなる統一性」あるいは「統一性のなかの多様性」を示唆し、またある場合は「自己統治と統治共有との結合」ないしは「同質と異質との統合」を意味する。

民主主義とナショナリズムは「後期近代」としての現代世界を席巻している二つの巨大な潮流であるが、今日これらの二つの巨大な潮流は、しばしば互いにせめぎ合いつつ、また時には互いに提携しながら、現代世界の方向づけに一定の役割を果たしている。こうした「後期近代」として現代は、地方、国家、リージョンを問わず、必然的に「多様性からなる統一性」あるいは「同質と異質との統合」としての広義の連邦主義的な発想と空間の組織化を要請している[32]。というのも、ポスト冷戦状況、つまり、民主主義とナショナリズムの二重の波に晒された現代世界の状況をみる時に、他者や異質な集団との共存共生のための共同秩序の組織化原理としての連邦主義——広義の連邦主義ないし盟約的連邦主義——が理論的かつ実践的に要請される事態は首肯しうるものだからである。とりわけ、連邦主義がそれ自身の本来の定義——原義——に忠実であり、自己のアイデンティティーの確立と外部世界への有意性の形成という二局面を調和的に保持する空間の組織化原理であり続ける場合、連邦主義は、格別の理論的および実践的意義を包蔵した理念として立ち現れる。ナショナリズムの有する危険性は異質なものへの排他性であるが、連邦主義を媒介にすることによって外部世界との建設的な関係を築く可能性を獲得するであろう。同様に民主主義も、連邦主義に節合され接続されることによって、多様性や多元主義の要求により十全に応答することが可能になり、それ自身の原理をよりよく実現することが可能になるであろう。この意味で連邦主義は、ナショナリズムと民主主義の双方が直面している閉塞状況を打開するための鍵となる可能性を備えている。

理論的に要請される現代の空間の組織化原理としての連邦主義は、三つの規準を満たさなければならないであろう。第一は民主主義的規準である。連邦主義は、政治や社会組織の幾多のレヴェルにおいて参加民主主義への時代の真なる要求に正面から取り組まなければならない。第二は多文化主義的規準である。連邦主義は、多種多様な人々や各集団の有する、民族、エスニシティー、宗教、言語、文化などに基づく固有の権利やアイデンティティーの承認の要求を尊重していく必要がある。第三は多元主義的規準である。つまり、連邦主義は、ある特定の人々や個別的集団が排他的な仕方で自己主張を行い、自らの覇権を打ち立てようと試みる時、そうした自己絶対化の動きを制御し、多種多様な人々や集団間に公正かつ公平な共存共生の空間を形成するために、現実的な制度構想と制度的仕組みを提供する必要がある。(33)

### A. 政治・行政・法的概念としての連邦主義の定義

次に引用する文章は、カール・シュミットの連邦主義の議論に依拠したスーザン・ビシェイの定義である。これは、狭義の連邦主義、すなわち、政治・行政・法的概念としての連邦主義の定義として的を射ていると思われる。それゆえに、この定義を私たちの狭義の連邦主義の概念の理解にむけての出発点としたい。

「連邦主義とは、種々の主権的な政治的単位のあいだで締結される憲法上の取り決めに基づく一つの制度として定義してよいであろう。その制度においては、一方で『連邦』が集合的に扱うのが最善である、明確に規定された諸政策――たとえば外交政策、防衛手段、金融政策、関税上の諸規則など――に関しては、『連邦』が担うことになる。他方、同時にすべての他の事項に関しては、『連邦』を構成するそれぞれの自治的単位が担うべく、それらの政治的自律性を保証する制度である[34]」。

後述するように、ビシェイのこの連邦主義の定義は、「二重の主権」ないし「主権の共有」を前提とするヨーロッパ的伝統に基づく思想に依拠している。その意味でこの連邦主義の政治・行政・法的概念は、単元的国家（unitary state）の内実を帯びたアメリカ型「連邦国家」のそれとは微妙に異なっている。というのも、ビシェイの定義からすると、アメリカ型連邦主義の場合、連邦憲法に基づき、「連邦政府」がほとんどの政策や事項を扱うこととされるのに対して、連邦を構成する自治的単位としての諸州は、権限上、自律的に扱うことのできる政策や事項がおのずと限定されている。それゆえに、ビシェイのヨーロッパ的な定義にしたがうならば、すでに見たように、アメリカ合衆国の「連邦国家」は、実は連邦主義の嫡流ではなく、亜流ということになろう。しかしながら、実際問題としてアメリカ型連邦主義は、一九世紀以降のその後の連邦主義の概念や数多くの連邦国家の成立に深甚なる影響を与えたのであり、その歴史的意義を無視することは不可能である。

ここにおいて、アメリカ合衆国における連邦憲法の制定および批准にいたる「フェデラリスト」と「アンティ・フェデラリスト」とのあいだの確執を振り返ってみよう。実際の政治的対立や紛糾には厳しいものがあったけれども、そこには同時に「理論の政治」とでも称すべき事態が生起した。というのも、一方で「アンティ・フェデラリスト」と名指しされた一群の論者たち——ジョージ・メイソンやサムエル・アダムズなど——は、本来の伝統的意味——ヨーロッパ的意味と言い換えてもよい——では純然たるフェデラリストであった。他方、「フェデラリスト」と名乗ったアレクサンダー・ハミルトン、ジェイムズ・マディソン、ジョン・ジェイや彼らの仲間たちは、伝統的意味ではむしろ「ナショナリスト」と呼ばれるべきであったであろう。[35]『ザ・フェデラリスト』は、ある意味で「連邦主義」の概念の大幅な変容——拡大解釈——をもたらした。連邦主義のアルケミー（錬金術）がここに起こったことは、否定できないであろう。問題はこのアルケミーを、連邦主義の概念の創造的展開と理解するか、あるいは連邦主義の概念からの逸脱と捉えるか、であろう。一つの可能な解釈にしたがえば、J・マディソンの「拡大化された共和国」(extended republic)という考え方および「抑制と均衡」(check and balance)の原理を基盤とする「三権分立制」は、アメリカ型「連邦主義」の概念、すなわち、集権型連邦主義を導き出した貴重な理論的貢献ということになろう。

連邦主義の解釈者のあいだではアメリカ型「連邦主義」の評価について、二つの立場の対立がある。アメリカの「連邦国家」を連邦主義の創造的展開と位置づける代表的理論家には、モートン・グロジンズ、D・J・エレイザー、V・オストロムなどがいる。他方、C・シュミット、レオポルド・コール、アレクサンドレ・マルクなどの系譜を継ぐヨーロッパ系の理論家たちは、アメリカの事例を連邦主義からの逸脱か、あるいはその亜流と理解する傾向にある。

### B. カール・シュミットの連邦主義理解

#### 連邦主義の古典

C・シュミットは、膨大な『憲法論』(*Verfassungslehre*, 1928)の最後の箇所で連邦主義に関する精緻かつ明晰な理論的考察を行っている。『憲法論』のこの連邦主義の箇所は、しばしば古典と称されることもある。その議論はもともと一九二〇年代になされたもので古く、比較的短い論考であるが、とりわけ「連邦」(Bund)の歴史的および理論的意味に関して、その帰結に同意しかねる者にも、今でも示唆に富む議論となっている。シュミットにとって、連邦制とは何よりもまず、連邦を構成するすべての加盟国の政治的生存を保証する制度にほかならない。この目的のために「連邦」を構成するすべての加盟国は、協定に基づいてその統治体全体の秩序と統一性を維持し、そのために必要とされる諸種の持続的かつ共通の政治・行政的装置を形成していくのである。

まずシュミットは、「連邦」(Bund) と自律的な主権「国家」(Staat) とを区別する。「連邦」の場合、加盟国は自発的に他の加盟諸国と連邦条約ないし連邦協定を締結するが、それは加盟国それぞれの政治的自己保存を目的とする。その際、すべての加盟国の政治的地位に当然のことながら変化が生じるのである。これに対して主権国家の場合は、たとえ他の国家と同盟関係に入ったとしても、明らかに自らの主権および自己防衛権に変化が生じることはありえず、それらの権限を自国の当然の権利として一貫して保持する。(36)

シュミットはまた、「連邦」を「同盟」(Bundnis/Alianz) から区別している。「連邦」の場合、加盟諸国は、連邦条約を締結することによって、より大きな政治的単位の永続的かつ構成的なメンバーとなる。これに対して「同盟」の場合、加盟諸国は、同盟条約に規定された特定の諸条件のもとで戦争に参入する責任と義務を負い合うのであり、一時的に特殊な政治的および軍事的関係に入るにすぎない。(37)「同盟」関係に入る加盟諸国は、たとえ特定の規定に基づいて「交戦権」(jus belli) に関して規制を受けることになるとしても、加盟各国の政治的地位と憲法が変更を被ることはありえない。

これに対して「連邦」への加入はつねに、すべての加盟国の立憲主義上の変更をもたらすものであり、この変更は基本的に不可逆的かつ永続的なものと考えられる。(38) それゆえに「連邦」への加入は、それを企てる国家にとって、自らの政治的実存を賭して「生か死か」の決断を迫られる重大決定であることは言を俟たない。たとえば、新たに締結され制定される連邦憲法は、「連邦」に対して、「連邦」の維持と安全が脅かされるような場合には、加盟国に干渉したり最終決定をなしたりする「監督権限」を与えるのが普通である。さらに、言うまでもなく連邦憲法は、それぞれの加盟国に対して最終の意志決定をなす最高権威を保持することになる。したがって加盟国が「連邦」への加入を通じて「連邦」の構成国となった場合、「連邦」においてこそ、すべての加盟国の政治的実存が等しく保障され、また通常はすべての加盟国の領土の安全も同様に保障されるのである。そのような前提の下に、いわばそれと引き替えに、各加盟国の全政治的実存は「連邦」によって決定づけられることになる。(39)

シュミットにとって連邦制の基本的課題は、その領域に永続的な秩序と平和とを打ち立てることであると言って間違いないであろう。連邦のなかでは加盟国相互のあいだの「交戦権」は廃止され、その結果、その領域には持続的な安全と平和を確保する基本的要件が整えられる。加盟国の一つが他の加盟国に対して戦争を仕掛けたり、加盟国相互のあいだで戦争が起こったりした時には、連邦は自動的に消滅する。実際に一八一五年に連邦条約を通じてドイツ連邦を形成したプロシアとオーストリアとのあいだに戦争が勃発した時(一八六六年)に、連邦が自然消滅した事例がある。対外的には連邦とすべての加盟国とは、他の非加盟国による戦争、攻撃、侵略、威嚇などに対してすべての加盟国を防衛する義務を負うことになる。シュミットは、連邦の保持するこの種の交戦権を、つまり、加盟国相互の防衛のために緊急時に戦争に突入する可能性を、連邦の政治的協定の実質そのものと見なしている。それぞれの加盟国が独自に非加盟国に対して所持する交戦権は、通常、全面的に確保されるか、あるいは部分的に認められるか、のいずれかである。[40]

## 三つの二律背反

シュミットによれば、連邦制の理論と実践とは、いかなる連邦も必然的に保持することになる基本的な二重の実存のゆえに、法律上、また政治上、三つの基本的な二律背反を抱え込むことになる。第一の二律背反は、もっぱら国家が元来保持する自己保存の権利に係わるものであり、各加盟国の政治的自立と加盟国相互間の交戦権の放棄との緊張という仕方で特徴づけられる。第二の二律背反は、国家が元来保持する自決権の問題と関連しており、各加盟国の政治的自立と連邦による仲裁権との緊張という仕方で記述されている。第三の二律背反は、シュミット自身の言葉では「政治的実存の二元性」と表現されている問題であるが、より正確にはむしろ連邦制に固有の二重の主権性とでも呼ぶべき事柄である。[41] それは、各連邦加盟国と連邦とのあいだに恒常的にみられる実存上の均衡関係ないし緊張を維持することの困難性として特徴づけることが可能である。[42] こうした弁証法的緊張に最後まで耐え抜き、持ちこたえていこうとするのが、連邦制である。

連邦制が宿命的に抱え込んでいる弁証法的緊張——具体的には上述の三つの二律背反——に対するシュミット自身の答えは、きわめてシュミット的であり、興味深いものがある。きわめてシュミット的であるというのは、彼の法理論と政治理論の基本的特徴、すなわち、主権的国民国家と国民性への一種の偏りを示しているからであり、同時に「同質性」（Homogenität）に対するある種のパラドックスを示しているからである。いずれにせよ、シュミットが提示した処方箋は、理論的なものというよりは実際的性格のものであった。彼は次のように述べている。「すべての連邦は、一つの実質的な前提——つまり、あらゆる連邦構成国の同質性——に依拠している」[43]。

ここでのシュミットの基本的前提にしたがえば、加盟国相互の、また連邦の住民相互の実質的同質性あるいは同種性が、「連邦内部での激しい対立の可能性を初めから排除し得る本質的なコンセンサス」[44]をもたらすことができるというものである。彼の理解するところによれば、同質性の構成要素は国民、宗教、文明史、社会的伝統、階級といった諸種の契機が考えられるが、注目すべき重要な点は、加盟諸国の諸国民のアイデンティティーと同質性こそが、連邦に必要とされる同質性と凝集力を提供するのに最も可能で適切な契機である、とシュミットがはっきりと認識していることである。なぜならば、彼の著作が書かれた当時の歴史的条件の下では連邦の基礎は、主として「実質的同一性、存在上の親近性」の上に、たとえば、「国民的に同種で、同じ信念に立つ住民を擁した国家」（bei Staaten mit einer national gleichartigen und gleichgesinnten Bevölkerung）の上に礎定されるのが適切であると理解されたからである[45]。シュミットはさらに次のように説明している。

「同質性のある場合には、連邦は法的にも政治的にも可能であり、実質的同質性はあらゆる個々の憲法にとり本質的な前提として欠くことのできないものである。それが欠けている場合には、『連邦』の取り決めは、内実を欠いた人を惑わすものといえよう」[46]。

こうして基本的に国民的同質性および連邦加盟諸国とその住民たちの国民的アイデンティティーの親和性が前提とされて初めて、前述の三つの二律背反――つまり、連邦内での各加盟国による相互の交戦権の喪失、連邦による干渉、連邦内での二重の政治的実存――に対して一種の実際的解決を保障することが可能となる。これを異なった仕方で述べるならば、この種の同質性が保証されるところでは、交戦権の権利剥奪は、各加盟国の政治的自立を必ずしも無効にせず、また連邦の干渉は、各加盟国の自決権を否定するものではなく、さらには連邦の実存上の二元主義は、連邦の統合を必ずしも破壊するものではないと理解されている[47]。

### 「国民的同質性」と「民主制的同質性」

同質性の概念に関するシュミットの議論には、ある種のパラドックスが見られる。それはとくに連邦加盟国の「国民的同質性」の概念が「民主制的同質性」の概念と対比されて理解されている点に関連している。彼の主張するところによれば、民主制的同質性は、国家あるいは国民に依拠するというよりはむしろ、「人民の同質的統一性」に根拠づけられている。彼は国民的同質性を高く評価する一方、「単一の人民」の民主制的同質性を拒否するのである[48]。

これら二つの実質的同質性の相違に関して詳細な議論はどこでもなされていない。シュミットが、民主主義における単一人民の不可分の一元的意志による圧倒的な自己主張を、連邦の安寧にとっての一つの脅威として受け止めていることは明らかである。彼の指摘によれば、国民的同質性に依拠する連邦の場合には、こうした問題はありえないとされる。というのも、彼の指摘によれば、民主制的同質性から派生しうる「デーモス」（人民）の恣意的な暴民政治の危険性との著しい対比において、連邦における加盟諸国および住民の国民的同質性は、それらの個別的な自然的・地域的・歴史的差異および多様性を正当に評価し、受容することができるからである。こうしてシュミットは、民主主義制度においては唯一の単一的構造をもった政治統一体が存在しうるだけであるが、「あらゆる真なる連邦――国家連合ならびに連邦国家――においては連邦と並んで多数の政治統一体が共存している」[49]と述べている。こうした論拠に基づいてシュミットは、「われわれアメリカ人民は」で始まる憲法前文を有するアメリカ「連邦国家」ならびに一九一八年から一九年に民主化を成し遂げたドイツのワイマール共和国を、「連邦的基礎をもたない連邦国家」と見なしたのである。[50] 彼の理解に基づくならば、これらの国民的同質性の原理を欠落させた連邦制、あるいはこれらのいわゆる「連邦国家」における民主主義と不可分に結託した連邦主義は、おのずと擬似的な連邦を形成してしまう。

シュミットがここで試みているのは、第一に国民国家の原理と国民的アイデンティティーに対する一つの選択肢として連邦主義を把捉する一切の試みの峻拒であるといえよう。彼はむしろ正反対に、国民性の原理を連邦制の組織上の基盤として見なすのである。シュミットのここでの第二の論点は、連邦主義と民主主義とを真っ向から対峙させることにほかならない。

ところで私たちは、これらの問題点に関するシュミットの立場をどのように評価したらよいであろうか。複雑なニュアンスを秘めたこれらの問題に対して一義的に答えるのは困難であるが、まず彼の国民的同質性に関する議論が、それが表明された時代——一九二〇年代から五〇年代にかけて——の歴史的制約を色濃く反映している点を認識する必要があろう。シュミットの議論の前提となった二〇世紀前半と中葉の時代状況は、国民国家とナショナリズムに即してみた場合でも、一方において国民国家を越えようとする動きが活発になりつつも、他方でエスノ・ナショナリズムの跳梁に脅かされている現代世界の状況とは大きな隔たりがあると言わざるをえないであろう。

さらにつけ加えるならば、シュミットによる一枚岩的な単一人民の不可分の意志として把捉される民主主義の定義は、今日の民主主義の概念と現実を公正に評価するには余りにも狭隘であると思われる。なるほど彼の民主主義批判は、一般意志に基づくルソー型民主主義の有する専制への危険性を示唆する点で妥当な一面をもっている。けれどもデモクラシーの原理は、人民主権の原則の他に、人々の自治、地方自治体への参加、あるいは社会的平等の条件などを考慮に入れることなしには、十分に取り扱うことは不可能であろう。

シュミットの立論は、たしかに問題点をいくつか含みもつといえども、現時点から見ても、説得力のある議論が少なくない。たとえばシュミットは、アメリカ共和国の始源におけるアメリカ固有の「連邦主義的」解決法のなかに構造上の根強い集権化の契機——単元的国家の形成への不断の傾向性——が秘められていることを鋭敏に認識していた(51)。

## 結びにかえて

最後に連邦主義の概念の今日的意義として一点だけ、つまり、現代世界の制度構想としての連邦主義の重要性について若干触れておきたい。『ザ・フェデラリスト』第一篇に見られるA・ハミルトンの有名な文章をまず見ておきたい。

「はたして人間の社会は熟慮と選択とを通じてよき政府を確立することができるのかどうか、あるいは人間の社会はその政治構造の決定を偶然と強制力とに永久に委ねざるをえないものなのか、という重大問題の決定が、このアメリカの人びとの行動と実例とにかかっていることは、すでにしばしば指摘されているとおりである[52]」。

政治学や政治制度研究は、古来、政治社会の起源に関して、①集落の征服や侵略（上述のハミルトンの用語では「強制力」force)、あるいは ②集落の有機的発展や自然な成長（彼の用語では「偶然」accident）ということで説明しようと試みてきた。しかし、ハミルトンは、政治社会の起源の第三の可能性として ③「熟慮」（reflection）と「選択」（choice）という用語を用いたのである。本章で私たちは、連邦主義とは、語源的意味からしても、盟約主義——つまり、盟約ないし誓約を媒介にしながら、複数の部分が全体を構成する分節的結合の方式——であることを確認した。その場合、連邦主義が、支配者の有無を言わせぬ命令でもなく、征服や侵略によるものでもなく、盟約や誓約を媒介にした盟約主義に基づくものであるという事実は、そのなかに「熟慮」や「選択」といった理性的判断を含意するものであることが示唆されていた。このことは、ホッブズの社会契約説にすら妥当する。ハミルトンは、盟約主義としての連邦主義のもつこの一面を明示化したのである。その意味でハミルトンの言うところの「熟慮」と「選択」とは、連邦主義の政治的ヴォキャブラリーに親和性を有するものにほかならない。

こうして連邦主義は、人々の側の主体性や自発性を発揮するのに適合した政治的結合方式であり、それゆえに政治的運命性や所与性の呪縛からも免れた自由の制度構想たりえる特質を備えている。したがって連邦主義は、正義や友愛、自由や統合、複数性や多元性といった価値を、社会や政治や行政の仕組みに制度化できる可能性を豊かに包蔵した概念であると言うこともできる。

本章の議論から明らかなように、自由の制度構想としての連邦主義には三つの特質が見られる。連邦主義の制度構想としての第一の特質は、それが超国民国家的性質を有し、さらには支配者の絶対的かつ不可分な意志としての主権の概念への批判という意味合いを帯びているところにある。歴史的にみても、近代の主発点から一貫して連邦主義はそもそも、主権的国民国家システムに対する対抗パラダイムとして提唱されてきた経緯がある。これは、既述したように、J・アルトジウス、H・グロティウス、L・フーゴー、S・プーフェンドルフ、P-J・プルードンなどの連邦主義の試図において確認できる。

第二点として連邦主義の制度構想としての特質は、参加民主主義的価値の実現を可能とするものであるという点にある。シュミットのように民主主義を人民の意思の一元的支配として捉える視点からは、連邦制と民主主義の相即性の議論はなかなか出てこない。だが、プルードンを嚆矢とした分権型連邦主義を志向する理論的試みにおいては、民主主義の実質を地方における人々の参加と連帯の方式と理解する視点が生まれ、そこでは連邦制と民主主義の相互補完性が強調されることになる。このように連邦主義は、とりわけ分権型の場合、人々の参加や連帯、補完性の原理にみられるような地方の意向や利益の重視、脱集権、分権主義など、参加民主主義の契機を多く内包する制度構想であるといえよう。(53)

連邦主義の第三の制度構想としての特質は、それが平和の価値を制度的に保障する平和構想として卓越したものを保持しているという点である。本章では十分に焦点を当てることができなかったが、今日でも平和構想としての連邦主義の特質は、欧州連合だけでなく、パレスチナや東アジアを含む世界の多くのリージョンにおいてその適用可能性が模索されていくことであろう。カントの古典『永遠平和のために』(一七九五年)は、第二章で議論されるように、連邦主義的平和構想の提示において特色あるものであった。制度構想上のこれら三つの特質を備えた連邦主義は、政治理論としても政治制度としても、二一世紀の現在と将来の政治的現実に多種多様な仕方できわめて有意味な政治理念である。

注

(1) E.g., Francis H. Held, "Is There a Theory of Federalism?," *Political Science Reviewer*, Vol. 11. No. 4

(Fall 1981), pp. 287-310.「連邦国家」と「国家連合」とを本書では広く連邦主義の二つの基本形態とする前提に立脚しているが、ウィル・キムリッカは前者の「連邦国家」のみを連邦制と見なしている点で本書の前提とは異なっている。彼の連邦制の定義は以下の通りである。「連邦制とは、中央政府と、領土を基礎とした複数の下位単位(ラント/プロヴィンス/ステイト/カントン)との間で、権限配分が憲法によって定められ、特定事項については各レベルの政府が主権を有する制度である」。これは、後に見るように、ヨーロッパ型というよりは北アメリカ型(とくにカナダ型)の連邦制理解である。Will Kymlicka, *Politics in the Vernacular: Nationalism, Multiculturalism and Citizenship* (Oxford: Oxford University Press, 2001), p. 94. 岡﨑晴輝・施光恒・竹島博之監訳『土着語の政治』(法政大学出版局、二〇一二年)、一三七頁。

(2) Cf. Graham Smith, "Mapping the Federal Condition: Ideology, Political Practice and Social Justice," in *Federalism: The Multiethnic Challenge*, ed. Graham Smith (London and New York: Longman, 1995), pp. 157-179. Vesna Popovski, "Yugoslavia: Politics, Federation, Nation," in ibid., pp. 180-207.

(3) Cf. Smith, "Mapping the Federal Condition," pp. 1-22. 千葉眞『ラディカル・デモクラシーの地平——自由・差異・共通善』(新評論〔オンデマンド版〕、二〇〇八年)、二〇二—二〇六頁。

(4) たとえば以下を参照。Kymlicka, *Politics in the Vernacular*, pp. 91-119. 邦訳書、一三三—一七一頁。

(5) 古代イスラエルの契約共同体の形成と持続は、契約による諸集団の結合という先駆的な歴史的事例であり、その意味で中世および近代における連邦制的な枠組みの範型として作用したと言われる。すなわち、後代における約束——契約であれ、盟約であれ、誓約であれ——に基づく教会形成、誓約共同体の形成、共同体形成、共同社会（自発的結社）形成、国家形成の多くは、一面、古代イスラエルの歴史的事例にインスピレーションを見出している面がある。Cf., Daniel J. Elazar, *Exploring Federalism* (Tuscaloosa, AL.: The University of Alabama Press, 1987), p. 119.

（6）「シェーマ」（聞け、イスラエル）と呼ばれる、イスラエルの最高の道徳律として各家族で繰り返し唱えられるとされた戒めがあった。それは次のような戒めであった。「聞け、イスラエルよ。我らの神、主は唯一の主である。あなたは心を尽くし、魂を尽くし、力を尽くして、あなたの神、主を愛しなさい」（申命記六章四節）。さらに、「自分自身を愛するように隣人を愛しなさい。わたしは主である」（レビ記一九章一八節）も、イスラエル共同体の重要な法ないし倫理であった。

（7）後に見るところではあるが、一六世紀から一八世紀にかけてプロテスタンティズムの政治思想の流れに「契約（連邦）神学」（federal theology）を基軸として教会形成や政治社会形成の可能性を追求した試みがあった。この関連ではヨハネス・アルトジウス、フーゴー・グロティウス、ユグノー派、スコットランド誓約集団など、イギリスおよびアメリカ・ニューイングランドのピューリタニズムなどは、こうした古代イスラエルの契約思想の系譜を近代西洋において代表するものであった。さらにこの「契約神学」の流れと密接な関連をもちながら、より啓蒙主義的色彩ならびに主権的国民国家の基礎づけ理論としての性格を強めていったのが、トマス・ホッブズ、ジョン・ロック、ジャン＝ジャック・ルソーなどの近代社会契約説であった。そこから近代主流の政治思想が輩出していったことは周知の事実である。この系譜とは別に上述の「契約神学」の延長線上に、連合制的な仕組みを通じて異質な諸国家から構成される世界秩序構想を提示した思想的系譜もあった。この系譜――その影響力の大きさからみれば、決して傍流とは言えないであろう――には、サン・ピエール、イマニュエル・カント、ウッドロー・ウィルソン、マルティン・ブーバーなどの連邦主義の思想的流れを、位置づけることも可能である。

（8）Cf., Robert D. D'Amico and Paul Picone, "Introduction," *Telos*, No. 91（Spring 1992）, p. 16.

（9）Cf., Sharon Anderson-Gold, *Cosmopolitanism and Human Rights*（Cardiff: University of Wales Press, 2001）, pp. 1-2, 10-11.

（10）Elazar, *Exploring Federalism*, pp. 123-124.

（11）Ibid., pp. 124-126.

（12）マイケル・バージェスは、アルトジウスを「近代的フェデラリズムに関するヨーロッパの最初の偉大な理論家」と呼んでいる。Michael Burgess, *Federalism and European Union*（London and New York: Routledge, 2000）, p. 8. 以下をも参照。関谷昇「アルトジウスと補完性の原理」（千葉大学大学院紀要『人文社会科学研究』第二二号、二〇一一年三月）、一七―三二頁。近年、アルトジウスの結合体や連邦制に関する議論を含む次のギールケの名著が翻訳され出版された。オットー・フォン・ギールケ『ヨハネス・アルトジウス――自然法的国家論の展開及び法体系学説史研究』（笹川紀勝・本間信長・増田明彦訳、勁草書房、二〇一一年）、二三―一〇一、一六五―一八九頁。

（13）Aquinas, "The Treatise 'Regimine Principum' or 'De Regno'," in *Saint Thomas Aquinas: Political Writings*, ed. and trans. R. W. Dyson（Cambridge: Cambridge University Press, 2002）, p. 7. 柴田平三郎訳『君主の統治について』（岩波文庫、二〇〇九年）、一〇頁。

（14）E.g., Elazar, *Exploring Federalism*, pp. 115-119, 126-128. Vincent Ostrom, *The Meaning of American Federalism*（San Francisco: ICS Press, 1991）, pp. 9-10, 53 68. Ludger Kühnhardt, "Federalism and

"Subsidiarity," *Telos*, No. 91 (Spring 1992), pp. 79-80. Daniel J. Elazar, *Covenant and Commonwealth* (New Brunswick and London: Transaction Publishers, 1996), pp. 147-170, 231-287. Burgess, *Federalism and European Union*, pp. 4-8.

(15) サン・ピエールの永遠平和論とその制度構想については、以下を参照。押村高「啓蒙の利害アプローチとヨーロッパの平和建設——サン・ピエールの『永久平和論』」（千葉眞編『平和の政治思想史』おうふう、二〇〇九年）、四七—六六頁。

(16) 千葉眞『ラディカル・デモクラシーの地平』、二一七—二一八、二二五—二二八頁。

(17) Cf., Hector J. Massey, "Lord Acton's Theory of Nationality," *The Review of Politics*, Vol. 31. No. 4 (October 1969), pp. 505-506.

(18) D'Amico and Piccone, "Introduction," p. 10.

(19) Cf., G. L. Ulmen, "What is Integral Federalism?," *Telos*, No. 91 (Spring 1992), p. 137.

(20) Elazar, *Exploring Federalism*, p. xii.

(21) P.-J. Proudhon, *The Principle of Federation*, trans. Richard Vernon (Toronto: University of Toronto Press, 1979), pp. 68-69.

(22) 植田隆子「プロローグ」（植田隆子編『現代ヨーロッパ国際政治』岩波書店、二〇〇三年）、五頁。

(23) たとえば以下を参照。遠藤乾『統合の終焉——EUの実像と論理』（岩波書店、二〇一三年）。

(24) Cf., Elazar, *Exploring Federalism*, pp. 7-8. 石川一雄『エスノナショナリズムの政治統合』（有信堂、一九九四年）、iii、一五頁。

(25) Preston King, *Federalism and Federation* (London and Canberra: Croom Helm Ltd., 1982), pp. 19-20.

（26）E.g., George E. Mendenhall, *Law and Covenant in Israel and the Ancient Near East* (Pittsburg: Biblical Colloquim, 1955). George E. Mendenhall, "Covenant," in *The Interpreter's Dictionary of the Bible*, Vol. I (New York: Abingdon Press, 1962), pp. 714-723.

（27）Cf., William H. Stewart, *Concepts of Federalism* (Lanham: University Press of America, 1984), p. 57.

（28）E.g., Elazar, *Exploring Federalism*, pp. 5, 12, 84. Daniel J. Elazar, "Mason Versus Madison: Developing an American Theory of Federal Democracy," in *Federalism*, ed. Martin B. Cohen (Fairfax, Virginia: George Mason University Press, 1988), p. 70.

（29）Elazar, *Exploring Federalism*, p. 5.

（30）Ibid., p. 12.

（31）斎藤眞『アメリカ革命史研究』（東京大学出版会、一九九二年）、三―四二頁。

（32）岩崎美紀子『分権と連邦制』（ぎょうせい、一九九八年）、一〇―一五頁。千葉眞『ラディカル・デモクラシーの地平』、二二八―二三〇頁。千葉眞『アーレントと現代――市民の自由の政治』（岩波書店、一九九六年）、二〇三―二〇四頁。

（33）千葉眞『ラディカル・デモクラシーの地平』、二一七―二一八、二二五―二三〇頁。

（34）Susan Bishay, "Conformist Federalism," *Telos*, No. 95 (Spring 1993), p. 77.

（35）たとえば、ジョージ・メイソンの立場に関しては、以下を参照。Martin B. Cohen, "Introduction," in *Federalism: The Legacy of George Mason*, ed. Martin B. Cohen (Fairfax, Virginia: George Mason University Press, 1988), pp. 1-37. Elazar, "Mason Versus Madison: Developing an American Theory of Federal Democracy," pp. 65-102. またアメリカ型連邦主義の創出の歴史的経緯に関しては、以下を参照。

Linda Grant de Pauw, "The Roots of American Federalism," in *Federalism: The Legacy of George Mason*, ed. Cohen, pp. 39-64.

(36) Carl Schmitt, *Verfassungslehre*, dritte aufl. (Berlin: Duncker & Humblot, 1957), S. 365-366. 阿部照哉・村上義弘訳『憲法論』(みすず書房、一九七四年)、四一七―四一九頁。

(37) A.a.O., S. 365-367. 邦訳書、四一七―四一九頁。

(38) A.a.O., S. 366-369. 邦訳書、四一七―四二一頁。D'Amico and Picone, "Introduction," pp. 21-23.

(39) Schmitt, *Verfassungslehre*, dritte aufl., S. 367-369, 386. 邦訳書、四一九―四二一、四三五―四三七頁。

(40) Cf., a.a.O., S. 368-370, 385-386. 邦訳書、四二一―四二三、四三三―四三五頁。

(41) Cf., a.a.O., S. 370-372. 邦訳書、四二三―四二五頁。C・シュミット自身は、「二重の主権性」といった表現を絶対に使用しないであろうとの想定がたしかにありえるであろう。というのも、シュミットにとって「主権」の概念は、まさにこの政治的実存の二元性ないし対立の問題について、「最後の言葉」を示すか、あるいは「最終決断」をくだすことで、一義的に決定することを意味すると考えられるからである。Cf., a.a.O., S. 370-371. 邦訳書、四二三―四二四頁。それゆえに、こうした解釈にしたがえば、「二重の主権性」とは言辞矛盾にほかならないと理解されるかもしれない。

　しかしながら、実際はそうではなく、シュミットが連邦における「政治的実存の二元性」ということで、事実上、筆者の言う「二重の主権性」を意味したという事実を指摘しておきたい。というのも、シュミットは次のように述べているからである。「……連邦そのものが加盟諸国そのものと併存し続ける限り、連邦と加盟諸国との間の主権の問題がつねに決着をみていないオープンな問題としてとどまることは、連邦の本質に属することなのである。仮に加盟諸国ではなく連邦そのものが主権を保持するような連邦について語り、また連邦が、すなわち全体のみが、全体として政治的実存を有するような構成体について語るならば、その場合に実際には単一の主権国家が存在するだけなのである。こうして連邦のもつ固有の問題は、簡単に回避されてしまうのである」。A.a.O., S. 373. 邦訳書、四二六頁。[この段落は、一部、筆者自身による訳を用いている]。
(42) A.a.O., S. 371. 邦訳書、四二四頁。
(43) A.a.O., S. 376. 邦訳書、四二八頁。
(44) A.a.O. 邦訳書、四二八頁。
(45) A.a.O., S. 377. 邦訳書、四三〇頁。
(46) A.a.O., S. 379. 邦訳書、四三一頁。
(47) A.a.O., S. 377-379. 邦訳書、四三〇—四三一頁。
(48) Cf., a.a.O., S. 388-390. 邦訳書、四四二—四四四頁。
(49) A.a.O., S. 389. 邦訳書、四四三頁。
(50) A.a.O., S. 389. 邦訳書、四四二頁。この関連で注目すべき点は、アメリカのジョン・カルフーンならびにドイツのマックス・フォン・ゼイデルの分権型連邦主義理論に関するシュミットの評価である。シュミットによれば、彼らの分権型連邦主義理論は、アメリカ合衆国ならびにワイマール共和国の単元的な「連邦国家」への発展によってたしかに時代遅れのものとなったが、しかし彼らが決して連邦主義の理論構成において誤っていたわけではないとされる。A.a.O., S. 388. 邦訳書、四四二頁。Cf., King, *Federalism and Federation*, p. 44.
(51) Schmitt, *Verfassungslehre*, dritte aufl., S. 388-391. 邦訳書、四四一—四四四頁。Cf., Kühnhardt, "Federalism

and Subsidiarity," pp. 80-81. Ulmen, "What is Integral Federalism?," pp. 135, 148. King, *Federalism and Federation*, pp. 22-31.

(52) Alexander Hamilton, James Madison, and John Jay, *The Federalist*, 2nd ed. Max Beloff（Oxford and New York: Basil Blackwell, 1987）, No. 1, p. 1. 斎藤眞・中野勝郎訳『ザ・フェデラリスト』（岩波文庫、一九九九年）、一五頁。〔訳文は一語、「暴力」を「強制力」に変更〕。

(53) E.g., D'Amico and Picone, "Introduction," pp. 8-9.

# 第二章　カントのコスモポリタニズムと連邦主義構想

## はじめに

イマニュエル・カント（Immanuel Kant, 1724-1804）は、晩年に珠玉のような小さな作品『永遠平和のために』（*Zum ewigen Frieden*, 1795）を著したが、同書は古典として読み継がれてきた。この著作の出版二〇〇周年にあたる一九九五年およびその前後には、世界各地で同書に関する多くのシンポジウムが開かれ、多数の書物が刊行された。また、カント没後二〇〇周年にあたる二〇〇四年にも、カント哲学をめぐる同様の企画が世界各地で多数もたれた。本章では強靭な生命力を誇るこの古典的名著『永遠平和のために』を基礎文献にして、カントの永遠平和論とコスモポリタニズムについて考察しておきたい。

カントは、自らの世界市民的秩序のヴィジョンを表現するために「永遠平和」という概念をサン・ピエール著『永遠平和論』（とくに第一部、一七一三年）から受け継いだ。周知のように、「永遠平和」は、戦争が恒常化していた一八世紀のヨーロッパにおいては、墓地に記される死後の永眠としての「とこしえの平安」を意味するものと受けとられることもあった。これはサン・ピエールの場合にも自覚されたことであったが、カントもまたそれを意識して「この風刺的な表題」と表現している。[1] カントは講和条約の定式を用いて『永遠平和のために』の議論を展開したが、これは執筆当時の普仏戦争の停戦に基づく講和条約の事例を念頭においたとともに、サン・ピエールの前述の書物の形式を踏襲したものと思われる。カント哲学の研究は彼の死後二〇〇年を経過して、今なお盛んであるが、不思議なことに彼の政治哲学への関心はつい最近に至るまでさほどの拡がりを見せなかった。これは、カントの哲学大系において政治哲学に類した著作が、おそらくこの小さな作品『永遠平和のために』――これも純然たる政治哲学の著作とはいえないが――を除けば、ほとんど書かれなかったことも一因と考えられる。この著作も長いあいだ、時評的なエッセイと見なされてきたきらいがある。さらにカントの政治哲学を究明しようとすれば、政治的事柄がごく断片的に取り扱われている三批判書はもちろんのこと、道徳哲学、歴史哲学、形而上学のジャンルの諸種の論考を網羅的に扱う必要がある。すなわち、必要文献には、たとえば次のものがはいるであろう。『純粋理性批判』（とくに第三部、一七八一年）、「世界市民的見地における普遍史の理念」（一七八四年）、『啓蒙とは何か』（一七八四年）、「ヘルダー論評」（一七八五年）、「人間の歴史の憶測的起源」（一七八六年）、『実践理性批判』（一七八八年）、『判断力批判』（一七九〇年）、「理論上は正しくとも実践には役立たないという俗説について」（一七九三年）、『たんなる理性の限界内における宗教』（一七九三年）、『永遠平和のために』（一七九五年）、『人倫の形而上学』（一七九七年）、『諸学部の争い』（一七九八年）などである。

カントに純然たる政治哲学の著作がなかったという事実は、カントが哲学者であったと同時に、当時第一級の政治哲学的思索を行っていたことを否定しないであろう。カント自身、毎日の昼食をとりながらの談話では政治的事柄を取り上げることが多かったと伝えられている。また彼は、ホッブズ、ロック、プーフェンドルフ、モンテスキュー、ヒューム、ルソーといった近代政治哲学の形成者たちの著作を丹念に読んでいたことは周知の事柄に属する。さらにカントは、一八世紀末のヨーロッパの政治の日常的展開に興味を示し、アメリカ革命とフランス革命という二つの近代市民革命に深い関心を寄せ、市民的自由の進展に賛意と共感を表明していたこともよく知られている。[2] しかし、カントは自国プロイセンにおいて市民革命を含む急進的な政治を支持することはなく、フリードリッヒ二世の統治に能う限りにおいて恭順を示した。カントの政治意識には生来の保守的気質も観察することができる。

『永遠平和のために』の刊行二〇〇周年記念をめぐるカントへの近年の関心の増大にみられるように、二一世紀初頭の現在、カント・ルネッサンスとでも呼ぶべき状況が生みだされている。これはカント哲学本体のルネッサンスというよりは、カントの政治哲学、倫理学、法哲学と立憲主義論、平和思想とその制度構想における活況と称した方が正確であろう。今日のカント・ルネッサンスの背景としては、概して次の五つの事柄があったといえよう。第一にジョン・ロールズの政治哲学のいくつかの局面が、カント復興を体現していたことを挙げることができる。今日の多くの政治理論家たちは、ロールズの義務論的正義論、その定式化における社会契約説の思惟様式の使用、審議的（熟議）民主主義論などにカント哲学の刻印を確認している。第二にハンナ・アーレントの政治哲学における重要な一面を構成している判断力論や公共性論には、明らかにカントの『判断力批判』にみられる美的および趣味的判断の議論の影響がみられたことを挙げることができよう。アーレントの判断力の理論によってカント政治哲学への一つの接近視角が得られただけでなく、後のエルンスト・フォルラートやロナルド・ビーナーの仕事にみられるように、判断力の政治思想の展開への端緒となったことが想起される。(3) 第三の影響力として、ユルゲン・ハーバーマスを中心とした市民的公共性論、コミュニケーション論、討議倫理学、審議的（熟議）民主主義論、さらには国際社会および国際法の立憲化の議論などが、カント哲学全般への関心を、この三〇年程、喚起し続けてきたことも看過できないであろう。(4) 第四にアメリカを襲った「九・一一の出来事」ならびにその後のアメリカによるアフガン戦争とイラク戦争といった二一世紀初頭における国際政治の緊迫化が、逆説的ではあるが、カントの永遠平和論への関心をいやが上にも強める結果となったことも否定できないであろう。また最後に、カントの連邦主義構想とコスモポリタニズムへの関心は、欧州連合における国家連合の構築にむけた動きによっても助長されてきた。

本章では『永遠平和のために』を基本的テクストとして用いながら、カントの平和思想とコスモポリタニズムを中心に検討を加え、その連邦主義構想に光を当ててみたいと思う。カントの平和思想や政治哲学の詳細な問題にかかわるというよりも、むしろ周知の理論の大筋を描くことに力点がおかれることになる。さらに永遠平和を保証するものとしての「偉大な芸術家である自然」に関するカントの興味深い自然＝目的論の問題、また平和の構築に対する商業活動のもつ両義性に関するカントの啓発的な考察、政治と道徳の関係に関する興味深い理論も、カントの永遠平和論の重要な構成要素であるが、本章では直接に取り上げることはしない。

## 1　永遠平和論の論理構造

### (1) 永遠平和のための六つの予備条項

カントの活躍した一八世紀中葉から一九世紀初頭のヨーロッパはきわめて不安定な政治状況を呈しており、大小の戦争や紛争が絶え間なく生起していた。その時代はオーストリア継承戦争を嚆矢として、七年戦争、ポーランド分割、フランス革命およびヨーロッパ君主制諸国の対フランス干渉戦争など、断続的に動乱や紛争が続いていたのである。しかも、『永遠平和のために』執筆の直接の動機となったのは、普仏戦争の停戦であり、そのこともあって同書の形式もバーゼル講和条約の定式を踏襲するもので、六つの予備条項、三つの確定条項、一つの秘密条項を含む二つの補説、さらに二つの付論から構成されていた。バーゼル講和条約の秘密条項では、プロイセンはライン左岸を放棄する代償としてライン右岸地域の領有を保証され、革命フランスへの君主制諸国の干渉戦争から離脱することを約束したのであった。カントは、バーゼル講和条約の内容についてどのような見解をいだいたかということをどこにも記していない。だが、同時代の読者は、カントがこのポーランド分割（ロシア、プロシア、オーストリアによる）を批判的に見ていたことを理解していたと思われる。この停戦は一時的な休戦でしかなく、次なる戦争への準備以外の何ものでもないことを、カントは認識していた。それは、同書の冒頭の第一予備条項で、「将来の戦争の種をひそかにやどして締結された講和条約は、決して講和条約とみなされるべきではない」と記していることからも、明らかであろう。[5] こうした講和条約による停戦は、「単なる休戦状態であり、つまり敵対行為の延期であって、平和ではないからである」[6]。この第一予備条項の後に次の五つの予備条項が続く。第二予備条項「独立して存続しているいかなる国家（大小はここでは問題でない）も、相続、交換、買収、または贈与によって、ほかの国家の所有にされるべきではない」。第三予備条項「常備軍は、時がたつとともに撤廃されるべきである」。第四予備条項「国家の対外的な紛争に関しては、いかなる国債も発行されるべきではない」。第五予備条項「いかなる国家も他の国家の体制や統治に、暴力をもって干渉すべきではない」。第六予備条項「いかなる国家も他国との戦争において、将来の平和に際し、相互の信頼関係を不可能にしてしまうような敵対行為をすべきではない。たとえば、暗殺者や毒殺者の雇い入れ、降伏協定の破棄、敵国内での裏切りの煽動等が、それである」[7]。

　ここで予備条項について形式と内実を問わずいくつかの事柄を確認しておきたい。第一に形式面であるが、これら六つの予備条項は「……すべきではない」という禁止的要請の体裁をとっていることである。これは次に続く三つの確定条項が「……すべきである」という肯定的要請の体裁をとっていることと対照をなしている。これはいったいなぜなのか。

おそらくカントは、予備条項において当時の戦争の現実を踏まえて、そのなかの問題ある慣習や実践を取り上げ、「戦争の廃絶」という「永遠平和」の必要条件を満たすものとして、消極的かつ否定的な仕方で六つの事柄の禁止が経験的にかつ論理的に要請されることを指摘したものと思われる。そして次に続く三つの確定条項においては、「永遠平和」確立のための十分条件として三つの要請をより積極的に「……すべきである」という肯定形で提出したと理解することができよう。第二点としてカントの平和概念に関連するが、第一予備条項で明らかなことは、カントの平和の概念が、一切の闘争や戦争の克服と消滅を目指す積極的意味合いを保持していることである。たしかにカントは、この著作においていまだに世界戦争の危険について想定しておらず、ヨーロッパ内の平和を前提としていたといえる。しかし、それでも彼は、「平和とはすべての敵対行為が終わることである」(8)と述べたことからも、戦争の廃絶としての「永遠平和」を自らの平和概念の中核として理解していたことが分かる。

六つの予備条項の内実において注目すべき点を二つ挙げるとすれば、第一は国家に道徳的人格性を見るカントの国家論的前提であり、第二に常備軍の撤廃の議論であろう。まず国家の道徳的人格性の前提は、予備条項では、第二条項、第四条項、第五条項、第六条項においてみられる。カントは社会契約論者であったが、国家を国民の作為の所産として見る視点と同時に、ルソーと同様に人格的道徳性をそこに認める立場に立っていた。国家は財産でも物件でも誰かの所有物でもなく、相続、交換、買収、贈与の対象とはなりえない。それではカントは国家をどのように考えていたかというと、「あらゆる法の基礎となる根源的契約」(あらゆる時間を超越する理性の純粋理念)に基づく道徳的存在として捉えていた。(9)それゆえの物件的措置の禁止(第二条項および第四条項)であり、またそれゆえの自国、他国を問わず、あらゆる国家への不干渉の要請(第五条項)である。国家の道徳的人格性は、その自律を要求する。

この国家の道徳的人格性の前提および第五条項の内政不干渉の要請は、現代の多くの理論家(ハーバーマスやM・ルッツ＝バッハマンなどを含む)には、当然のことながら、はなはだ不人気である。(10)第一の議論、つまり、道徳的人格性を国家に承認する議論は、一例をとれば、一九世紀初頭および中葉のF・J・シュタールの道徳的国家論まで継続している。しかし、この国家の道徳的人格性の議論は、国家の基礎づけの理論としての社会契約説とは基本的に齟齬を来すと考えられるのではなかろうか。カント自身はこうした理解を拒否したと思われるが、これは現代の政治理論のコンセンサスと言ってよいであろう。さらに第二の議論、すなわち、近代の国際秩序の中核に位置づけられてきた内政不干渉の原則——カントはこれを強調した——であるが、近年の国家内の民族紛争や内戦などによるジェノサイド(集団殺戮)や人権侵害を理由にした人道的介入や保護する義務の要請の議論などに触発されて、この原則は問題含みの近代の国際秩序の遺産であると見られるようになってきた。これは納得できる批判である。しかし同時に、カントの支持する内政不干渉の原則は、国家の大小にかかわらず、すべての国家の主権を同等に承認することを通じて、小国の独立と不可侵性を保護しようとする意味合いをもつ。こうした意味での内政不干渉の原則は、今日でも積極的に評価すべき面を有するといえよう。諸国家の共存による国際平和と協調を今なお追求せざるをえない現実においては、そう簡単に内政不干渉の原則を拒否するわけにはいかないであろう。二〇〇三年三月に勃発したイラク戦争におけるイラクへのアメリカの攻撃と紛争の恒常化・泥沼化は、一面、この原則の重要性を逆照射することにもなった。安易な他国への干渉は、一般的に見れば、実際の国際秩序を不安的なものとするだけでなく、干渉を受ける国の自立性を脅かし、その国の民衆の諸権利をも踏みにじる恐れがあるといえよう。(11)

次に第三予備条項の常備軍の段階的廃止の主張であるが、これは本書の特徴的かつ枢要な議論の一つとなっている。これは、戦争や紛争に明け暮れた一八世紀末のヨーロッパ的現実についてのカントの観察と経験的知識から導出された一つの主張である。各国が平時においてもつねに戦争の準備をなし、相互に猜疑心を煽り、常備軍の際限なき強化を追求することの危機と愚かさに対して、実践理性の要請として、各国の軍備撤廃を掲げる命題として提示されたものである。しかし、直接的な理由としては、①常備軍の存在が他の国々に戦争の脅威を与え、かえって自国の安全を脅かすことになるという意味での今日でいう国家安全保障のジレンマ、②際限なく増大する軍事費の重荷、③殺人(または被殺人)を自己目的とした兵隊としての雇用は、他者(国家)が人間をたんなる機械や道具として使用することを含意し、人格性に基づいた人間の権利と矛盾すること、が挙げられている。(12) しかしカントは、市民自身が自ら外部からの攻撃に備えるために、自発的に武器をとって軍事演習をすること(民兵制度)を許容している。

## （2）永遠平和のための三つの確定条項

カントは『永遠平和のために』第二部において、今度は積極的な要請として次の三つの確定条項を提示している。第一確定条項「各国家における市民的体制は、共和的であるべきである」、第二確定条項「国際法は自由な諸国家の連合の上に基礎を置くべきである」、第三確定条項「世界市民法は、普遍的な友好をうながす諸条件に制限されるべきである」[13]。国内レヴェルにおける共和制の制定、そして国際関係と国際法レヴェルにおける自由な諸国家の平和連合の確立、さらには世界市民法および世界の市民社会レヴェルにおける普遍的な友好と交流の進展が実現した時に、永遠平和の十分条件は満たされるというのが、カントの主張であった。これらのカントの三つの命題は、たしかに将来世界への強い道徳的および政治的要請に裏づけられた理想主義の色彩が濃い。しかしながら、ここには一種のリアリズムに基礎づけられた政治的洞察も観察できる。というのも、第二部の冒頭においてT・ホッブズの「自然状態」論を想起させる仕方で、人間の自然状態とは決して平和状態ではなく、「戦争状態」であり、「たえず敵対行為の脅威のある状態」であると説明しているからである[14]。すなわち、共通の公権力と正当な統一的な統治形態および法制的機構を保持しない国際関係は、このような意味での「自然状態」にほかならないとカントは指摘しているわけである。この関連で興味深いのは、こうした事情を軽視する傾向にあったこの分野の先達、グロティウス、プーフェンドルフ、ヴァッテルらを、「いずれも人を慰めようとしてかえって人を惑わす者たち[15]」として、カントが批判を加えていることである。

まず第一確定条項の共和制の要請を見ておこう。カントの共和制の概念は、自由な政治体制（自由の欠落した専制と対極にある政治体制）としての当時の共和制理解に、彼自身の立憲主義観と代議制観をつけ加えた独自のものである。その点は注意を要する。したがって彼の共和制の概念は、今日の政治学の語彙でいえば、代議制民主主義に最も近似しているといえよう。カントは共和制の要諦を、①自由の原理、②立憲主義（法の支配）の原則、③平等の法則であるとし、これらの三つの構成要素からなる共和制は永遠平和を実現するために不可欠な役割を果たすと主張する。[16] カントによれば、共和制こそ、根源的契約から生じたという意味で「理性の純粋理念」から派生した政治体制であり、全国民の正当な立法の基礎が措定されるべき唯一の政治体制である。というのも、共和制は、ホッブズ的な全面的な支配＝服従契約に依拠するものではなく、市民の自由（自由の原理）に基づく契約行為と立法行為（立憲主義）を可能にし、それらに依拠するものだからである。[17] 共和制がカントにとってすぐれて「自由」の政治体制であるとは、そこにおいて「各人の自由が、普遍的法則にしたがって、あらゆる人の自由と両立できるように行為しなさい」との人間の「根源的権利」および法の「普遍的原理」の要請が満たされる唯一の政体と考えられたからである。[18] さらに法の下での市民の平等（平等の法則）は、立憲主義（法の支配と権力分立）と代議制によって実現されると理解されている。代議制でないすべての統治形態は、本来的に「まともでない形態」（eine Unform）にほかならず、代議制こそ、法概念に適合し共和制的統治形態を可能にする唯一の制度であるとされる。[19] カントによれば、フリードリッヒ二世の立憲君主制は、一面、代議制の精神を体現していたと説明されている。

さて問題は、なぜ共和制が他のもろもろの統治形態と比べて「永遠平和への展望をもつ体制[20]」と見なすことができるのか、ということである。この問題に対するカントの答えは意味深長であり、興味深いものである。市民は、戦地に兵隊として参与すること、自分たちの財産から戦費をまかなわなければならないことなど、戦争のすべてのコストと痛手を負う張本人であるがゆえに、戦争を始めるに際してはきわめて慎重になり懐疑的になるのは当然のことであると説明されている。これは一面、一般民衆の啓蒙された自己利益の立場からの説明であるといえよう。すなわち、一般の市民こそ、当事者意識において戦争の是非を冷静に思量し判断できる立場にあり、それゆえに戦争の危険性を回避する可能性が、この自由で平等な市民体制としての共和制において最も高まるとされる。これに対して君主制の場合、君主は国家の一員ではなく、国家の所有者であるので、敗北によっても自分たちの食卓、狩猟のような遊び、離宮、宮中の祝宴などについて失うものはほとんどなく、戦争を一種の遊戯であるかのように捉えがちであり、それゆえに好戦的な態度にでやすいと説明されている[21]。このカントの説明は、政治的判断の公共的拡がりが、より思慮深い状況判断と道徳的決断を可能にすることを前提としている。こうした前提は、今日の市民的公共性および政治的判断力に関する議論にもみられ、また通底しているといえよう。

もっとも、カントの共和制の要請の議論には反対論がないわけでない。たとえば、古くはアルベルト・シュヴァイツァーが、近年ではハーバーマスなどが、カントのこの議論の盲点ないし欠陥について指摘してきたのであった。その批判とは、カントがその後のナショナリズムの高揚を予測しえなかったという点に収斂される。すなわち、一九世紀中葉以降の歴史的展開において、ナショナリズムはきわめて大きな影響力を発揮し、西欧諸国における共和政体や民主政体の進展を阻害する最大の要因となったことを、カントが捉えそこなったとされる。ナショナリズムは、一九世紀中葉から二〇世紀において、各国の国民に自国を防衛しようとする気概を賦与し、自国の主義主張と国益のために軍事的行動に駆り立てていく内面的動機と情熱を賦与していった。しかしカントは、こうしたナショナリズムの歴史的昂進を、認識することができなかったと指摘される。[22] この指摘には納得できる面がある。というのも、共和国は、市民の自由と平等の政体であったと同時に、死を賭してでも祖国を守護しようとする戦士たちの共同体でもあったからである。そうした意味において、カントの時代には共和国の理念と現実のなかに、すでに狭隘なナショナリズムの影が映し出されていたことは、否定できないであろう。しかし、君主制との比較における共和制の平和志向性に関するカントの議論には、首肯できる点も多くあり、一般論としてこの議論の妥当性は疑いえないであろう。[23]

第二確定条項と第三確定条項については、次節においてより詳細に取り上げたいが、ここでは字義上の最小限の説明を付しておきたい。第二確定条項は「国際法は自由な諸国家の連合の上に基礎を置くべきである」と謳うが、これはカントの永遠平和論の制度構想の核心を示す連邦主義論を示している。カントは法制を、基本的に国内法（市民法）、国際法（万民法）、世界市民法の三つのカテゴリーに分けて認識していた。[24] そして周知のように、第一確定条項の共和制の要請は国内法（市民法）の議論であり、第二確定条項の国家連合の議論は国際法レヴェルの議論、第三確定条項の人々の普遍的な友好は世界市民法レヴェルの問題である。第二確定条項の命題の説明においても、国際関係を潜在的な戦争状態とみるカントのリアリズムの前提は踏襲されている。カントによれば、自分の生存のために敵と見なされる他者を食い尽くそうとする「人間の本性に宿る邪悪さ」(ないしは「人間のなかにひそむ悪の原理」)は、国内法レヴェルでは一応、統治の強制化によって抑制され、覆い隠されているが、国際関係レヴェルにおいては「あからさまに立ち現れる」のである。(25) それゆえに、そうした弱肉強食の国際政治の修羅場にあって永遠平和を確立するためには、理性の命じる賢明な制度的デザインが必要となる。ここでカントが提起したのは、自由な諸国家の「平和連合」(Friedensbund/foedus pacificum)である。この関連でカントはいくつもの選択肢を挙げているが、「諸国民合一の一国家」、つまり、唯一の超大国による支配の可能性を否認している。彼はまた、地上のすべての民族を包括する「国際国家」(Völkerstaat/civitas gentium)ないし「一つの世界共和国」(eine Weltrepublik)という「積極的理念」と「戦争を防止し持続的に拡大する国家連合」という「消極的代用物」とを比較検討しているが、後者をより好ましいものとして説明している。(26) カントがここで支持しているのは、連邦主義の歴史におけるアメリカ型の「連邦国家」モデル(federal state/単元的国家)ではなく、むしろヨーロッパ型の「国家連合」モデル(confederation/諸国家の連合)であった。(27) この自由な諸国家の連合は、戦争の廃絶を目指す「平和連合」の具体的な形態を示唆しているといえよう。そこで前提とされ目的とされているのは、平和の国家連合を形成するすべての国家の自由と主権の剥奪ではなく、むしろそれらの共有であり、一切の戦争の永続的な終結である。

第三確定条項は「世界市民法は普遍的な友好をうながす諸条件に制限されるべきである」との命題を掲げているが、これもカントの永遠平和論の枢要な主張を構成している。国際法が諸国家間をとりしきる法制であるとしたならば、世界市民法は地球の共同の住民としての人類の包括的共同生活体を対象とする法制であるといえよう。世界市民法の理論は彼の晩年において展開され、『永遠平和のために』(一七九五年)のほか、『人倫の形而上学』(一七九七年)においても認められる。カントは、世界市民法が現実性を帯び始めた消息を、次のように説明している。

「今や、地球上の諸民族の間にあまねく広まった(広狭さまざまな)共同生活体は、地球上の一つの場所で生じた法の侵害が、あらゆる場所で感じとられる程にまで発展を遂げたのである。だから世界市民法の理念は、もはや法の空想的で突飛な考え方ではなく、公的な人類法一般に対して、したがってまた永遠平和に対して、国内法や国際法の法典にまだ書かれていないことを補足するものとして必要なのである。人はこうした条件の下においてのみ、永遠平和に向かってたえず接近しつつあると自負することが許されるのである」[28]。

こうした位置づけが与えられる世界市民法であるが、まず「普遍的な友好」(die allgemeine Hospitalität)という概念が出てくることに注目したい。カントによれば、これは慈善ではなく権利である。この権利は、外国人が他国の土地に踏み入れたというだけの理由で、敵として処遇されたり、追放されたりしない権利である。[29] この友好（よいもてなし）を受ける権利は、決して「客人として遇される権利」（Gastrecht）ではなく、また居住権でもなく、「訪問の権利」（Besuchsrecht）であるにすぎない。[30] これが権利である理由は、地球表面の人類の共同所有権に求められる。つまり、地球の表面は球状を呈しており、人々は無限に分散していくことはできず、一定の制限のもとに隣接し合うことを相互に堪え忍ぶ必要がある。しかも、どの民族も、どの人も、地球の表面を独占的に所有する権利をもたないのであって、そうした事実は、人々の交通と交流とを通じて世界市民体制に近づける役割を果たすと説明される。[31] 地球の住民が、自分の国家的帰属を超えて、「世界市民」ないし「地球市民」として他のすべての人々と触れあい交流する。まさにここに永遠平和の実現の制度的要件をみたカントの先見の明は、明白であろう。今日、カントのこの議論は、言うまでもなく、現在の地球市民社会論やコスモポリタニズム論に対する根本的な規定性を保持している。これは、本書の終章でふたたび取り上げてみたい。

## 2　連邦主義の制度構想とコスモポリタニズム

### (1) 連邦主義の制度構想

本章の前半部はカントのテクストに内在しつつ、もっぱらその釈義的説明に重きをおき、永遠平和の論理構造を明らかにすることを試みる議論となった。後半部においては、前半部の分析と知見を基礎としつつ、連邦主義の制度構想とコスモポリタニズムの問題に絞っていささか自由に考察し議論してみたい。まずカントの連邦主義の制度構想であるが、永遠平和の実現のために不可欠な国際関係の潜在的戦争状態に終止符を打つ制度構想として、重要な位置づけが与えられていることは言うまでもないであろう。その「講和(平和)条約」(pactum pacis)と区別される自由な諸国家の「平和連合」(foedus pacificum)についてはすでに述べたが、中央集権的な統一国家──「国際国家」であれ「世界共和国」であれ──という「積極的理念」よりも、「戦争を防止し持続的に拡大する国家連合」という「消極的代用物」をカントがあえて選択することにした問題をさらに検討してみよう。

もっとも、カントは『永遠平和のために』において上述のように単一の「世界共和国」よりも自由な諸国家の「連合」をより重視したが、つねに彼がそうであったわけではなく、ここには彼の思想上の変化が認められる。カントは元来、彼の永遠平和論に深刻な影響を与えたと考えられるサン・ピエールとルソーと同様に、統一的かつ集権的な「国際国家」ないし「世界国家」に恒常的な国際紛争の解決の制度的鍵を模索していた。たとえば、『永遠平和のために』が刊行されるわずか二年前の作品「理論上は正しくとも実践には役立たないという俗説について」(一七九三年)においてカントは、単一の「世界国家」こそ、一国の共和政体を完成に導くものであるとして、それを擁護していたのである[32]。しかし、その二年後に彼は、単一の集権的な「世界国家」に対して批判的見方を採用するようになる。カントがもともと支持していた「世界国家」の選択肢を拒否したのはいったいどのような理由に基づくのか。なぜ『永遠平和のために』では自由な諸国家の「連合」をより強く支持するようになったのか。たとえば、ルッツ=バッハマンやハーバーマスは、この点におけるカントの論理的矛盾を指摘し、国家の設立のためのカントの社会契約の様式であった「根源的契約」の概念に忠実であれば、「国家連合」ではなく単一の「世界国家」が導出されるはずであると論じた[33]。

さて上述の問いに対しては、ルッツ＝バッハマンやハーバーマスの反論にもかかわらず、カントを支持するおよそ四つの理由を挙げることが可能だと思われる。第一にすでに第二予備条項で示された道徳的人格として国家を捉えていくカントの理解から明らかなように、彼は、諸国家のそれぞれの道徳的・歴史的・文化的個性を抑圧し抹殺しかねない「世界国家」による画一化および単一構造化の危険を避けようと考えたであろうと推測される。第二の理由は、カントが国内の統治組織として自由の政治体制としての共和制の樹立を永遠平和確立のための一つの重要な要件と考えたように、一般市民の自由という課題を考えた場合に、強大で集権的なリヴァイアサン世界国家の成立は、内政的に専制的ないし権威主義的な危険性をはらむと考えられたことがあろう。

第三の理由は、第二のそれと密接不可分に結びついている。つまり、一箇の抑圧的な世界国家の成立は、結局のところ自ら「魂なき専制」と化すことによって、それを取り締まる法制としての国際法と世界市民法を骨抜きにしてしまう危険性について、カントは深く憂慮したであろうことが考えられる。したがってカントは、自由な諸国家の「平和連合」の方が、より有効に多元性と多様性と分権性を保証できると考えた。またその方が、抑圧や歪曲を受けることなく、「理性の公共的使用」による国境を越えた世界市民の公共的領域をよりよく保証でき、さらに永遠平和にとってより確実な道筋であると見なした。こうした諸国家の「平和連合」においてこそ、国際法と世界市民法が、より有意味な法制として機能できる、と彼は考えたと思われる。第四の理由としては、カントの時代における実現可能性という問題があったと想定される。すなわち、国民的相違を一挙に無視して世界国家を形成することの条件が、当時の為政者や民衆の意識の面でとくに、当時のヨーロッパと世界には――おそらく現代世界と同様に――備わっていなかったという現実を、カントは鋭く察知していたものと思われる。(34)

いずれにしても、カントの平和の連邦主義構想は、二〇世紀の二つの世界大戦の悲劇との関連では、国際連盟の創設(一九二〇年)、国際連合憲章および国際連合の設立(一九四五年)、世界人権宣言の公布(一九四八年)として、実際の国際政治の制度において実を結び、さらに二〇世紀末から二一世紀初頭にかけて欧州連合の動きにおいて、少なくとも部分的に実現されてきたことは、明らかであろう。二一世紀初頭の国際政治の現実は、一面、九・一一同時多発テロ事件(二〇〇一年九月)、アフガン戦争(二〇〇一年一〇月)、イラク戦争(二〇〇三年三月)とその泥沼化、金融資本主義の狂奔によるリーマンショック以降の国際経済の混乱と低迷といった仕方で、ホッブズ的世界への回帰を示しているようにみえるが、他面、欧州連合の拡充、世界社会の漸次的具現化の傾向など、部分的にはカント的世界の進展を示しているともいえよう。

## (2) コスモポリタニズムの思想と実践

### 世界市民像

普遍的な友好への世界市民権を規定するカントの第三確定条項は、まさに平和思想、法思想、政治思想の分野で新たな地平を切り拓く重要な歴史的役割を果たしてきた。その重要性は今日なお少しも失われておらず、十分な検討と再吟味を要請している。国内法（市民法）と国際法（万民法）につけ加える形で提示された世界市民法と世界市民権の問題は、まさに二一世紀的課題である。

さてカントの「世界市民」（Weltbürger）の概念であるが、彼は『人間学』（一七九八年）において「世界市民」を、「人類や世界全体や事物の起源やその内的価値や究極目的などについて、少なくとも好んで判断するに足るだけの関心」を保持している者と説明し、さらに「世界市民は世界を、その住人として見なければならず、所有者として見てはならない」と述べている。[35] また『人倫の形而上学』（一七九七年）第三部六二節においてカントは、地球の形状のゆえに人々はその表面の一画の限定された領域に住むことを余儀なくされているが、それは「所有のための共同体」ではなく、商業や訪問などの「潜在的に可能な物理的交流のための共同体」であると述べている。[36] さらに彼の世界市民の概念は、世界市民法との関連で、世界の住人として世界市民権を保持する者という意味合いを有していることはすでに見た通りである。

そしてカントの場合、アーレントが雄勁に指摘し詳説したように、世界の「注視者」としての世界市民の意味合いが際立っていることは否定できない。[37] カントは、生まれ故郷のケーニッヒベルクの外には出たことがなかったと言われたが、しかし彼が旺盛な好奇心をもって読書と伝聞を通じて世界の地理や文物や歴史的出来事について知識と情報を収集し、世界の多くの事柄に精通していたことは周知の事柄に属する。カント自身、すぐれて世界の「注視者」であったことが理解できるのである。「注視者」としての世界市民にとって重要なのは、カントが「理性の自由な判断力」(das freie Urteil der Vernunft) と呼んでいる能力である。(38)

ここにおいて世界市民の概念が、『啓蒙とは何か』(一七八四年)において議論された「理性の公共的使用」と密接不可分に関連していることが想起される。この意味でカントの世界市民は、少なくとも当時のヨーロッパ(潜在的には地球規模)の市民的公共性の言論的および討議的領域(公論の領域)に共通に属していたと言うこともできよう。これは、ハーバーマスが指摘したように、地球規模の公共的領域に関するカントの卓越した先見的認識を示すものであった。(39) 世界市民がともに考え、相互に意見を交換しつつ討議する潜在的に地球規模の公共的領域(公論の領域)はすぐれて多様性と複数性の領域でなければならず、そこでは自由で平等な参加者は「他のすべての人の観点から思考する」現場でなければならない。(40) ここでカントの世界市民は「注視者」にとどまらず、同時に世界市民権の実践を旨とする「行為者」でもあった事実に注意を喚起しておきたい。世界市民とは、カントによれば、それぞれの民族と国家に帰属しながらも、同時に自らの民族や国家の狭い視野に限定されることなく、世界全体を視野におき、他の地域での出来事や痛みを自分のものとして領得できる「拡大された思考様式」と判断力を所持する存在者である。そして政治の最高善であり最終目標である永遠平和は、実践理性のイデーとして世界市民が積極的に追求すべき道徳的・政治的課題であるといえよう。

『啓蒙とは何か』でカントが説いたのは、保護者や他の権威(牧師であれ、医者であれ)の教導なくして自分の悟性を働かせる能力を欠如した未成年状態から抜け出て、自らの悟性を信頼して主体的に行使する決意と勇気をもつことであった。[41] とりわけ、啓蒙の時代において世界市民としての自覚をもつ公衆（学問人であり読書人）は、従来の政治的・法的制度の欠陥を補正し変革するために「理性の公共的使用」を追求すべきであるとされた。[42] とりわけ、平和の主題について「啓蒙」とは、戦争の廃絶、常備軍の漸次的廃止、共和制の確立、自由な諸国家の「平和連合」の設立、世界市民権の制度化のために、公共的理性を駆使することを意味した。それゆえに、これら上述の命題について、カントは理性的な推論と議論を通じて自ら説明し基礎づけようと試みている。たとえば、各国が常備軍を所持し軍拡の競争をすることは、理性批判の光に照らして考えれば、きわめて無駄かつ愚かで不合理であり、説得性と賢慮に欠け、それゆえにやがて常備軍は廃止されねばならない、といった具合である。また、理性批判の光に照らして考えれば、平和の探求者は君主や支配者ではなく、むしろ戦争の犠牲者である一般民衆であることが判明し、それゆえに彼らの政治的意思と利益が尊重される自由な政治体制として共和制の確立こそは、平和の実現に大きく寄与する賢明な選択肢になる、といった具合である。カントの前提的立場は、『人倫の形而上学』の末尾にみられる次の言葉において明示されている。「さてわれわれの内なる道徳の実践理性は、『戦争はあってはならない』と宣言するその不可抗的な拒否権を、要請するのである」。[43] それはまた、次のような彼の主張においても確認できる。

「理性は、最高の道徳上の立法権力の座から、訴訟手続きとしての戦争を絶対的に弾劾し、これに対して平和状態を直接の義務となすのである」。[44]

## 世界市民権

それではカントの場合、「行為者」としての世界市民が保持するとされる世界市民権とは、どのような法的根拠と位置づけを有するのであろうか。すでに見たように、カントは『永遠平和のために』においては一切世界市民権の法的根拠については議論していない。彼はただ、地球の表面が球状を呈しているという事実を喚起し、いわば歴史的かつ社会学的な説明を施している。要するにカントは、有限性をもつ地球の表面であることを指摘し、地球の住人は相互に「友好権」と「訪問権」を尊重せざるをえない事実的根拠を喚起したのであった。それではいったい世界市民権とは、どのような法的根拠をもつのか。またそれは「友好権」と「訪問権」に限られるのであろうか。

この問題については、ジャック・デリダはカントがこの「友好権」をもっぱら「訪問権」に限定している点を重視し、その制約性に注目している[45]。デリダはこのカントの制約性の認識こそ、諸国民の交流と共存を可能にする思慮深いものと高く評価している。他方、寺田俊郎など、幾人かのカント研究者によれば、カント自身は、世界市民権の議論を、「友好権」と「訪問権」に限定しているが、カントの「根源的権利論」からみれば、その他にも世界市民の多くの権利が導出できるはずである[46]。この指摘は、彼の「根源的権利」における自由の普遍性と相互制約性の見地からみて適切であり、現代においてカント的な世界市民権の展開を考えていく上できわめて重要な理解であるといえよう。カントは、人格の自己目的性（目的自体の定言命法）および人間性の尊厳に基づかせることによって、ある人の「根源的権利」は他者のそれと自由の普遍的法則によって相互に共存でき相互に尊重されねばならないとした。そこから導出されたのは、次の「法の普遍的原理」ならびに「法の普遍的法則」の定式化にほかならない。

「あらゆる人のいかなる行為そのものが、あるいはその行為の格率から見て、その人の選択意志の自由が、あらゆる人の自由と普遍的法則にしたがって両立できるのであれば、その行為は正しい」(「法の普遍的原理」)[47]。

「あなたの選択意志の自由な行使が、普遍的法則にしたがって、あらゆる人の自由と両立できるように行為しなさい」(「法の普遍的法則」)[48]。

各人の人格性の自由と平等の原則からは、当然のこととして、上述の二つの命題が妥当なものとして導出される。これら二つの命題は、自由の普遍性と相互制約性とを明示することによって、自由および権利の潜在的拡がりを基礎づけている。そして自由のこれら二つの命題は、国内法、国際法だけでなく、とりわけ世界市民法における世界市民の権利に関する「根源的権利論」の前提を作り上げる命題として捉える必要がある。[49]

この関連ではカントが一八世紀末のヨーロッパの歴史的状況において提言した世界市民の他国の人々との「友好権」や「訪問権」だけでなく、二一世紀初頭の状況においては他にも多数考えていく必要があろう。以下の議論は、カントの精神からは逸脱していないと思われるが、しかし現代から考えた場合のカントを越えた提言である。今日、たとえば以下の三つの生存権を世界市民権として保障していく必要があるのではないだろうか。第一に貧困や飢餓や飢饉などに苦しむ世界の最貧国の人々の生命維持のために必要な基礎的ニーズ（水や食糧など）を満たす「基礎的生存権」である。第二に考える必要に迫られているのは、地球温暖化の影響などによる地球環境の激変によって居住地（ハビタート）を突然失われようとしている北極や南太平洋の島々やその他の地域に住む人々が代替の居住地を得ることを保障する「環境的生存権」である。さらに第三点としては、日本国憲法の前文が世界のすべての人々が保持していると想定している「平和的生存権」である。これはとくに、貧困と飢餓、自然環境の破壊と変容、戦争と内戦などのただなかにあり、大量殺戮の危機に直面している人々に対して、緊急に発動されるべき三つの世界市民権である。他にもあるであろうが、とりわけ緊急性をもつ世界市民権にはこれら三つのものがあると考えられる。

## 結びにかえて

カントの永遠平和論の視座にしたがえば、恒常的な平和を樹立するためには、国内の政治体制においては共和制と立憲主義の確立と常備軍の廃止が不可欠であり、国際関係においては自由な諸国家の「平和連合」の制度化が不可避であり、さらには地球市民社会のレヴェルでは世界市民の「友好権」と「訪問権」の保障が要請される。カントにあっては、永遠平和の確立は、形而上学と批判哲学、実践理性と実践哲学、法秩序と立憲主義、共和制の目的そのものと理解されていたと主張しても、言い過ぎではないであろう。

カントの永遠平和論の視座はあくまでも「法／権利」（Recht）および立憲主義のそれであるが、その場合、国家の憲法（政体）というよりは市民の憲法（政体）として一貫して捉えられている事実に留意したい(50)。基本的にカントの永遠平和論は、その共和制論や自由な諸国家の連合論にみられるように、当時の「自由なき平和」の問題への抗議という問題提起を含むものであったといえよう。永遠平和論へのカントの視座が基本的に「法／権利」（Recht）および立憲主義のそれであるが、平和について正義が問題となるとすれば、カントの場合、それは、法的な正義、つまり「義務論的および手続き的正義」であり、古代ヘブライズム、マルクス主義と社会主義の伝統、無政府主義、二〇世紀中葉以降の平和研究にとって重要課題であった「社会正義」の問題——排除、抑圧、搾取、構造的暴力などの是正と克服——は前面には出てきていないように思われる。その意味で、宮田光雄が指摘したように、カントの永遠平和論の特徴は、善し悪しは別として、「正義（社会正義）なき平和」との格闘にあるというよりは、「自由なき平和」と取り組むことにあったとの指摘は首肯できる(51)。これは一八世紀末のヨーロッパの状況を考えた時に時代的制約として納得のいくことであるとともに、そこには同時にカントの自由の哲学の特質を見ることもできよう。カントの自由の哲学はまた、市民の革命権、抵抗権、市民的不服従権を承認しなかったのであり、ここに従来の多くの解釈は、カント固有の保守的気質ないし権威主義的傾向を見てきたのである。自由の哲学者にとっても、道徳的人格性を有すると見なされた国家の存在はそれだけ大きな比重を有していたのであった[52]。

カントの永遠平和論については、このように今後とも探究すべき課題は山積みである。カントの若い時代の批判哲学の課題と永遠平和の関係の問題、実践理性批判の問題と平和論を含む政治哲学の関連の問題など、まだまださらに究明されねばならない主題が数多くある。いずれにしても、近代平和思想史の系譜におけるカントの位置づけには、きわめて枢要なものがある。かつて安倍能成は、「カントはあたかも近世哲学における貯水池の位置にある人である。すなわちカント以前の哲学は、おおむねみなカントへ流れこみ、そうしてカント以後の哲学はまたこのカントから流出したと云ってよい[53]」と述べたことがあった。この「貯水池」の比喩は、近代平和思想史におけるカントの地位についても妥当するように思う。カントの永遠平和論の「貯水池」から流れ出た平和主義の思想的水脈は、一九世紀半ばには東アジアの日本にも到達し、その後、西周、中江兆民、植木枝盛などにも影響を与え、二〇世紀中葉には日本国憲法の「戦争の廃絶」の理念にも流れ込んでいる。

注記1　カントの以下の著書についてはＺＥＦと略記する。Immanuel Kant, *Zum ewigen Frieden*, hrsg. Rudolf Malter (Stuttgart: Phillip Reclam Jun., 1984). また同書の邦訳書としては以下を参照し、使用した。遠山義孝訳「永遠平和のために」(『カント全集14』歴史哲学論集、岩波書店、二〇〇〇年)。

注記2　カントのアカデミー版全集についてはＧＳと略記する。*Kants Gesammelte Schriften*, hrsg. Akademie,

Bd. I-XXV（Berlin: Akademie, 1910-）. また全集に収録された諸論考の邦訳書については基本的に以下を用いた。『カント全集』全二二巻・別巻一巻、岩波書店。

注記3　本章および注の引用箇所は基本的に邦訳書を参照させていただいたが、一部、訳語と字句を変更している箇所があることをお断り申し上げたい。

**注**

（1）ZEF, S. 3. 邦訳書（カント全集14）、二五一頁。

（2）E.g., Elisabeth Ellis, *Kant's Politics: Provisional Theory for an Uncertain World*（New Haven and London: Yale University Press, 2005）, p. 1. ハンス・ライス『カントの政治思想』（樽井正義訳、芸立出版、一九八九年）、一四一頁。

（3）Cf., Ellis, *Kant's Politics*, pp. 41-42. 小野原雅夫「平和の定言命法――カントの規範的政治哲学」（樽井正義・円谷裕二編『現代カント研究5・社会哲学の領野』晃洋書房、一九九四年）、八二頁。知念英行『カントの社会哲学――共通感覚論を中心に』（未來社、一九八八年）、四―六、一〇〇―一四九頁。

（4）Cf., Ellis, *Kant's Politics*, pp. 11-12. 牧野英二「カント没後二〇〇年を迎えて」（『情況』第三期通巻第四七号、二〇〇四年一二月）、一三頁。最上敏樹「思想の言葉」（『思想』第九八四号、二〇〇六年四月）、一―二頁。最上敏樹『国際立憲主義の時代』（岩波書店、二〇〇七年）、四―一七頁。

（5）ZEF, S. 4. 邦訳書、二五二頁。

（6）A.a.O., S. 4. 邦訳書、同右頁。

（7） A.a.O., S. 4-9. 邦訳書、二五三―二六〇頁。
（8） A.a.O., S. 3. 邦訳書、二五二頁。
（9） A.a.O., S. 4. 邦訳書、二五三頁。Cf., Ellis, *Kant's Politics*, pp. 84-86.
（10） E.g., James Bohman and Matthias Lutz-Bachmann, "Introduction," in *Perpetual Peace: Essays on Kant's Cosmopolitan Ideal*, eds. James Bohman and Matthias Lutz-Bachmann (Cambridge, MA and London: The MIT Press, 1997), pp. 6-7, 12-14. 紺野茂樹・田辺俊明・舟場保之訳『カントと永遠平和――世界市民という理念について』（未來社、二〇〇六年）、一二―一四、一九―二三頁。Jürgen Habermas, "Kant's Idea of Perpetual Peace, with the Benefit of Two Hundred Years' Hindsight," in ibid., eds. Bohman and Lutz-Bachmann, pp. 128-129. 邦訳書、一二七―一二九頁。
（11） ZEF, S. 6-7. 邦訳書、二五六―二五七頁。Cf., Ellis, *Kant's Politics*, pp. 84-86.
（12） ZEF, S. 5. 邦訳書、二五四―二五五頁。Cf., Ellis, *Kant's Politics*, pp. 81-82. 宮田光雄「カントの平和論と現代」（『平和思想史研究』宮田光雄思想史論集1、創文社、二〇〇六年）、一一六頁。もちろん、ここでカントが想定しているのは、定言命法の第二方式としての「目的自体の原理」である。「あなたの人格ならびに他のすべての人格における人間性を、決して単に手段としてではなく、同時に目的自体として使用するように行為しなさい」。GS. IV, S. 429. 邦訳書（カント全集7）、六五頁。
（13） ZEF, S. 10-24. 邦訳書、二六二―二七七頁。
（14） A.a.O., S. 10. 邦訳書、二六〇―二六一頁。カントのホッブズ的な自然状態理解が最も明示されている箇所は、『人倫の形而上学』四四節「権利論」および『たんなる理性の限界内における宗教』などにみられる。E.g., GS. VI, S. 344-351. 邦訳書（カント全集11）、一九四―二〇三頁。A.a.O., S. 95-98. 邦訳書

（カント全集10）、二二六—二三〇頁。ホッブズとカントの自然状態をめぐる見解の相即性について、リチャード・タックは卓越した考察を施している。Cf., Richard Tuck, *The Rights of War and Peace: Political Thought and the International Order from Grotius to Kant* (Oxford: Oxford University Press, 1999), pp. 207-214.

(15) ZEF, S. 17. 邦訳書、二七〇頁。

(16) A.a.O., S. 10. 邦訳書、二六二頁。カントの以下の言葉を参照。「第一に社会の成員の（人間としての）自由の諸原理、第二にすべての成員の（臣民としての）唯一で共同の立法への従属の諸原理、第三にすべての成員の（市民としての）平等の法則、これら三つに基づいて設立した体制が共和的体制である」。A.a.O., S. 10. 邦訳書、二六二頁。

(17) A.a.O., S. 10-12. 邦訳書、二六二—二六四頁。カントは当時の一般的見解に依拠して、民主制を暴徒の支配という意味での専制の一種と捉えていた。Cf., a.a.O., S. 14. 邦訳書、二六五—二六六頁。

(18) GS. VI, S. 230. 邦訳書（カント全集11）、四九頁。

(19) E.g., ZEF, S. 14-15. 邦訳書、二六六—二六八頁。以下をも参照。宮田光雄「カントの平和論と現代」、二二〇—二二二頁。

(20) ZEF, S. 12. 邦訳書、二六四頁。

(21) A.a.O., S. 13. 邦訳書、二六四—二六五頁。

(22) Habermas, "Kant's Idea of Perpetual Peace, with the Benefit of Two Hundred Years' Hindsight," pp. 120-121. 邦訳書、一一六—一一八頁。宮田光雄「カントの平和論と現代」、二二三頁、参照。

(23) Cf., Habermas, "Kant's Idea of Perpetual Peace, with the Benefit of Two Hundred Years' Hindsight,"

p. 120. 邦訳書、一一六―一一七頁。現代ではこの議論は、デモクラティック・ピース論という仕方で再提起されている。マイケル・ドイルは、近年、民主主義国家は戦争しないという従来のデモクラティック・ピース論の主張を多少とも再吟味し、民主主義国家同士は戦争しないという修正テーゼを展開している。Michael W. Doyle, "Kant and Liberal Internationalism," in *Toward Perpetual Peace and Other Writings on Politics, Peace, and History*, ed. Pauline Kleingeld (New Haven and London: Yale University Press, 2006), pp. 201-242.

(24) カントはそれを次のように説明している。「(1) ある国民に属する人々の市民法による体制 (ius civitatis)、(2) 相互の関係にある諸国家の国際法による体制 (ius gentium)、(3) 人々および諸国家が、外的に相互に交流する関係にあって、一つの普遍的な人類国家の市民と見なされることが可能な場合、そのかぎりにおいての世界市民法による体制 (ius cosmopoliticum)」。ZEF, S. 11. 邦訳書、二六一―二六二頁。

(25) A.a.O., S. 16-17. 邦訳書、二六九―二七〇頁。

(26) A.a.O., S. 18-20. 邦訳書、二七一―二七三頁。

(27) アメリカ型の「連邦国家」モデルとヨーロッパ型の「国家連合」モデルの相違については、第一章を参照。また以下をも参照。千葉眞「平和の制度構想としての連邦主義――序説」(国際基督教大学社会科学研究所紀要『社会科学ジャーナル』第五四号 [COE特別号]、二〇〇五年三月)、一一一―一一二頁。

(28) A.a.O., S. 24. 邦訳書、二七七頁。

(29) A.a.O., S. 21. 邦訳書、二七四頁。

(30) A.a.O. 邦訳書、同右頁。

(31) A.a.O., S. 21-22. 邦訳書、二七四—二七五頁。

(32) GS. VIII, S. 312-313. 邦訳書（カント全集14）、二三二—二三三頁。Cf., Bohman and Lutz-Bachmann, "Introduction," pp. 3, 10.

(33) E.g., Matthias Lutz-Bachmann, "Kant's Idea of Peace and the Philosophical Conception of a World Republic," in *Perpetual Peace*, eds. Bohman and Lutz-Bachmann, pp. 59-60, 68-74. 邦訳書、八一—八二、九四—一〇三頁。Habermas, "Kant's Idea of Perpetual Peace, with the Benefit of Two Hundred Years' Hindsight," pp. 128-130. 邦訳書、一二七—一三〇頁。

(34) J・ボーマンは、ルッツ＝バッハマンやハーバーマスと異なり、世界公衆論の立場から「世界共和国」モデルよりも諸国家の「連合」およびそこに派生するはずの「世界市民の公共的領域」の方を擁護している。彼の以下の卓越した論考を参照。James Bohman, "The Public Spheres of the World Citizen," in *Perpetual Peace*, eds. Bohman and Lutz-Bachmann, pp. 179-200. 邦訳書、二一五—二三五頁。Cf., David Held, "Cosmopolitan Democracy and the Global Order: A New Agenda," in ibid., p. 245. 邦訳書、二四七—二四八頁。小倉志祥『カントの倫理思想』（東京大学出版会、一九七二年）、三一五頁。小熊勢記『カントの批判哲学——認識と行為』（京都女子大学研究叢刊18、同朋社、一九九二年）、一四七—一四八頁、二三三—二三六頁、寺田俊郎「カントのコスモポリタニズム——世界市民とは誰か」（別冊・『情況』第三期通巻第四七号、二〇〇四年一二月）、一八〇—一八二頁、加藤泰史「啓蒙・他者・公共性——『グローバルな公共性』の構築に向けて」（同右雑誌）、一九六—二〇〇頁。アンドリュー・ボウイ「カントの平和論——ロマン主義とプラグマティズムからの逆照射」（大貫敦子訳、『思想』第九八四号、二〇〇六年四月）、八三―八五頁。また、E・エリスとO・ヘッフェによる以下の二つの説得力のある釈義を参照。Ellis, *Kant's Politics*, pp. 89-94. Otfried Höffe, *Kant's Cosmopolitan Theory of Law and Peace*, trans. Alexandra Newton (Cambridge: Cambridge University Press, 2006), pp. 189-203.

（35） GS. XV (2), S. 517-518. 邦訳書（カント全集15）、三二七―三二九頁。

（36） GS. VI, S. 352-353. 邦訳書（カント全集11）、二〇四―二〇六頁。

（37） Cf. Hannah Arendt, *Lectures on Kant's Political Philosophy*, ed. Ronald Beiner (Brighton: The Harvester Press Ltd., 1982), pp. 40-65. 浜田義文監訳『カント政治哲学の講義』（法政大学出版局、一九八七年）、五七―六六頁。千葉眞『アーレントと現代』、一七二―一八六頁。

（38） ZEF, S. 35. 邦訳書、二九〇頁。カントの『判断力批判』の諸主題を再構成して一つの政治哲学をそこに剔抉してみせたアーレントの試みについては、以下を参照。志水紀代子「美学的判断力と目的論的判断力――自由実現をめぐって」（浜田義文編『カント読本』法政大学出版局、一九八九年）、二二九―二三三頁。

（39） Habermas, "Kant's Idea of Perpetual Peace, with the Benefit of Two Hundred Years' Hindsight," p. 124. 邦訳書、一二一―一二二頁。

（40） Arendt, *Lectures on Kant's Political Philosophy*, ed. Ronald Beiner, pp. 42-44. 邦訳書、五八―六〇頁。Cf. Bohman, "The Public Spheres of the World Citizen," pp. 184-186. 邦訳書、一七〇―一七三頁。

（41） GS. VIII, SS. 35-42. 邦訳書（カント全集14）、二五―三四頁。

（42） 以下を参照。田中誠「カントの歴史哲学」（浜田義文編『カント読本』）、二六九―二七一頁。伊藤宏一「政治哲学としてのカントの平和論――政治への道徳の架橋」（同右書）、二七三―二七四頁。松井富美男『カント倫理学の研究』（溪水社、二〇〇五年）、一七七―一八〇頁。宇都宮芳明『カントの啓蒙精神――人類の啓蒙と永遠平和にむけて』（岩波書店、二〇〇六年）、vi - vii、三〇―四五頁。

（43）GS. VI, S. 354. 邦訳書（カント全集11）、二〇七頁。

（44）ZEF, S. 18. 邦訳書、二七一頁。カントの世界市民が、適確な観察と判断を探求する「注視者」であると同時に、善と平和の実現にコミットする「行為者」でもあったことは、明らかであろう。以下を参照。高田明宜「平和を作る人たちと神への畏敬――イマニュエル・カントの真意」（国際基督教大学大学院行政学研究科提出・博士論文、二〇一四年四月）、三〇―三四、九四―一二五、一六九―一七六頁。

（45）Jacques Derrida, *Cosmopolitanism and Forgiveness*, trans. Mark Dooley and Michael Hughes (London and New York: Routledge, 2001), pp. 20-23.

（46）寺田俊郎「カントのコスモポリタニズム」、一七九頁。

（47）GS. VI, S. 230. 邦訳書（カント全集11）、四九頁。

（48）A.a.O., S. 231. 邦訳書（カント全集11）、四九頁

（49）寺田俊郎「カントのコスモポリタニズム」、一七九頁。この点について貴重な示唆を本論文より頂戴した。そのことを著者の寺田俊郎氏に感謝したい。

（50）この関連ではハウケ・ブルンクホルストの次の言葉を参照。「カントの憲法は国家の憲法（Staatsverfassung）ではなく、元来において市民の憲法（Bürgerverfassung）なのである。憲法は社会であり、それゆえ res publica つまり公共のことがら öffentliche Angelegenheiten なのである」。ハウケ・ブルンクホルスト「デモクラシーによる立憲主義――正義の戦争を否定するカントの対案」（三

島憲一訳、『思想』第九八四号、二〇〇六年四月)、三四頁。

(51) 宮田光雄「カントの平和論と現代」、一六八―一六九頁。Cf., Jeremy Waldron, "Kant's Theory of the State," in *Toward Perpetual Peace and Other Writings on Politics, Peace, and History*, ed. Kleingeld, pp. 188-189.

(52) Ibid., pp. 194-197. このようなカントの権威主義的解釈に対して、インゲボルク・マウスは民主主義的解釈を提示している。インゲボルク・マウス『啓蒙の民主制理論』(浜田義文・牧野英二監訳、法政大学出版局、一九九九年)、vii―xii、三―一二頁。

(53) 安倍能成『新版　カントの実践哲学』(勁草書房、一九七九年)、三頁。

# 第三章　第二次世界大戦後の世界連邦運動とその思想

## ――リーヴス、デューイ、ニーバーほか

### はじめに

連邦主義の理論と制度構想の歴史的発展の観点からみても、第二次世界大戦の終盤および戦後すぐに、欧米諸国や日本などで始まった世界平和を希求する世界連邦運動とその思想の展開は、きわめて重要な意義と役割を帯びた歴史的出来事であった。しかしながら、このテーマに関する現在の研究状況は貧弱な状態にあり、欧文および邦文における研究もほとんど停止状態である。そのこともあり、第二次

世界大戦直後の世界連邦運動の実態と理論について現時点で再考するのは、それなりに有意味であろう。

一九四〇年代中葉から五〇年代にかけては、世界連邦の創設とその運動に関する重要な文献や記録文書がいくつか刊行された。しかしその後、欧米諸国を含め日本でも、そうした著作や論文はほとんど著されなくなった。当時の米ソ冷戦の始まりと深刻化、国際連合の制度化の進展など、いくつかの歴史的要因があったと思われる。そして現在、当時の世界連邦運動の起源や経緯や歴史的意義に関する関心は、研究者のあいだでも微弱なものにとどまっている。なぜこうした状況が生じたのか、この問題を問い続けることそれ自体が、後述するように、今日の連邦主義とコスモポリタニズムの議論の特徴を理解する鍵となるであろう。こうした研究上の不十分性を少しでも補足する上でも、今日の視点から当時の世界連邦運動とその思想を取り上げてみるのは多少なりとも意味があろう。

第二次世界大戦を契機として起きた世界連邦創設運動は、イギリス、アメリカ、フランスなどの西欧諸国の一般市民・科学者・哲学者・政治家などが先導的な役割を果たし、被爆国である日本の一般市民・科学者・ジャーナリスト・政治家なども加わり、大々的に開始された。しかし、米ソ冷戦の深まりおよび国際連合の制度化の進捗とともに、世界連邦創設運動のモメンタムは急速に失われ、一九六〇年代以降は低迷し、一九八〇年代にはほぼ終熄に向かった。これは欧米諸国でそうであっただけでなく、日本でも同様であった(1)。

## 1　戦後の世界連邦運動の起源と経緯

### （1）第二次世界大戦後の世界連邦運動

**第二次世界大戦の衝撃**

戦後の世界連邦運動は、軍人と民間人をあわせて四〇〇〇万人から五五〇〇万人の犠牲者を出したとされる第二次世界大戦の凄惨な事態およびその最終局面における広島と長崎への原爆投下によって惹起された。イギリス、フランス、ベルギー、スイス、アメリカ、日本などの世界の多くの国々において、戦争終結の前後から自然発生的に世界連邦運動が始まったのである。とくに原爆の最初の行使国となったアメリカでは、広島に原爆が投下されてから数週間内に一〇以上の世界連邦を求める運動が国内各地に自発的に形成されていった。やがて一六の団体がノース・カロライナ州のアシュビルに結集して、一九四七年二月に「世界連邦主義者連合」（UWF〔United World Federalist〕、後にWFA〔World Federalist Association〕に改称）を立ち上げていった[2]。

それと同時にイギリスやフランスなどのヨーロッパ諸国においても、世界連邦を求める運動が戦時中からすでに開始されていたが、その多くは戦前の国際連盟の挫折の体験から出発した。戦後の運動は、一九四六年一〇月にルクセンブルクに世界各国代表者が結集し設立した「世界連邦政府のための世界運動」（World Movement for World Federal Government／以下、ＷＭＷＦＧと略記）を嚆矢とした。この組織は本部をジュネーヴに置いた。ヨーロッパでいち早く世界連邦運動が開始されたのは、ヨーロッパ全土が戦場となり、第二次世界大戦の勝者も敗者も戦争の悲惨さを身に滲みて知った事実があったことは自明であろう。同時にまた、後に検討するエメリー・リーヴス『平和の解剖』(Emery Reves, *The Anatomy of Peace*, 1945) が出版され、これが当時のベストセラーとなり、大きな衝撃を与えた。こうしてヨーロッパにおいては、主権国家システムを越えてそれらを統合する世界連邦政府を創設することなしには、世界に永久平和は実現されないという主張に多くの人々が賛同するに至った。(3)

世界連邦政府運動は、イギリス、アメリカ、フランス、ベルギー、スイスなどの西洋諸国では、数多くの一般市民のほか、著名な科学者や哲学者や政治家——たとえばアルバート・アインシュタイン、バートランド・ラッセル、モーリス・パルメリーなど——が先導的な役割を果たした。(4) 敗戦被爆国である日本でも、多数の一般市民のほか、著名な政治家や宗教家や科学者、学者やジャーナリスト——たとえば尾崎行雄、賀川豊彦、稲垣守克、湯川秀樹、朝永振一郎、田畑茂二郎、鮎沢巌男、笠信太郎など——がリーダーシップを発揮し、大々的に開始された。

WMWFG(「世界連邦政府のための世界運動」)は、一九四七年八月にモントルーで開催された第一回総会において「モントルー宣言」を採択した。この宣言には「モントルー六原則」が記載されたが、ここには最初期の世界連邦運動が想定していた基本的価値原理が明白に示されており、その意味で貴重な宣言となっている。人類が戦争から永久に解放されるためには、世界連邦政府を樹立する以外に方法はないことを宣言した上で、以下のような六原則が承認された。

第一原則　全世界の加入。世界連邦政府への加入はすべての人民と国民に開かれている。

第二原則　国家主権の制限。世界規模の問題に関しては各国の三権（立法・行政・司法権）を世界連邦政府に委譲する。

第三原則　各個人への世界法の直接適用。世界連邦政府の管轄内に関わる事柄については新たに世界法を設立し、世界のすべての個人に直接にこれを施行する。その目的は各個人の人権保障、世界連邦の安全保障である。

第四原則　超国家軍の創設と各国の武装解除。世界連邦政府とその構成諸国は安全保障のために世界連邦政府内に超国家軍を創設する。同時にすべての構成諸国の軍隊を武装解除し、必要最小限度の国内警察は維持する。

第五原則　世界連邦政府による原子力開発などの管理。原子力開発や原爆や科学兵器を含む大量破壊兵器の世界連邦政府による保持と管理を行う。

第六原則　世界連邦政府の財源の確保。各国家による租税とは独立に必要な歳入を直接調達する徴税権の承認。(5)

ここにはカントに見られた国内法・国際法・世界市民法という三つの法体系の共存と併置の前提を越える発想を垣間見ることができる。つまり、世界連邦政府の管轄事項については、世界法を他の二つの法体系（国内法と国際法）よりも強制力と実効性をもった法体系として承認するという考え方である。

さらに世界法の個人への直接適用と実施の考えは、法体系の国家帰属性を根本的に乗り越える発想を示しており、これも法と権利の問題について新局面を拓く見地として理解可能である。

## 世界連邦主義者の世界協会（WAWF）

日本では、WMWFGに先駆け、一九四五年一二月に尾崎行雄が国会に「世界連邦決議案」を提出した。また、一九四八年八月六日に「世界連邦建設同盟」（現在に至るまで「世界連邦運動協会」という名称で存続／以下、「同盟」と略記）が設立され、初代会長に尾崎行雄が就任した。ヨーロッパにおいてWMWFGが設立されると、日本の「同盟」はこれを支持し、連携して国際規模で世界連邦運動を推進していくようになる。(6)「同盟」の議論の特質は、とりわけ広島と長崎での被爆体験が背景となっており、核兵器の時代には、主権国家システムを機軸とした国際政治のあり方を乗り越えていく必要があり、世界連邦制を模索していく必要があるとの主張をしていくところにあった。「同盟」の議論は、世界連邦制の構築がなければ、戦争の廃絶は不可能であり、もし核戦争となれば、人類の将来は保障しえないという議論である。第二次世界大戦後にできた各国の憲法には、フランス、イタリア、日本の場合が典型的であるが、国家主権の制限という考え方が盛り込まれており、とりわけ軍事的主権の制限なしには平和の保障はありえないという考え方が支配的であった。(7)

WMWFGが設立されると、ヨーロッパ各地で同機関の総会や講演会や研究会が開催されるなか、日本の「同盟」の構成員たちも積極的にこれらの行事に参加するようになった。一九五六年八月にはWM

WFGは名称を改め、「世界連邦主義者の世界協会」（World Association of World Federalists／以下、WAWFと略記）を名乗るようになる。そして一九六三年八月には東京で第一一回世界大会を開催している。日本の世界連邦運動は、その当初において尾崎行雄など政治家の積極的な関与、湯川秀樹や朝永振一郎はじめ、世界的に著名な物理学者たちの積極的なリーダーシップなどもあり、世界でも最も活発な部類にはいる。背景には壮絶な敗戦体験、広島と長崎への原爆投下の惨禍があったことは言うまでもない。

しかし、ヨーロッパと北アメリカの世界連邦運動は、第二次大戦直後から一九六五年頃までがピークで、その後はピアニシモになっていった。(8) 日本の場合、その運動の盛り上がりは、大戦直後から一九七〇年代中葉まで維持されたように思われる。一九八〇年代になると日本でも運動は急速に終熄に向かっていった。(9) 世界連邦運動が世界的に退潮していった理由としては、一九六二年一〇月のキューバ危機に象徴されるような米ソ冷戦の激化があり、さらに諸国の国家主権パラダイムの前提および安保理の専断的権限行使に依拠した国際連合への幻滅があった。その後、世界連邦運動は座礁したような情勢となり、その動きは次第に国連改革という課題に吸収されていった。世界連邦主義者の観点からみれば、国際連合は幾多の欠陥をはらんでおり、それは一つには集団的安全保障体制の欠陥が指摘されることもあった。たとえば稲垣守克は、集団的安全保障体制とは、安保理を中心とした世界の主要な諸国による「国際的ふくろだたき」の側面があると批判する。(10) これはもちろん、国連憲章の前文や条項を念頭においての批判であった。国連憲章は、たしかに「国際の平和及び安全」を維持するために「国際連合の創設」を謳い上げ、「侵略戦争の廃絶」を要請した。しかし、同時に国連憲章は、加盟国の武力行使を原則として禁じ（第二条第四項）、その違反者には集団的安全保障に基づく軍事的制裁を課すことを第四二条で規定している。さらに国連憲章は、集団的自衛権を第五一条で承認している。稲垣はこうした措置にみられた国連型平和主義の限界を指摘したわけである。

ＷＡＷＦは、こうした考えから国連憲章の修正、国連の強化、世界法の制定、戦争の違法化などを課題として掲げ、これらを要請した。しかしながら、結局、米ソ冷戦期における国家主権パラダイムの大前提の前にこれらの課題や要求は、時代のモメンタムを獲得することができず、実行に移されることはなかった。世界連邦運動の挫折は、世界連邦主義者が具体的な積極的措置（平和創造）を提言し、その十分に説得的で具体的なロードマップを作成することに成功しなかったからだったのか。あるいはまた、ＷＡＷＦに参加した世界各国の多くの集団や人々は、国連を離れた形での世界連邦構築論を展開する動機づけと活力とをすでに保持できなくなっていたからなのか。これらの疑念はすべて部分的に説得性をもった説明を提供している。しかし、実際には世界の世論の動向にもかかわらず、米ソ政府間関係に着目すると、一九四八年という冷戦草創期にすでに世界連邦制の好機は過ぎ去り、その創設の必要条件は失われてしまっていたように見える。とくに、アメリカ政府（トルーマン政権）による自国の核兵器使用規制の提案およびソ連への核兵器開発の即時停止の要請（一九四六年のバルーク計画）が、ソ連に受け入れられなかったことが大きかった。アメリカ政府は、一九四八年の段階ですでに世界連邦政府の創設の可能性を断念したように思われる。(11) それから周知のように、一九四九年のソ連の原爆開発の成功を受けて、米ソ間の核軍拡競争が開始されたのだった。

### （2）戦後日本の世界連邦運動の特色

戦後日本の世界連邦運動を説明する際に強調すべき点は、当時「憲政の神様」と呼ばれた政治家尾崎行雄がその運営と実現に重要なリーダーシップを発揮した事実である。この側面での尾崎の決定的な役割は、とりわけ彼が一九四五年一二月一一日に帝国議会に提出した「世界連邦建設に関する決議案」に如実に示されている。この決議案の冒頭には次の文言が記されていた。

「建国以来未曽有の大屈辱を招致したる吾人昭和の住民は如何なる苦難を忍んでも之を洗雪し以て祖宗に謝罪せざる可からず。其の方法の一つとして本員は世界連邦の建設を提唱し其の実行を促進せむことを切望し茲に之を決議す[12]」。

当時、帝国議会の議事運営は占領軍司令部の承認を必要としたため、残念ながらこの決議案は審議事項として実際には取り上げられなかった。しかしながら、尾崎提案はとくに帝国議会の外部においてかなりの賛同を得ることができ、敗戦の虚脱状態にあった多くの人々に共感をもって受け止められた[13]。とりわけ、当時、世界連邦案が多くの日本人にアピールした歴史的背景には、多数の犠牲者を出した広島と長崎での被爆体験があった。第二次世界大戦はその終結時に原子爆弾の投下という未曾有の局面を示したのであった。そしてもし第三次世界大戦が起こるとすれば、世界の国々が核戦争に巻き込まれることになり、人類の滅亡を招く危険があると考えられた。こうした人類の未来に対するきわめて悲観的かつ絶望的な想定が人心を促し、多くの人々に世界連邦の理想を抱かせる原動力となったのである。こうして尾崎の「世界連邦建設に関する決議案」の提出という政治的行為は、帝国議会外部で大きな衝撃と果実を生むことになった。それは、広島への原爆投下の満三周年にあたる一九四八年八月六日に設立された上述の「世界連邦建設同盟」であった。その設立記念の会合で尾崎は総裁に推薦され、当日は高齢を理由に固辞したが、しかし後に受諾することになり、最初の総裁に就任した。副総裁には賀川豊彦が選ばれ、理事長には稲垣守克が就任した。「同盟」はその設立にあたり、「宣言」を採択したが、以下のような文言になっている。かなり長い文章だが、ここに紹介しておきたい。

「優勝劣敗、弱肉強食の四千年、その四千年の前史にわれわれは原子爆弾という大きな終止符を打って全巻を閉じよう。そして世界連邦という真正の力をもって互助協力相互扶助の原理に立脚する新しい人類史の幕を開こう。国家も民族も階級も結社も、政治的、経済的、思想的一切の行きがかりを捨ててその分岐の最初に帰り、全人類的分業と協働による世界経済社会に融合し、全人類を打って一丸とする世界国家を建設し、世界議会と世界政府とを組織しよう。全世界の人びとよ、平和と希望に満ちた夜明けの鐘が鳴っている。今日よりわれらは共に携えて、真理の旗を高く掲げ、全人類の幸福と文化との画期的な飛躍をはかろう。右宣言する」[14]。

こうした世界連邦運動を後押したもう一つの出来事は、その前文と第九条で徹底的平和主義を謳った日本国憲法の制定（一九四六年）であった。世界連邦運動の側からみれば、日本国憲法の戦争放棄・戦力不保持・交戦権の否認の平和主義三原則は、そのまま世界連邦構想に接続するもののように読めた。というのも、日本国憲法は、国家主権の制限を通じて主権国家システムの下にある世界のすべての国家の憲法原理を世界平和の方向に一歩先に進めるものであり、世界連邦構想に親和的な制度構想であったからである。また日本国憲法の側からみても、高柳賢三や笠信太郎がしばしば指摘したように、世界連邦の設立は、軍事主権を全面的に放棄した日本国憲法の平和主義原理を補完し現実的なものとする国際的制度構想であることは自明だからである。というのも、その日本国憲法前文は、「政府の行為によつて再び戦争の惨禍が起ることのないやうにすることを決意し」と謳い、「世界の平和を愛する国々の公正と信義を信頼」することを宣言し、さらに平和的生存権を主張して、国家の軍事的主権の自主的制限を規定しているからである。[15] 当時、こうした日本国憲法と世界連邦構想との親和性は、疑いをはさむことのできないものとして戦後日本の多くの人々に受け止められた。こうして日本国憲法前文や第九条に見られた徹底的平和主義こそ、戦後日本の世界連邦運動のバックボーンとなったといえよう。そして当時、ジャーナリズムがこうした世界連邦運動の気運を支えたといえよう。朝日新聞論説主幹の笠信太郎は、自ら当時の指導的なジャーナリストの一人として健筆を振るい、世界連邦運動の意義を高く評価する論説を多く執筆した。笠は一度、イギリスの雑誌『エコノミスト』（一九四八年六月号）に掲載された次の評論を紹介したことがある。

「一敗地にまみれた日本が、こんど制定した憲法は、それは実に怪我の功名とも言うべきものである。あるいは、これは、相手方の力を利用して、これを投げ飛ばす、あの柔道の手であったかも知れない。もし遠からぬ将来に、世界に平和の体制が出来上るときが来るとすれば、日本こそその先駆者であって、われわれはこんどは、日本に対して頭の上がらぬことになるかも知れない[16]」。

戦後日本の世界連邦運動の特色として、多種多様な分野の人々が参加したという意味でその広汎な拡がりを挙げることができる。既述したように、戦後日本の世界連邦運動は、一面、広島と長崎における被爆体験が原体験としてあった。それゆえにこの運動は、自然科学者、社会科学者、政治家、外交官、ジャーナリスト、一般民衆を巻き込む形で展開された。社会の各層が真剣に世界連邦制の創設に助力を惜しまず、協力体制を組んでいったところに、日本の世界連邦運動の特質があった。

同時に特筆すべきは、世界連邦運動の宗教的性格である。一九四五年九月には、その三年後に「同盟」の副総裁になったキリスト教伝道者の賀川豊彦を中心に「国際平和協会」が設立された。その背景には、国際社会への戦後日本の迅速な復帰を願った東久邇内閣（終戦内閣）の思惑があった。同時に賀川豊彦自身、戦時中の一九四四年に国策の意向に殉じて自らの平和主義的立場からの転向を果たしたことへの反省もあり、「国際平和協会」の設置に尽力し、世界への貢献を通じて被爆国日本が国際社会に復帰することを願った。したがって、戦後日本の世界連邦運動には、多少なりともキリスト教の影響が見られた。同時に看過できないのは、大本教（人類愛善会）が、世界連邦運動の発進基地として大きな役割を果たした事実である。大本教は黒住教や天理教ほかの諸宗教と連携して、日本全国に世界連邦運動を展開していく基盤を形作った。その一つの方法は、自治体による「世界連邦都市宣言」運動であった。この運動は広汎にまた長期的に展開されたが、一九五〇年には京都府綾部市が「世界連邦都市宣言」の第一号となり、亀岡市が続くという仕方で、一九七八年四月までに一都二府二三県三〇九市町村がこの「宣言」に加盟したのである。(17)

日本の世界連邦運動の主唱者たちは、ヨーロッパ諸国や北アメリカ諸国においても同じような運動が同時並行に展開されている事実について、ある段階までは十分に理解していなかった。これは興味深い事実である。第二次世界大戦直後の日本は、グローバルな規模のコミュニケーション、情報の共有においてきわめて制限された立場に置かれていた。そうした歴史的背景もあり、戦後日本の世界連邦運動は当初、いわば世界的に孤立した運動にとどまっていた。GHQのD・マッカーサー最高司令官は世界連邦運動の理解者であり、また彼の副官であったL・E・バンカー大佐は「全米世界連邦主義者連合」(UWF)の会員でもあった。そうしたことから稲垣守克が、一九四九年開催の第三回世界連邦ストックホルム大会に日本を代表して参加することができた。加藤俊作の指摘によれば、日本の「世界連邦建設同盟」が海外の世界連邦運動と接触したのはこれが最初であった。(18)

### (3) 戦後の世界連邦論が提起した理論的問題

戦後の世界連邦論はさまざまな提言を行ったが、そのなかで注目すべきものとして世界法の提言がある。さらに世界連邦論の歴史的展開のプロセスにおいてさまざまな見解や理解の相違が生まれていった。それは、たとえば世界政府の役割と課題をめぐるミニマリズム（最小限論）とマキシマリズム（最大限論）との相違であったり、実現の手続きや方法をめぐる「リージョナリズム」と「ユニーヴァーサリズム」との対立であったり、すでに成立していた国際連合との関係に関わる「国連改革路線」と「国連へのオルターナティヴ路線」との確執であったりした。

### A. 世界法の提言

戦後の世界連邦運動から出てきた一つの重要かつ興味深い提言として、国際法（international law）とは異なる世界法（world law）の問題提起がある。これは、法思想史的には、第一章で見たように、カントが国内法と国際法に対して第三の法体系として世界市民法を提唱した事実を想起させる。国際法は国内法とともに近代の主権国家パラダイムというウェストファリア体制を前提としているのに対して、世界法は主権国家パラダイムを相対化しつつ、世界憲法の下に世界連邦政府を形成することを前提とする世界規模の法制である。世界連邦運動に由来する世界法に関する名著としては、グレンヴィル・クラークとルイース・B・ソーンの共著『世界法による世界平和』（*World Peace through World Law*, 1957, 1960 [second ed.], 1966 [third ed.]）がある。同書は一面、世界連邦運動のただなかから出てきた世界法の要請に関する集大成の著作と呼ぶことができる。それゆえ同書の主張のいくつかを振り返ってみたい。

この著作の議論の骨子は、国際的暴力と戦争に終止符を打ち、戦争を違法化するには国際法体系だけでは不十分であり、それよりも一歩進んだ世界法体系の樹立を目指す必要があるという主張であった。これを実現するために、強制力を保持する実効的法制として世界法を権威づけ法制化する必要がある。さらに世界法体系を通じて、各国の軍備の縮小と制限を実現し、最終的には各国の軍隊の完全撤廃を成し遂げる必要がある。そして世界連邦政府の下に各国の自主的参加による世界警察と世界軍とを設置する必要がある。同時に緊急の課題としては、世界法体系によって、また実効的な世界機構の創設を通じて、紛争や対立の根本的要因である世界規模の経済的格差や貧困の是正が挙げられている。[19] そのためにも国連改革は必須の課題であるとされ、本書でクラークとソーンは、その冒頭から国連憲章の各条項の改定案を示して、国連を世界平和構築の世界法的組織へと改編する方途を模索したのだった。[20]

世界法の考え方で顕著なのは、すでに指摘したように、国際法と異なり、世界規模の事柄、とくに世界の住民各人と世界の平和と安全に関する事柄については、国家を超えた仕方で直接に世界の各個人に適用されるという前提である。これは、国内法と国際法と世界市民法とをいわば同列において捉えたカントの見地を乗り越えている面があり、世界法が管轄する事項については、国内法および国際法に対してより高次の法体系としてそれらに優先するという考え方がとられている。これは画期的な一面にほかならない。こうして世界法は、国内法と同様に、すべての国家の人民にすべて直接的に適用され施行されることになる。このように世界全体が世界法の下に統治されると理解されるわけである。しかし、世界連邦政府の管轄以外の多くの事柄に関しては、当然のことながら国内法と国際法で対応していくことになる。その意味では近代以降の主権国家システム（いわゆる「ウェストファリア体制」）は相対化されているとはいえ、世界法体系においてもそれ固有の位置づけと意義を有し、その意味で世界連邦政府は連邦制——連邦国家制であれ国家連合制であれ——を採用するものと認識できる。

世界法の議論は今日ではほとんど検討に付されることはない。しかし、現在、世界の貧困の克服や経済的格差の是正の緊急性を主張するグローバル正義論ないし世界正義論は、かつての世界法のモチーフを継承し、その有意性を現代世界に引きだそうとする試みとして理解することも可能である。[21]いずれにしても、戦後日本においても田中耕太郎がいち早く世界法理論の紹介と分析に着手し、またアメリカの国際法学者の既述したL・B・ソーンや若きソール・メンドロヴィッツらが一九六四年八月に来日し、世界法学会の設立を訴えた。それも機縁となって田畑茂二郎、高野雄一、川上敬逸、小谷鶴次が世話人となり、鵜飼信成と鮎澤巖の協力の下で、一九六五年四月二六日に国際基督教大学（シーベリー教会堂）で今日の世界法学会の前身である「世界法研究会」の創立総会が開催されたことは、記憶にとどめておきたい。[22]

## B．世界連邦運動内部における三つの相克

初めに世界連邦運動の進展とともに、世界連邦政府の役割について、「ミニマリズム」（最小限論）と「マキシマリズム」（最大限論）とのあいだに見解の相違が生じた。前者のミニマリズムは、世界連邦政府の課題を当面の戦争防止に限定する主張であり、その意味でその権限をそれに直接必要な範囲に限定しようとする立場である。これに対して後者のマキシマリズムは、世界連邦政府の役割を戦争防止だけ

でなく、広く従来の戦争の要因となった貧困や経済的格差、政治体制の相違、宗教や文化的価値の相克の問題にまで広げ、これらの解決をも目指そうとする立場である。ミニマリズムの特質は現実重視であり、この立場を擁護する人々は、世界連邦運動が、高邁な課題を追求するあまり、空中分解することを極力回避しようとしたといえよう。これに対してマキシマリズムの方は、自らの理念をその論理的帰結まで推し進めて主張する傾向を示していた。当時のミニマリズムの立場を代表したコード・メイヤーは、「平和かアナーキーか」という論考に明らかなように、差し迫った原子力戦争の危険を回避するためには、各国がただちに世界政府の樹立に邁進しなければならないという立場だった。マキシマリズムの立場を代表するのはシカゴ大学の総長ロバート・M・ハッチンスが委員長をつとめる委員会が準備した「世界憲法予備草案」(通称、シカゴ草案)である。そこではミニマリズムの制限的世界政府論の見地には立たず、むしろ世界憲法の制定によって世界のすべての個人の人権の擁護、世界平和、正義の支配を追求し、広範な権限の委譲を承認する強力な世界政府論が前提とされている(23)。

こうしたミニマリズムとマキシマリズムとの差異は、運動の役割をどのように認識するかという問題に終わらず、いくつかの重要な事柄について分岐をもたらした。一つは世界連邦形成のアプローチにおける相違であり、これは「リージョナリズム」と「ユニヴァーサリズム」との対立という形で現出することになった。当時、米ソ冷戦がすでに開始されていた。そうした状況下で前者のリージョナリズムの主唱者たちは、共産主義圏を外してまずは連携の可能性の高い自由主義諸国から少しずつ積み上げていく選択肢を探求したのに対して、他方、後者の「ユニヴァーサリズム」の擁護者たちは、当初から自由主義圏と共産主義圏を網羅する形での世界連邦論を要請したのだった。後者のユニヴァーサリズムは、世界の共産主義諸国を除いた世界政府というのは言辞矛盾にほかならないとし、喫緊の米ソ冷戦の克服という課題を世界連邦論の主要な課題に掲げる傾向を示したのである。

さらにもう一つの重要課題、つまり、すでに確立されていた国際連合との関係づけの問題についても、世界連邦論者たちのあいだに「国連改革路線」と「国連へのオルターナティヴ路線」との分岐をもたらした。前者の国連改革路線は、国連憲章を改正し、集団的自衛権や集団的安全保障の原則を否認して、その機構の改革を成し遂げ、もって世界政府の樹立を目指そうという立場である。これに対して国連へのオルターナティヴ路線は、まず世界人民会議を開催し、そこで世界憲法を制定することによって国連とは別個の世界政府を打ち立てようとする立場であった。国連が実際に機能し始めた段階になると、国連の存在を無視して国連とは別個の世界政府を樹立しようとする動きが、きわめて非現実的に見えてきたのは否めない。国連改革を媒介にして世界連邦政府を作ろうとする動きの代表格は、アメリカのＵＷＦ（世界連邦主義者連合）であった。この大組織は、すでにその一九四七年二月の全米設立大会において国連を改造して世界政府を樹立することを承認していた。世界連邦政府の樹立のために国連改造を推し進めるためには、国連憲章上のハードルは高かった。当時（一九六五年の改正前）の第一〇九条によれば、そのためには国連憲章の根本的改正が必要となるが、その要件としては国連総会において三分の二以上の多数の国々の賛成がなければならないのと、さらに安全保障理事会において五つの常任理事国を含む七理事国（当時の非常任理事国は六か国）の賛成が必要とされていた。

このようにこの現実重視のミニマリズムは、リージョナリズムと国連改革路線との親和性を保持するように思われるかもしれないが、実際にはそうでもなく、いろいろな組み合わせが見られた。そして現実には、一九四八年三月に公表されたシカゴ草案の影響もあり、それ以降、世界政府の役割を戦争防止のほかにも、世界平和とともに正義の支配を政治・経済・文化のレヴェルまで拡大しようとするマキシマリズムの方が優勢になった。また共産主義諸国との連携を模索し、それらの国々に空席を今のうちから準備しておこうとするユニーヴァーサリズムの立場がより広汎に受容されるようになった。シカゴ草案もユニーヴァーサリズムを支持している。その世界憲法予備草案の第五条で「連邦会議は、九つの選挙人団に分かれる」とし、そのなかには「欧アにまたがるロシア全土。これに東バルト、スラヴ、南ダニューブ諸国民が、ロシアの盟邦として加わる（ユーラシア区）」と記されている。しかし、シカゴ草案の特徴は、国連改革路線を採用せず、むしろ国家とは別に世界人民代表者会議が世界憲法を制定して世界政府を樹立する国連へのオルターナティヴ路線を進言するところにあった。しかし、その後の展開において世界連邦主義者の多くは、国連改革路線を支持するようになっていった。前述の『世界法による世界平和』の共著者クラークとソーンも、一九六二年五月に提案した条約案で、国連憲章を改正し、国連内部に世界軍の創設および巨大な経済的格差を是正する機関の設置を主張した(24)。これは、歴史の進捗とともに、戦後いち早く創設された国連の地道な歩みと国連への期待が、世界の人心の多くを味方につけたことによる。

## 2　世界連邦運動の思想とそれへの反論

### (1) E・リーヴス、J・デューイ、R・ニーバー

#### リーヴスとデューイ

当時、世界連邦運動に大きなインパクトを与えたエメリー・リーヴス『平和の解剖』(一九四五年)の議論を分析し検討するところから始めたいと思う。同書は、第二次世界大戦が終熄に向かいつつあった一九四四年から翌年のあいだに執筆されたが、それは第三次世界大戦を何とかして防止しようとする理想主義的な試みであった。第一にリーヴスが批判の矛先をむけたのは、西欧近代を出自とするウェストファリア体制の主権国家システムであった。というのも、彼が二つの世界大戦を振り返った際に、世界戦争への危険を宿した一番大きな要因は、排他的なナショナリズムによって支持され当然視される主権国家の戦争遂行権をも含む主権行使であった。戦争遂行権や国民戦争動員権や軍事主権を網羅するこの排他的で絶対的な国家主権が認められる限りにおいて、国際主義も国際法も何らその暴走を防止し抑制できず、結局、国家は全体主義に転化してしまう恒常的危険を有する。それゆえに国家の無制約な主権行使を規制することなく放置するのではなく、この国家主権の絶対性を抑制し、諸国家を統合することで、より高次の法体系(世界法)の下に民主的統治を行う制度構築が、喫緊の課題として認識された。リーヴスによれば、こうした国家中心的な地政学的世界像および主権国家に対する抑制とコントロール

が実現した暁に、初めて世界平和が現実のものとなるはずであった[25]。この関連でリーヴスは主権国家システムに根づいた集団安全保障体制を基本とした国際連盟の歴史的挫折に言及しつつ、安全保障理事会をトップにしてこの基本原則の継承を示唆した国際連合構想も同様の欠陥を共有しているとして厳しく批判する[26]。

第二点として、リーヴスにとって、こうした諸種の主権国家の上位に組織化される権威と権力を保持する機関が「超国家的組織」(supra-state)としての「世界政府」(world government)にほかならなかった。世界政府樹立の目的は、民主的な世界平和の法秩序の定礎と樹立にこそあった。彼の指摘するところによれば、世界政府は、平等に民主的に選出され統御された超国家的組織(立法・執行・司法の三権を担当する統治機構)にほかならなかった[27]。その意味で同書執筆中に発布された国連憲章に対しても、リーヴスはそれが解決策からはほど遠く、一つの主権、一つの世界秩序が達成されるまでは世界平和は実現しないと指摘した[28]。

リーヴスと並んでこの時期に世界政府の樹立に対して積極的な論陣を張ったのは、アメリカの哲学者ジョン・デューイであった。デューイは、戦後すぐに執筆した論考「世界社会への加入」("Membership in a World Society," 1946)において以下のような論旨を提示した。

デューイによれば、第一に二〇世紀に入ってから一九世紀型の戦争とは異なる戦争形態が生じ、個々の戦争から「戦争システム」(system of war)へ、地方的紛争から地球規模の戦争へと変質してきた。その結果、二〇世紀の世界は、各国間の紛争や対立を解決する有効な手段を見いだせなくなっており、じた。

事実上、無政府状態と化した。国際連盟の結成も、世界戦争への十分な抑止力とはなりえなかったと論

第二点としてデューイは、原子爆弾の出現の重大性を喚起し、戦争による破壊が地球全体を滅ぼすだけの力をもってきた事実に着目した。さらにこうした核戦争の始まりは、権力の集中と特化を惹起する起因となったと指摘される。すなわち、原子爆弾の製作のために、たとえばアメリカでは第二次世界大戦中には軍学政官財の権力の大動員と固定化の現象が見られ、国内のデモクラシーの危機がそこには胚胎している。それと同時にデューイは、知と権力との癒着の問題に警鐘をならし、知の利用価値の転倒は学問研究に大きな疑問符を付すものだと批判した。こうしたデューイの指摘は、権力エリートのオリガーキー（寡頭制）がすでに権力中枢において始まっている事実について警鐘を鳴らす最初期の主張とも見なすことも可能で、注目に値する。

このようにデューイによれば、世界各国は、二〇世紀に入ってから、交通手段、情報技術ほかの飛躍的進歩によって一体性を強めながらも、しかし平和と秩序に基づく一つの世界社会を実現していく手段も機関も打ち立てられてはいない。つまり、実際の世界は全体的に無政府状態、混乱状態に放置されたままである。第三番目の主張として彼は、原子爆弾の時代に人類が生き延びるために、全世界の人々が、新しいものの考え方、斬新な世界の制度構想、それを実現するための賢明で現実的な計画立案・政策・行動を身につけていく必要があると主張する。そうした新機軸は多方面に打ち出される必要があり、たとえば従来の外交政策全般、権力ブロック論、権力政治の追求、国際法規などは、旧態依然とし

たもので、近代戦争の偶発的な産物であり、時代遅れになっており、役に立たないと指摘した。

それではどうしたらよいのか。デューイの第四の論点は、世界全体の統治機構の改編であった。現存の戦争システムを平和と協調のシステムに置き換える必要があり、そのためには世界社会の要求に適った法体系(世界法的なもの)を作り、こうした法体系によって世界全体が統治される必要――つまり、世界政府の必要――が提起されたのである。その際、彼はいくつかの留意事項を列挙している。①実際に運用可能な世界政府の樹立を否定するのは、単なるシニシズムと敗北主義にほかならない。②世界政府の実現を、一箇の強国の支配と支配への意志に委ねる試みは、きわめて危険であり、コストが高く、大混乱をもたらす可能性がある。③武力による強制的統合は、社会レヴェルでの統合をもたらすことは不可能であり、つねにより強大な武力を要求する悪循環に陥ってしまい、結局のところ、現存の戦争システムの無政府状態の継続となる公算が高い。④経済上の相互依存性の発展、原子力、発明、生産、分配、通信などの技術の進歩などは、現代の既成の事実であり、これらの発展をすべて否定的に評価する必要はない。これらの科学技術の進歩それ自体に弊害があるわけでなく、害毒は新しい科学技術の開発と利用を恣意的に管理する現行の政治機構にある。

デューイの最終的な提言は次の主張にある。つまり、第二次世界大戦直後の世界にとっての喫緊の課題は、各国の政府指導者と人民大衆とが、世界社会機構(世界連邦)の一員として連携し協力できるように、各国の政治制度を変革することであり、そのための断固たる意志と勇気を強く保持することである。そして彼は次のように力説している。

「世界社会の夢を実現すべき手段と資源は、なおわれわれの手中にある。これらの資源をもって、世界を自殺的破滅に導くか、あるいはまた、すべての人々のために、よりよい世界を構築すべく真なる協力的努力のために用いるのか、これこそ、われわれの直面する決定的な選択である[29]」。

### ニーバーの批判

ラインホールド・ニーバーは、後に見るように、世界共同体の理念を頭から否認するわけではまったくない。しかしながら、彼は世界連邦運動や世界政府論のなかには政治的現実主義を欠如した面もあると主張し、いくつかの点について厳しい批判を投げかけている。ニーバー自身の世界共同体論について検討する前に、彼が理想主義的幻想と考えるものに対するいくつかの批判の論理について考察してみたい。とりわけ、ニーバーが『光の子と闇の子』（*The Children of Light and the Children of Darkness*, 1944）などにおいて展開した二つのタイプの「リベラルな光の子」批判は、既述したE・リーヴスの『平和の解剖』の議論やJ・デューイの議論に対しても向けられていると見ることもできる。というのも、リーヴスの議論も、デューイの主張も、ニーバーが批判する以下の二つの理想主義的な「光の子」のタイプに帰属する面があるからである。これらのタイプの「光の子」とは、以下の二つの自由主義学派にほかならない。

第一の自由主義学派は、世界政府の理念ならびにそれを裏づける自然法、国際法、憲法、青写真があれば、すぐに世界共同体が実現すると考える立場である。ニーバーはこの立場を「素朴な普遍主義者」

のそれと呼んでいる。この学派には世界連邦運動の旗振り役の一人G・ニーマイヤーらも入り、ニーバーは彼らを次のように批判する。「これらの純粋な立憲主義者たちは、人間の歴史の生の素材に対して綱領のもちえる権能への一途な信念を保持している[30]」。

さらにニーバーは第二の批判対象として、彼が言うところの「洗練された理想主義者」の立場を挙げており、M・J・アドラーなどをこのカテゴリーに入れている。彼らは国際法や憲法などに加えて、世界規模の警察機構や国際司法機関といった権力の後盾が必要であるとの認識を表明している。ニーバーはこうした認識に関しては高く評価する。しかし、この立場に立つ理想主義者は、第一の立場の普遍主義者と同様に、立憲主義的形態の背後に潜む「有機的な諸過程」や「ヴァイタリティーに満ちた社会的過程」を十分に理解していない、とニーバーは批判する。「有機的な諸過程」や「ヴァイタリティー」とはいったい何であるのか。これらの表現はニーバー特有のものであるが、合理主義的な説明では理解できない歴史の素材のもつ特有の力学ならびに勢力である。たとえば、民族やエスニック集団の凝集力や共通の歴史、宗教や文化のもつ持続力など、合理主義的な理念や思想によってはうまく説明できない歴史の生の素材の保持する持続力である。この第二の理想主義の立場への批判として、ニーバーはかつて次のような指摘をしたことがある。つまり、「頭」(government／世界政府)を先行して設立したとしても、それとは有機的に繋がっていない「体」(*body politic*／政治体)を恣意的に作りだすことは不可能である。彼は続けて次のように主張する。

「地理的な限界やエスニシティーおよび文化の個別性は、共同体相互の差異を作りだす当のものである。また共通の歴史は、通常、共通の敵に対峙する際、同胞意識を具現化するのに役立つ。これらすべての要因が、共同体の凝集力を生み出すのに寄与している。政府は、こうして具現化されつつある統合を表わし成就するものである。しかし、政府は、自らが前提としなければならない、こうした実体を作り出すことはない[31]」。

この関連でニーバーは、アメリカ合衆国の場合、その歴史的成立の特殊な経緯からして国家は憲法によって作られるという幻想が生じやすいと述べている。

ニーバーの『光の子と闇の子』(一九四四年)は、前述のリーヴスのベストセラー『平和の解剖』(一九四五年)およびデューイの論考「世界社会への加入」(一九四六年)の少し前に刊行された。しかし、国際政治の二つの自由主義学派に対する上述のニーバーの批判的主張は、既述したように、リーヴスおよびデューイの奉じるいくつかの命題にも適用可能である。たとえば、各国の狭隘なナショナリズムに基づいた主権国家間の相克と無政府状態は、結局のところより高次のレヴェルでの統合、つまり、世界連邦と世界政府の樹立によってしか解決できないとの見通しなどである。ニーバーの現実主義的観点からいえば、第一にこの世界連邦や世界政府といった高次のレヴェルでの統合が、上述の比喩では「体」の伴わない「頭」を作るようなもので非現実的かつ抽象的である。第二にこうした高次の統合の試みは、実際問題として、国家、国民、民族、エスニック集団、階級、文化的集団、宗教といった集合体の保持する執拗な持続力や影響力、ヴァイタリティーや惰性に直面することになる。さらにこうした試みは、「国家の傲慢」とその支配権力への執着、さらには国民レヴェルでの伝統的忠誠心の持続力や惰性などのために、なかなか青写真通りには行かないという現実に直面せざるをえない[32]。第三にニーバーは、世界連邦という高次のレヴェルでの統合への阻害要因として、①ナチズムのような「普遍主義の堕落形態の危険」、②「勝利した諸大国の傲慢」、③「国家の自己中心主義という否定的形態、とりわけ孤立主義」を挙げている[33]。

ニーバーは、ヨーロッパ諸国のみならず、北アメリカ諸国でも当時ベストセラーとして広く読まれた前述のリーヴス『平和の解剖』の議論に対して一度だけ応答を試みている。これは『ネーション』誌(一九四六年三月)に掲載された「世界政府の神話」("The Myth of the World Government," 1946)という論考である。この論考を著す前に、ニーバーは世界連邦政府創設のためのシカゴ憲法委員会(ハッチンスの指導の下に結成)の設立(一九四五年一一月)の際に一委員として参加したが、その後、他の三人の委員とともに委員を辞退した。この出来事と「世界政府の神話」論文とのあいだにはやはり密接な関係があり、そこに委員を辞退した基本的理由を確認することが可能である。彼はその論考においてリーヴスやシカゴ憲法委員会を含む世界連邦運動の賛同者たちへの批判として、世界社会の基盤ができていない状況において世界政府を設立すること、つまり、人為的に世界共同体を作るという手法は土台無理であり、その順序は逆であろうとの議論をなしたのである。この論点は、すでに取り上げた『光の子と闇の子』の第五章で指摘されていた。しかしこの論考で彼は、凝集力の拠点になるものが乏しいところに人為的な世界共同体を形成するには、結局のところ世界政府に絶大かつ集権的な支配権力行使を黙認せざるをえなくなる、と指摘した。こうしてニーバーは、結果的に専制的で主権的な世界政府ができあがることへの危惧の念を表明した。そうなると煎じ詰めれば、最大規模の軍事力、工業力、産業力を保持する特定の諸国家——とくにアメリカとソ連——が、世界政府の支配権力を牛耳るリスクが高まることを彼は恐れたのであった[34]。

リーヴスへのニーバーの直接的応答はこれに尽きると思われるが、ニーバーとデューイの論争を顧みると、両者のあいだにはかなり早い時期からすでに上述のような対立点や緊張が示されていたことが分かる。第二次世界大戦終結時の世界連邦運動および世界政府問題が争点になるはるか以前に、ニーバーは論考「自由主義の情念」("Pathos of Liberalism," 1935)においてデューイの自由主義を批判したことがあった。その批判の趣旨は、社会闘争においてしばしば「理性」の要請が「利害」の力学に従属してしまうという不可避の傾向性を、デューイの自由主義が認識していないというものであった。歴史の具体的な社会闘争においては、実際の個別的な利害や展望がしばしば普遍的な理性や合理性の要請を凌駕し、「解放された知性」の理想を否定するケースが後を絶たない、とニーバーは説明している[35]。またこの点に関するニーバーとデューイの相違は、初期のニーバーの名著『道徳的人間と非道徳的社会』(*Moral Man and Immoral Society*, 1934)の中心的命題とも密接に関連している。ニーバーは、結局、人種であれ、階級であれ、民族であれ、集合体の道徳の規準と、他方の個人の道徳の規準との基本的落差に着目し、宗教的および世俗的自由主義の問題点はその根本的差異に無自覚であるところに存すると考えたのである。[36] しかしながら、これに対してデューイは、左右の情動的ラディカリズムが知性や理性の役割を過小評価する当時の社会状況において、あえて理性と情念のバランスの回復を模索したものと理解できる。[37] ここにニーバーとデューイのスタンスの根本的相違を確認できる。

### (2) R・ニーバーの世界共同体論

このようにニーバーは、世界政府論の普遍主義的および理想主義的系譜について率直に違和感と批判を表明した。しかしながら、すでに指摘したように、『人間の本性とその定め』第二巻(一九四三年)や『光の子と闇の子』(一九四四年)において彼は、独自の仕方で世界共同体論の可能性について考察もしている。その立論は、彼のキリスト教政治倫理思想の中心にある愛と正義の弁証法的理解、メシアニズムと普遍史に関する見地、さらには歴史の審判と救済の希望に依拠する独自の終末論(世界の「終焉」finisと「究極の目的」telos)に基礎づけられたものとなっている。[38] こうした普遍史的ないし終末論的視点からみた場合、「歴史のすべての事象は、成就と解消の双方を指向しており、それらの本質的性質の完全な具現化と消滅の双方を指向しているのである」と指摘される。[39]

ニーバーにあっては、歴史における世界共同体の形成の努力もまた、すべての歴史的事象と同様に、上述の「成就と解消」、「完全な具現化と消滅」という弁証法的緊張ないし二面性を保持することになる。それゆえにニーバーの世界共同体論は、その批判的展望と同時にその形成に対する積極的評価の双方を含意することになる。こうしてニーバーは、現実主義の視座から基本的には世界共同体の形成を肯定的に捉え、その実現を希求する立場に立っているといえよう。

けれどもまた、『光の子と闇の子』第五章で展開されたニーバーの世界共同体論には、既述した現実主義的な社会観および政治観の前提がしばしば顔をのぞかせている。二〇世紀前半と中葉に当たるニーバーの時代(そして現代においても大部分)、主権国家システムは、ほとんどすべての政治学者や国際関係論者の出発点を形成していた。主権国家の枠組みの基底性を強調する点で、ニーバーも例外ではなかった。[40] まさに主権国家パラダイムの意義に関する判断と評価においてこそ、リーヴスやデューイの世界連邦政府論とニーバーの立場との決定的相違があるといえよう。そしてこの問題は、それ自体、二一世紀初頭の今日においても論争的で喫緊のテーマであり続けていることは言うまでもない。

しかしそれでもなお、ニーバーは「究極の目的」(telos)としての世界共同体実現の努力を肯定しているのであり、「国際的混沌」を乗り越え、「共同体の原理を世界的拡がりまで拡充する」必要を認識している。[41] ニーバーは、このように世界共同体の実現にむけて努力する重要性について、以下の二つの要因を挙げている。第一の要因は、技術文明の進歩であり、交通手段の格段の発展である。第二の要因は、世界の多くの宗教や哲学に見られる道徳的普遍主義の見地である。この世界平和や正義や愛を志向する普遍主義的な理想や価値思想は、たとえば、ストア主義、儒教、仏教などの普遍主義思想、さらには旧約の預言者アモスの普遍史的理解、キリスト教倫理などに確認できるとされる。[42] ニーバーは次のように指摘している。

「技術の発展は、このように現代に新たな状況を突きつけた。個別の国民に依拠する政治的諸制度は、今では上からだけでなく下からも挑戦を受けているといえよう。それらは上からは普遍的な道徳的義務の感覚の衝撃を受けたわけだし、下からは地球規模の経済という新たな技術的＝自然的事実の衝撃に直面したのである。普遍性の二つの力学——一方の道徳的普遍性と他方の技術的普遍性——の結びつきは、世界共同体の樹立にむけたきわめて力強い起動力を作りだしている」[43]。

こうしてニーバーにあっては、世界共同体の構築は人類の最終的かつ必然的な課題であり、同時に人間の最終的可能性であり不可能性でもある[44]。

## 結びにかえて

第二次世界大戦後、とくにヨーロッパ、北アメリカ、日本で生まれた世界連邦運動は、一五年から二〇年間にわたって世界の多くの人びとに衝撃と感化を与え、大きな足跡を残した。しかしながら、一九六〇年代に入って米ソ冷戦が持続化・激化し、国連がそれなりの威信と持続力を獲得し始めると、満潮の海原がゆっくりと引き潮になり徐々に後退していくように退潮していった。今なお毎年、世界連邦協議会は世界大会を開催しているが、その規模と影響力においても最盛期の面影はそこには見られない。しかしながら、現在、地球正義論（または国際正義論、世界正義論と命名されることもある）という形で、世界連邦運動が提起した持てる諸国と持たざる諸国との構造的格差および貧富の格差を批判し克服しようとする運動と問題提起が引き続きなされている。現代の地球規模で社会正義の実現を目指す運動は、必ずしも世界連邦や世界政府の設立を目標にすることはなく、道徳的レヴェルないし法的レヴェルでの問題提起にとどまる傾向にある。しかし、第六章で詳細に検討する予定であるが、世界連邦運動とその理論が提起したいくつかの問題意識や課題は、今日の地球正義論に引き継がれている。

本章ではまた、世界連邦運動を鼓舞し指導したリーヴスやデューイの議論を吟味し、それとは対峙するニーバーの批判とその論拠についても検討した。いずれの側にも説得的で傾聴に値する議論や主張が多く見られた。しかし、それから七〇年も経過した現時点からみると、現代世界は第二次世界大戦直後にもまして地球規模の問題群に覆われている。すなわち、核兵器の拡散、金融資本主義の暗躍、その結果としての各国内および世界における富と権力との構造的格差の増大、テロリズムと対抗テロリズムの応酬、ジェノサイド（集団殺戮）と民族紛争の激化、地球温暖化の脅威など、地球規模で解決や克服を模索すべき問題群が山積している。他方、別の次元においては第四章で取り上げる欧州連合のリージョナルな統合の進捗もみられた。こうした現代的状況において世界連邦が提起した主権国家システムのもつ限界や問題性が、一層ヴィヴィッドに提起されてきた。その意味で、今日の脱主権国家システムを求める試みは、第二次世界大戦後の世界連邦運動とその理論と実践、さらにその挫折からも、多くを摂取し学習することができよう。

現代世界においては、歴史の惰性や社会闘争や対立における利害の執拗かつ持続的な影響力を無視できないことはもちろんだが、しかし世界の現実に潜む創造的かつ革新的可能性にも注視すべきであろう。現代世界の危機は新しい出発の芽をそのうちに内包している。その意味では第二次世界大戦を目の当たりにして世界連邦運動を始動させたリーヴス、それに共感を示したデューイの議論は、その個々の立論や提言のレヴェルでも、今日の私たちに重要な示唆と洞察を多々示してくれていると考える。その一つは人類と生きとし生ける生命体すべての運命共同体としての地球的実存への示唆である。当時よく言われた「一つの世界」というイメージ、その後よく言及されるようになった運命共同体としての「宇宙船地球号」というメタファー、いずれも現代世界に生きる私たちに示唆的な喚起力を湛えた言葉であることは間違いない。

谷川徹三は戦後日本の世界連邦運動に積極的に参与しながら、ニーバーの批判に謙虚に耳を傾け続けた思想家であった。谷川はニーバーの鋭利な批判や洞見のなかに「深い知恵」を見た。しかし彼は、ニーバーにしたがうことは結局のところ「われわれを現実政治の泥沼の中であがかせることになる」と判断し、自分なりの立場から世界平和と世界連邦の実現のために尽力しようと決意を新たにした[45]。リーヴス、デューイ、谷川徹三など、世界連邦の可能性とその運動に挺身した人々に共通しているのは、第一に実際の社会や世界の保持する変革への潜在力への着目であり、第二に現代世界に適合的で現実的な公共哲学ないし主体的な生き方（生活様式）としてのデモクラシーへの洞察であった[46]。彼らは、これら二つの大前提に依拠しつつ、世界平和と正義を実現するものとして世界連邦論の宣布と実現に奔走したのであった。こうした彼らのヴィジョンや運動には、二一世紀の世界がそこに学ぶべき先見性や洞察が多々含まれているように思われるのである。
ただし、数多くの次元でグローバル化がこれだけ深化し世界の隅々まで滲透した今日、地球規模の制度的かつ政策的対応が必要不可欠になるなかで、同時に世界政府的な権力中枢の設立に対しては世界の世論は恐れと不安を覚えている。その意味では世界連邦運動が「世界を連邦共和国にする努力」(稲垣守克[47])を表すものであるとしたならば、そうした権力が集中化と強権化への傾斜を保持した当時の世界国家や世界政府の構想に対しては、現代のたいがいの理論家および実践家は尻込みするであろうことは想像に難くない。今日の世界において、世界連邦ないし世界政府の構想が説得性と支持を獲得する可能性があるとすれば、おそらく欧州連合の事例に見られるように、それは分権型の世界連邦であり、世界の諸種のリージョンにおける複数の国家連合体(準国家連合体を含む)や諸国家をとりまとめ連携を促す機能を保持するものとしての世界政府であろう。そしてこの権力分散型で分権型およびネットワーク型の世界政府は、世界法の導入を前提とした国連改革の基礎の上に初めて実現可能となるのではなかろうか。これらのテーマについては、終章で取り上げてみたい。

注

(1) 加藤俊作「運動としての世界連邦論」(日本平和学会編『世界政府の展望』早稲田大学出版部、二〇〇三年)、三―一九頁、参照。
(2) 同右書、九頁。

（3）アメリカやヨーロッパにおける世界連邦運動の詳細については、この分野の古典的著作といわれる田畑茂二郎『世界政府の思想』（岩波新書、一九五〇年）を参照。

（4）この関連ではアインシュタインやJ・ロバート・オッペンハイマーらが中心になって原子物理学者たちの緊急委員会を立ち上げ、原子爆弾の開発と使用に対する断固たる反対声明を出し、論考をいくつも公刊したことが注目される。アインシュタインの次の言葉はつとに有名である。「原子から解き放たれた力は、私たちの思考様式以外のあらゆるものを変えた」。Otto Nathan and Heinz Norden, eds., *Einstein on Peace* (New York: Shocken Books, 1968), p. 376. Cf., Derek Heater, *World Citizenship and Government: Cosmopolitan Ideas in the History of Western Political Thought* (New York: St. Martin's Press, Inc., 1996), pp. 141-142.

（5）このモントルー六原則の英文は、次の通りである。

"We world federalists affirm that mankind can free itself forever from war only through the establishment of a world federal government. Such a federation must be based on the following principles:

1. Universal membership: The world federal government must be open to all peoples and nations.
2. Limitation of national sovereignty, and the transfer to the world federal government of such legislative, executive and judicial powers as relate to the world affairs.
3. Enforcement of world law directly on the individual whoever or wherever he may be, within the jurisdiction of the world federal government: guarantee of the rights of man and suppression of all attempts against the security of the federation.

4. Creation of supranational armed forces capable of guaranteeing the security of the world federal government and of its member states. Disarmament of member nations to the level of their internal policing requirements.

5. Ownership and control by the world federal government of atomic development and of other scientific discoveries capable of mass destruction.

6. Power to raise adequate revenues directly and independently of state taxes."
(http://www.wfm-igp.org/site/files/Montreux%20Declaration.pdf#search='Montreux+Declaration')

（6）宮崎繁樹「国家主権と世界連邦」（尾崎行雄記念財団編『世界連邦』尾崎行雄記念財団、一九六五年）、一四〇頁。

（7）これら戦後のいくつかの憲法は「反ファシズム憲法」とも呼ばれており、立憲主義は平和主義を取り込む仕方で定式化されている。千葉眞『「未完の革命」としての平和憲法』（岩波書店、二〇〇九年）、八七―八九頁。

（8）E.g., Antje Wiener and Thomas Dietz, eds., *European Integration Theory*（Oxford: Oxford University Press, 2004）, pp. 31-49. ルイース・カブレラによれば、アメリカ合衆国における世界連邦運動の高揚は、すでに一九五〇年代初頭から中葉にかけて、いくつかの動向によって沈静化に向かっていった。カブレラはとくに、朝鮮戦争の勃発と米ソ冷戦の深刻化、国内の世界連邦主義者たちの対立と分裂、超国家主義への世界の世論の高まりの急速な失墜を挙げている。Luis Cabrera, "Introduction: Global Institutional Visions," in *Global Governance, Global Government: Institutional Visions for an Evolving World System*, ed. Luis Cabrera（Albany: SUNY Press, 2011）, p. 6.

(9) 小谷鶴次『戦争放棄から世界連邦へ』(TOSHINDO 出版サービス、一九九〇年)、二五九―二六一頁。

(10) 稲垣守克『国連と世界連邦』(日本学士会、一九六四年)、九―一〇、四一、七九、八八―八九頁。

(11) Cf. Campbell Craig, "Why World Government Failed after World War II: A Historical Lesson for Contemporary Efforts," in *Global Governance, Global Government*, ed. Cabrera, pp. 77-99. Daniel H. Deudney, *Bounding Power: Republican Security Theory from the Polis to the Global Village* (Princeton and Oxford: Princeton University Press, 2007), pp. 246-248, 257, 372n52. 田中極子「大量破壊兵器技術のデュアル・ユース性における軍備管理レジームの現代的意味」(国際基督教大学大学院行政学研究科提出・博士論文、二〇一四年二月)、四八―五二頁。

(12) 尾崎行雄「世界連邦建設に関する決議案」(世界連邦建設同盟編『世界連邦運動20年史』世界連邦建設同盟、一九六九年)、四三〇―四三一頁。同書には理論篇、二〇年の歩みのほか、資料篇も収録されており、そのなかには世界大会宣言・決議集抄なども掲載されている。尾崎のこの決議案もこの資料篇に収録されている。[本文の引用文では、もともと漢字とカタカナ書きであった表現を漢字とひらがな書きに変更している]。

(13) 戦後日本における尾崎行雄の世界連邦運動への寄与については、以下を参照。石田正一「尾崎行雄と世界連邦」(尾崎行雄記念財団編『世界連邦』尾崎行雄記念財団、一九六五年)、一九九―二四九頁。

(14) 「『世界連邦建設同盟』の創立」(世界連邦建設同盟編『世界連邦運動20年史』所収)、一〇四頁。

(15) 「世界連邦世界協会」(WAWF)の会長を務めた湯川秀樹も、世界連邦論と日本国憲法の親和性について次のように述べている。「わが国はすでに憲法第九条によって戦争を放棄している。従って、いつでも世界連邦に参加できる用意ができている。それどころか、世界連邦によって、はじめて平和憲法の理想が現実のものになるのである」。湯川秀樹「核時代から世界連邦時代へ」（世界連邦建設同盟編『世界連邦運動20年史』所収）、四三頁。湯川の核廃絶にむけた言動については以下を参照。出原政雄「核廃絶に向けて――湯川秀樹を中心に」（憲法研究所・上田勝美編『平和憲法と人権・民主主義』法律文化社、二〇一二年）、三三三―三四七頁。

（16）以下を参照。時子山常三郎「付録・日本と世界連邦」（世界連邦建設同盟編『新世界秩序をめざして』世界連邦建設同盟、一九八二年）、三五七頁。

（17）たとえば以下を参照。三輪公忠「地方主義と新国際秩序」（世界連邦建設同盟編『新世界秩序をめざして』）、一七六―一七七頁。長掛芳介『国連を「世界連邦」体制へ』（近代文芸社、二〇〇五年）、一五―三四頁。世界連邦運動協会編纂委員会編『世界連邦運動55年のあゆみ』（世界連邦運動協会、二〇〇四年）、一五―二二、二八―三八頁。最後に掲載した『世界連邦運動55年のあゆみ』は、日本の世界連邦運動の展開の詳細について、きわめて貴重な記録となっている。これだけ大規模に展開され、また地域に深く浸透した市民運動は、戦後日本の歴史においても稀有であろう。

（18）加藤俊作「運動としての世界連邦論」、五頁。

（19）Grenville Clark and Louis B. Sohn, *World Peace through World Law*, third ed. (Cambridge, Massachusetts: Harvard University Press, 1966), pp. xv-liv, 206-280, 345-358, 379-392.

（20）Ibid., pp. 5-205.

（21）たとえば以下を参照。井上達夫『世界正義論』（筑摩書房、二〇一二年）、二四―五六頁。

（22）高野雄一「世界法研究会――世界法学会発足の頃」（『世界法年報』第七号、一九八七年一〇月）、三五―三八頁。加藤俊作「世界連邦運動からみた国際連合」（『世界法年報』第一四号、一九九四年一二月)、五八頁。

(23) メイヤーらのミニマリズム、シカゴ草案のマキシマリズム、それらの中間にあると見られるルクセンブルク草案ほかのメディアリズムに関する詳細については、以下を参照。田畑茂二郎『世界政府の思想』、六二—八八頁。

(24) クラーク/ソーン共著「世界軍縮・開発機構条約草案(序説)」(世界連邦建設同盟編『世界連邦運動20年史』所収)、四七七—四八四頁。以下をも参照。福本和子ほか編『鮎澤巖先生記念誌』(サンプリンティング、一九九八年)、七三—七四頁。

(25) Emery Reves, *The Anatomy of Peace* (New York: The Viking Press, 1945), pp. 26-29, 112-116. リーヴスは次のように指摘する。「われわれの政治構想および社会構想はプトレマイオス的である。われわれがそのなかに生きている世界はコペルニクス的である。コペルニクス的な産業社会におけるわれわれのプトレマイオス的な政治構想は、破産宣告を受けたに等しい」。Ibid., p. 29.

(26) Ibid., pp. 201-224. 田畑茂二郎『世界政府の思想』、五一—六一頁、参照。

(27) Reves, *The Anatomy of Peace*, pp. 155-171, 253-275.

(28) Ibid., pp. 282-293. Cf., Leo Cherne, "Introduction," in Reves, *The Anatomy of Peace*, p. ix.

(29) ジョン・デューイ「世界政府論」(鶴見和子訳『思想の科學』第一巻第二号、一九四六年八月)、六二頁。[訳文は現代文に若干変更させていただいた]。

(30) Reinhold Niebuhr, *The Children of Light and the Children of Darkness* (New York: Charles Scribner's Sons, 1944), p. 164. Cf., ibid., pp. 169-170.

(31) Ibid., p. 166.

(32) Cf., ibid., pp. 162-163.

(33) Ibid., pp. 160-161.

(34) Reinhold Niebuhr, "The Myth of the World Government," *The Nation*, Vol. 162 (March 16, 1946), pp. 313-314. 以下をも参照。谷川徹三『世界連邦の構想』(講談社学術文庫、一九七七年)、七七―七八頁。

(35) Reinhold Niebuhr, "The Pathos of Liberalism," *The Nation*, Vol. 141 (September 11, 1935), p. 303.

(36) Reinhold Niebuhr, "Preface" in the republished version of *Moral Man and Immoral Society* (New York: Charles Scribner's Sons, 1960), p. ix. Cf., ibid., p. 155.

ニーバーはこうして一貫して社会と政治の現実主義的認識を保持しようとしている。『道徳的人間と非道徳的社会』において彼は、次のような印象的な文章を記している。「このように社会は永続的な戦争状態にある」。Ibid., p. 19. この関連で、彼はしばしば「社会の頑強な惰性」(stubborn inertia of society) に言及する。E.g., ibid., p. 221. また同書には次のような印象深い文章も記されている。

「政治は、歴史の終末に至るまで、良心と権力とが対峙する場、また人間生活の倫理的なものと強制的諸要素とが相互に浸透しあい、試案的でぎこちない妥協を作り上げていく場であり続けるであろう」。Ibid., p. 4.

(37) この点についてのニーバーとデューイの論争に関しては、以下を参照。小西中和『ジョン・デューイの政治思想』(北樹出版、二〇〇三年)、二八四―二八九頁。井上弘貴『ジョン・デューイとアメリカの責任』(木鐸社、二〇〇八年)、一五四―一七四頁。

(38) ニーバーのメシアニズムと普遍史ならびに終末論については、以下を参照。Reinhold Niebuhr, *The*

*Nature and Destiny of Man*, Vol. II (New York: Charles Scribner's Sons, 1943), pp. 23-47, 287-290. 以下をも参照。大木英夫『終末論』(紀伊國屋新書、一九七二年)、五一—五七頁。千葉眞『現代プロテスタンティズムの政治思想——R・ニーバーとJ・モルトマンの比較研究』(新教出版社、一九八八年)、六七—八八、一四九—一五〇頁。千葉眞「終末論」(古賀敬太編『政治概念の歴史的展開』第四巻、晃洋書房、二〇一一年)、二一二—二一四頁。

(39) Niebuhr, *The Nature and Destiny of Man*, Vol. II, p. 287.

(40) この関連でコルム・マッケオは、次のように主張している。「秩序の道具は、ニーバーにあっては国家であった。国家は理想的な政治的共同体ではない。しかし、国家は、予見できる未来にわたって秩序の中枢にほかならない。……この秩序は、それ自体、正義と諸個人の安全保障との関連で正当化されるのである」。Colm McKeogh, *The Political Realism of Reinhold Niebuhr* (New York: St. Martin's Press, 1997), pp. 143-144.

(41) Niebuhr, *The Children of Light and the Children of Darkness*, pp. 153, 158-159.

(42) Ibid., pp. 155-157.

(43) Ibid., p. 159.

(44) Ibid., pp. 187-189. 以下をも参照。武田清子「『光の子と闇の子』について」(『聖学院大学総合研究所紀要』第四八号、二〇一〇年九月)、一一三—一一四頁。

(45) 谷川徹三『世界連邦の構想』、一七一頁。

(46) たとえば、デューイの「各個人の生き方としてのデモクラシー」や「人びとの自由で豊かなコミュニオン(交わり)としてのデモクラシー」という理念は、一箇の古典的で刺激的な定義である。Cf.

Robert B. Westbrook, *John Dewey and American Democracy* (Ithaca: Cornell University Press, 1991), pp. 10-17. 小西中和『ジョン・デューイの政治思想』、三一四―三一八頁。千葉眞『ラディカル・デモクラシーの地平』、一五五頁。

（47）稲垣守克『国連と世界連邦』、一四〇頁。

# 第四章　欧州連合の実験——その現状と連邦主義

## はじめに

第二次世界大戦後に漸次的に創設されていった欧州連合（European Union: EU）の歩みは、連邦主義およびコスモポリタニズムの観点から見ても現代史における壮大な一つの実験である。その実験はいまだに進行中であるが、その行く末が将来の世界のさまざまな地域（リージョン）に計り知れない影響を与えることは必至であろう。本章ではこの壮大な実験の全体像を描くことはできないが、しかし、本書の主題である連邦主義とコスモポリタニズムの側面から、欧州連合の展開を検証し、それが付帯するいくつかの意味と教訓について考察しておきたい。

欧州連合は、第二次世界大戦直後の経済を中心にした統合機構として出発し、多様な理念や規範、イメージや思惑が交差する過程を経て、二〇一三年七月一日にクロアチアの加盟が決まり、今日、二八ヶ国の加盟国を擁し、総人口が五億人を超える超国家的(supra-national)統治体へと進化してきた。欧州連合は今なおトルコ加盟という難題をかかえているものの、その統合の「深化と拡大」はひとまず臨界点に達したことは自明であろう。今日、欧州連合の専門家の幾人かは、「統合」のプロセスはほぼ終わり、今日では「ポスト統合」の局面にあると認識しているようである。たとえば遠藤乾の指摘によれば、今日、欧州の統合化と拡大を推し進めてきた人権規範、デモクラシー、市場経済を柱とした「EU-NATO-CE体制」(西欧型自由民主主義体制)は、その拡大の成功のゆえにかえって大きな障壁に直面している。というのも、欧州連合の拡大は、欧州連合中枢を特殊な遠心力に曝し、またその反作用として中枢の再形成の課題を突きつけているからである。それゆえに、欧州統合の政治は不安定にならざるをえず、民主的制御のさらなる困難(民主主義の欠損)となって立ち現れる。[1] けれども、欧州連合の実験が今後も続いていくことに変わりはない。第一章でも述べたように、各国民国家内の地方、国民国家、ヨーロッパ地域(リージョン)から構成される、いわば欧州連合の三空間重層モデルが、はたして東アジアを含む二一世紀の世界のリージョンの進むべき方向を示しているのか否か、焦眉の理論的かつ実践的な関心事になってきた。

## 1　欧州連合とその連邦制のタイプ

### （1）不戦共同体としての出自

欧州連合の前身は、一九五一年に設立された欧州石炭鉄鋼共同体（ECSC）、さらに一九五八年に結成された欧州経済共同体（EEC）、また同年に設立をみた欧州原子力共同体（EURATOM）である。次いで一九六七年にはこれら三つの機関が統合されて、欧州共同体（European Communities: EC）が結成された。そして特筆すべきは、米ソ冷戦が終焉した一九九一年の翌年に、マーストリヒト条約（一九九三年発効）が締結され、欧州連合という超国家的統治体の形成が、飛躍的に進展していったことである。こうした数十年にも及ぶ欧州連合の統合への動きは、将来の制度構想としての世界のリージョン単位の連邦制的枠組みへの関心を不可避的に喚起していった。

二〇〇七年のリスボン条約（二〇〇九年発効）により、従来のマーストリヒト条約下の三本柱の機能構造は解消され、第一の柱の欧州共同体（EC）と欧州原子力共同体（EURATOM）は欧州連合のなかに完全に吸収された。旧来のマーストリヒト条約の規定では、欧州連合は、機能構造上、三本柱によって構成されていた。第一の柱は上述のECとEURATOMであった。そして第二の柱として共通外交・安全保障政策（CFSP）があり、第三の柱として刑事事項における司法内務協力（PJCC）があった。現在のリスボン条約の下では、第二の柱のCFSPが「政府間統治機関」として欧州連合直属とはいえない面を保持しているが、ECとEURATOMとPJCCとは欧州連合直属の「超国家的統治機関および機能」となっている。そして現在、欧州連合の組織構造（機関）としては、欧州理事会（European Council）をトップに、欧州議会（European Parliament）、欧州連合理事会（Council of the EU）、欧州委員会（European Commission）、欧州司法裁判所（European Court of Justice）などを擁している。このように機能構造と組織構造からみても、欧州連合は巨大な複合的組織であり、その諸機関相互の権限関係や政策調整と決定のプロセスもきわめて複雑なものとなっている(2)。

欧州統合の主目的に関しては、各国家や各機関の価値観や思惑のズレがある程度見られたことは確かであろう。しかし、とくに本書との関連で強調しておきたいのは、二〇世紀に二度も世界大戦を惹き起こし、甚大な戦禍に見舞われたヨーロッパにおいて二度と戦争を起こさない仕組みを作り上げることが、欧州統合の主目的であったことである。とどのつまり、欧州連合は元来、ナチズムへの抵抗と反省から生まれてきた不戦共同体への切望に出自をもつのである(3)。とりわけ、その第一の不可欠な課題は、フランスとドイツの両国間に永続的な平和と友好関係を樹立することであった。それを当時のイギリスの首相ウィンストン・チャーチルも希望し、一九四六年にヨーロッパ大陸の戦禍を目の当たりにした際に、彼は一つに統合されずにはヨーロッパに平和と幸福と繁栄は到来しないと発言している。その意味では一九五一年のフランスとドイツのイニシァティヴで成立した欧州石炭鉄鋼共同体（ＥＣＳＣ）の創設は、決定的に重要であった。こうした動きが、その後のＥＥＣ、ＥＣ、そして欧州連合へと続く長い歩みを決定づけることになったのである(4)。

さらに第二の主目的としては、第二次世界大戦後、地盤沈下を余儀なくされた国際状況において、アメリカとソ連に伍して影響力を保持できるヨーロッパとして地域統合をなんとか成し遂げたいという思惑があった。そして実際にこれら二つの主目的を実現する手段として取られたのは、高度の経済成長を可能にするヨーロッパの広域市場の確立であり、これこそヨーロッパの「復権」のシナリオの中心に位置づけられるものであった。こうした欧州統合の主目的とシナリオは、おそらくその歩みが始まった第二次世界大戦直後から今日に至るまで、基本線としては変わらなかったといえるのではないか。たとえば、一九八〇年代から九〇年代の半ばにかけて強力な指導力を発揮した当時の欧州委員会委員長のジャック・ドロールが、つねに欧州統合の強化の理由として挙げていたのは、①平和の保障、②グローバル化の動きに対してヨーロッパ各国が個別に対応するのではなく、ヨーロッパが共同体として取り組むことの重要性、③こうした緊密な連携は、世界の政治と経済においてヨーロッパがアメリカと対等な発言権を保持するために必要、の三点であった。

また欧州連合創設の父と呼ばれることもあるジャン・モネの場合も、歴史的に対立関係にあったフランスとドイツの関係修復こそが、戦後のヨーロッパの平和と繁栄の基礎となるとの大前提があった。しかし、モネの方法の独自性は、このフランスとドイツとの関係回復を、政治的および行政的レヴェルから開始するのではなく、むしろ経済の領域から開始すべきだという彼固有の信念に見られた。そして経済の良好な関係と相互の繁栄を実現するための方策は、たとえばイタリアの世界連邦運動の指導者アルティエロ・スピネッリの場合のように急進的なものではなく、むしろ漸進的かつ段階的なもので、長期的展望の改良主義に根ざすものであった。現在の欧州連合の姿は、その経済中心主義においてモネが思い描いた方向に発展してきた結果だと言うこともできよう。しかしそのモネですら、彼のヴィジョンには平和と友好に根ざした修復されたヨーロッパ、コスモポリタンなヨーロッパのヴィジョンがあったのである。彼の基本政策の不変の要石であった「経済発展のための共通基盤の確立[5]」は、そうした平和なヨーロッパを実現するための土台となるはずのものであった。

## (2) 欧州統合とその現状

### 欧州連合はいかなる統合体か

このように欧州統合の起源には、一つの主目的として不戦共同体の構築という平和の制度構想としての連邦主義へのコミットメントがあった。この場合、統合とは、ヨーロッパ諸国の諸人民(peoples)の政治的忠誠心の移譲(たとえ部分的なものであったとしても、自分の帰属する国家からヨーロッパへの帰属意識の変容)、ならびに欧州連合という新たな包括的統治体の漸次的構築の双方を含意するであろう。それではこのような統合を基礎とする欧州連合の連邦主義とは、どのようなタイプのものであったのだろうか。

連邦主義は、一定の領域における地域統合を実現するための政治制度上の概念であり、従来は独立し分離していた政治的諸単位をより包括的な統治体へと統合する方策でもある。そこでのモットーは「多様性のなかの統合」にほかならない。もちろん、ＥＣＣからＥＣへ、そしてＥＣから欧州連合へという統合の深化において、上述の意味での連邦主義の概念と方策が観察されたことは言うまでもない。問題は、そこで採用された連邦主義がいかなるタイプのものであったのか、いかなる統合体であったのか、ということである。

ヨーロッパでは元来、一四世紀に形成された旧スイス・コンフェデラシーにしても、現在のスイスにしても、またアルトジウス、サン・ピエール神父、カント、プルードンなどのヨーロッパの一連の連邦主義のすぐれた理論家たちの場合も、連邦主義とは基本的に「国家連合」(confederation)を意味していた。その点では一八世紀末に単元国家のなかに「連邦」(federation)を創設し、「連邦国家」(federal state)としての出自をもつに至ったアメリカ合衆国とは際立ったコントラストを示していた。この事実はすでに第一章で指摘したところである。欧州連合も、この点では基本的にヨーロッパ型の国家連合の形式を踏襲し、それを目指す仕方で発展してきた連邦制的統治体にほかならない。しかも、EECを設立したローマ条約の規定でも、また欧州連合の創設を決めたマーストリヒト条約の規定でも、「諸国家」(states)の「連合」としてではなく、「諸人民」(peoples)の「連合」としての confederation の創設であった(少なくともそれを目指した)ことは注目に値する。

マイケル・バージェスの理解するところによれば、欧州連合は連邦主義においてもまったく新規の試みであり、欧州連合が希求する連邦制のモデルとなるような歴史的前例はどこにも存在しない。要するに、欧州連合の加盟諸国はそれぞれの国益の追求に余念がなく、経済と政治の複雑な相互関係が見られ、その結果、これまで歴史的には経験されなかったような「新種の連邦制的統合」が生まれていると指摘されている。(6) バージェスは、かつてこの欧州連合の実態を、「一種の政治的・経済的・社会的・法的な混成体（hybrid）」、「連邦的・国家連合的・超国家的・政府間統治レヴェルの諸特徴の結合」と特徴づけたことがある。[7] このバージェスの理解は、現状ではさらに説得性を増していると考える。第一章で言及したように、今日、欧州連合を「通常の国家未満、政府間国際組織以上」という見方があるが、これもバージェスの見解と本質において相即する見方であるといえよう。

実際、欧州連合の現実は、その巨大な機能組織と構造組織および運営実態を仔細に観察する時、ある事項（関税、通貨政策、域内市場の運営に必要な法規の確立、共通通商政策など）はとくに国家連合的運営であったり、ある事項（域内市場、条約の定める社会政策、経済的・社会的および地域的結束、刑事問題における内務司法協力、環境、エネルギーなど）は超国家的処遇であったり、またさらに他の事項（開発協力、産業、観光など）は政府間統治的処遇であったりしているからである。それもそのはずであり、リスボン条約（欧州連合条約）第二条と第三条は、欧州連合の権限を大別して四つのカテゴリーに分類している。①欧州連合に帰属する排他的権限、②欧州連合と加盟諸国で共有される権限、③加盟諸国の政策を促進・調整する権限、④加盟諸国に対して欧州連合が支援・調整・補完する権限。ただし、「共通外交・安全保障政策」（CFSP）および「共通安全保障・防衛政策」（CSDP）の場合は、他の政策領域と条約における位置づけが異なり、欧州連合の「共通政策」と規定されているものの、実際には政府間協力の分野に入る。[8] 今日の観点からみれば、フランスとオランダにおける二〇〇五年の国民投票による欧州憲法条約批准の否決は、欧州連合の国家連合的な面ならびに超国家的統治の面を後退させ、逆に域内の政府間統治と協力の面を強化する結果をもたらしたといえるだろう。

結局、一九七〇年代および八〇年代のスピネッリらによるヨーロッパの憲法制定とその集権的権力の組織化にむけた政治的再建の動きは、結局のところ一九八〇年末以降、実際のヨーロッパの政治の展開と経済の現実を通じて、モネの構想した妥協型の経済再生アプローチに凌駕されていった印象がある。モネの機能主義的な経済中心のヴィジョンは、米ソ冷戦の終結、一九八九年の東中欧諸国の民主主義革命と共産主義支配の終焉、一九九一年のソ連の崩壊、一九九二年のマーストリヒト条約、一九九七年のアムステルダム条約（一九九九年発効）、それらの修正を加えた二〇〇一年のニース条約（二〇〇三年発効）を含む欧州連合をめぐる実際のヨーロッパの歴史的展開において自然に採用され継承されていった印象がある。この柔軟かつアドホックで漸進主義的な拡大欧州連合のヴィジョンは、東中欧諸国や南欧諸国の加盟に門戸を開き、はずみを付けるとともに、二〇〇五年にフランス（五月二九日）およびオランダ（六月一日）で実施された国民投票による欧州憲法条約批准の否決とも相俟って、スピネッリらがかつて危惧したヨーロッパ中枢の求心力の低下と空洞化を招来したことは否めないであろう。

## 欧州統合の原理と価値

このように「混成体」（バージェス）ないしは「部分的に連邦制的な実体」（ピリス）の様相をますます深めてきた欧州連合ではあるが、バージェス自身も述べていたように、欧州連合の拡大が進めば進むほど、むしろ連邦的および国家連合的原理と価値の重要性が浮かび上がってくることになるとの予測も可能になってくる。(9) こうした拡大路線は、自ずと欧州統合の原理と価値の究明を促さずにはおかないからである。その場合、自由、民主主義、人権などマーストリヒト条約の前文で謳われた原理と価値は、きわめて重要である。その前文は、「自由、民主主義、人権と基本的自由の尊重、および法の支配という諸原理への忠誠を確認して……[10]」という文言を含んでいる。さらにその修正条約であるアムステルダム条約の前文には、「欧州と世界の平和、安全および前進を促すために欧州の一体性および自立性を高めることになる……[11]」という文言が追記された。

まさに自由、民主主義、人権、法の支配、平和と安全といった概念は、基本的に欧州連合の原理と価値であると言ってよいであろう。

この関連では同時に、二〇〇九年一二月一日に発効したリスボン条約の意味は大きいと思われる。リスボン条約の前文でも、上述の二つの文言はそのまま保持され、さらに次の文章が追記された。

「人間の不可侵かつ不可譲の権利、自由、民主主義、平等および法の支配という普遍的価値を発展させた欧州の文化的、宗教的および人間的な遺産に触発されて……[12]」。

この前文の文言を踏まえて、リスボン条約第二条ではさらに次の文言を繰り返し記している。「連合は、人間の尊厳、自由、民主主義、平等、法の支配、および少数者に属する人々の権利を含む人権の尊重という価値に基礎を置いている。これらの価値は、多元主義、非差別、寛容、正義、連帯、および女性と男性の平等が普及している社会のなかの加盟諸国に共通のものである[13]」。さらに第三条第一項では

「連合の目的は、平和、連合の価値およびその人民の福利を促進することである」[14]と記されている。

欧州連合の掲げる「共通安全保障・防衛政策」(CSDP)であるが、リスボン条約は第四二条から第四六条まで二六の条文をそれに当てている。基本的には国連憲章を基本としているといってよいであろう。リスボン条約の規定するCSDPは、基本的にはそれに先行するマーストリヒト条約、アムステルダム条約、ニース条約を踏襲している。その目的は次の五点に要約できる。①国連憲章の諸原則に依拠しつつ、欧州連合の共通価値、基本的利益、独立および一体性を擁護すること。②欧州連合の安全保障を強化すること。③国連憲章の諸原則および欧州安全保障協力機構(OSCE)文書の諸原則と諸目的に依拠しつつ、平和を維持し、国際安全保障を強化すること。④国際協力の推進。⑤民主主義、法の支配、人権尊重の発展および強化(ニース条約第一一条、リスボン条約第二一条)。こうした欧州連合のCSDPはその諸種の下部組織を通じて危機管理活動――防衛、テロ対策、自然災害時や人災時の市民保護、人道援助など――を行うことをも想定しており、緊急時にはNATOとの連携による「欧州安全保障・防衛政策」(ESDP)を発動することもできる。さらに危機管理の一環としては、国連安保理決議に基づく危機管理活動に参加するなどの取り決めを行っている。[15]欧州連合の外交・安全保障・防衛の基本路線は、結局のところ国連憲章の原則である集団的安全保障体制(集団的自衛権の行使を含む)を、NATOおよび国連安保理との緊密な連携の下に構築している点に、基本的な特徴がある。

## 2　補完性の原理と分権型連邦主義

欧州統合に関して連邦主義の観点からみて興味深いのは、統合の原則の一つとして採用された「補完性」(subsidiarity) の原理である。これは、中世のスコラ哲学(トマス・アクィナスほか)の社会教説にさかのぼる集団的結合の概念であった。この補完性の原理は、二〇世紀前半および中葉のヨーロッパの歴史においてもしばしばその足跡を留めている。よく知られているところでは、ローマ教皇ピウス十一世の回勅『四〇周年』(Quadragesimo Anno)(一九三一年)がある。教皇はファシズムの時代に向かうヨーロッパにおいて、集権化の傾向に警鐘を鳴らし、補完性の概念に訴えてトップダウンの意思決定に対して小さな共同体を基盤とする下からの合意形成のオルターナティヴを示したのである。この概念への注目度が世界的に一気に高まったのは、一九九二年のマーストリヒト条約において補完性の原理が採用されたからであった。マーストリヒト条約第三条b項は、次のような規定になっている。

「共同体は、この条約により与えられた権限と目的の範囲内において行動する。その専属的な管轄に属さない領域において、共同体は、補完性原理にしたがって行動する。しかし、それは、加盟国によっては提案された行動の目的を十分に達成できず、また提案された行動の規模や効果の観点から、共同体によってよりよく達成できる場合にのみ、またその限りにおいてである。共同体のいかなる活動も、この条約の目的を達成するために必要な限度を超えてはならない」。

こうした規定からも明らかなように、補完性の原理の最大の目的は、ブリュッセルへの権限集中を抑制し、加盟諸国でよく成し遂げることのできる政策や行動についてはそれらを加盟諸国に任せるというところにある。それだけでなく、補完性原理は加盟国とその地方の関係についても適用され、幅広く解釈され、運用されるようになった。たとえば、加盟国内の一地方のような小さな政治単位で決定できる事柄や政策はできるだけ当該の地方自治体で決定する。これは、小さな政治単位の自治と自己決定と参加民主主義の保障を含意している。そしてそこで決定できない事柄や政策は、より大きな政治単位（たとえばカントン〔州〕や国家、さらには地域統合体）で補完する。これは大きな政治単位の権力統合と補完の必要性を含意している。こうした補完性原理のメリットは、中央への権限集中を抑制し回避するだけでなく、そうした政策決定によって最も大きな影響を受けるより小さな地方や自治体などの自治や自己決定に一任するという仕方で参加民主主義とアカウンタビリティーの要求を充足できる点である。

こうした中央とそれを担う部分との調和的な連携と調整、均衡と抑制、参加と決定のバランスを熟慮するという点で、補完性の原理は、元来、すぐれて連邦主義的な概念であることは自明であろう。しかも、欧州連合に適用された時、この概念は、欧州連合の排他的管轄外の諸事項や政策分野において、加盟国やその国内の地方自治体とのあいだに、均衡と抑制に基づく最適の権限分担を具体的に目指すものとして定式化された。したがって補完性の原理は、たとえば第一章で触れたダニエル・エレイザーの

「自己統治と統治共有との結合」としての連邦主義の理解とも共鳴しあっているし、また同章で引用したスーザン・ビシェィの典型的な——「カール・シュミット的な」と呼んでもよい——連邦主義の定義にも相即している。ここでふたたびビシェィの定義を想起することは重要であろう。

「連邦主義とは、種々の主権的な政治的単位の間で締結される憲法上の取り決めに基づく一つの制度として定義してよいであろう。その制度においては、一方で『連邦』が集合的に扱うのが最善である、明確に規定された諸政策——たとえば外交政策、防衛手段、金融政策、関税上の諸規則など——に関しては、『連邦』が担うことになる。他方、同時にすべての他の事項に関しては、『連邦』を構成するそれぞれの自治的単位が担うべく、それらの政治的自律性を保証する制度である(16)」。

だが、歴史的に前例のない巨大な統合体となる運命にある欧州連合の実際の姿を想定した時、ビシェィの定義に見られる連邦主義のオーソドックスな構想だけでは、ますます集権化が強まっていき、「民主主義の欠損」が助長され、その結果、欧州連合は巨大な「恐竜」のような姿になりはて、政治的氷河期が来たら、それを生きのびることは不可能になるだろう。当然、このような憶測は、欧州連合設立条約としてのマーストリヒト条約の締結の際には議論を呼んだのであり、この危険性について十分に吟味検討がなされた。そこでヨーロッパ中世にさかのぼる補完性の原理の導入は、上述の定義に典型的に示されている連邦主義の構想をより分権的かつ権限分散的にする仕組みを意図してのものであった。この原理は、より小さな政治単位の自治と参加民主主義を保障していく制度構想として導入された。実際、マーストリヒト条約A条の規定には次のような文言が見られる。「……この条約は、欧州の諸人民のあいだにより一層緊密な連合を創出する過程の新たな段階を記すものである。そこでの決定は、できる限り市民に近いところでなされるのである」。

こうした経緯でマーストリヒト条約に導入された補完性の原理は、その後のアムステルダム条約、ニース条約でも継承されていった。アムステルダム条約ではさらに、「補完性の原理および均衡の原理の適用に関する議定書」が付属文書として採択された。それは、欧州連合の集権化およびそこに由来する民主主義の欠損に対する抑制措置を含意していた。[17] しかし、加盟諸国の議会は補完性の原理の適用を強く求める傾向にあったのに対して、欧州議会を含む欧州連合の主幹機関は消極的な姿勢を示すこともあったという。リスボン条約第五条第三項では補完性の原理は、より詳細に次のように定式化されている。

「補完性の原則の下で、連合は、その排他的権限に属さない分野においては、提案される行動の目的が、加盟諸国の中央レヴェルまたは地域および地方のレヴェルのどちらにおいても十分に達成することができず、提案される行動の規模または効果のために連合レヴェルでよりよく達成できる場合に限り、行動する」。

リスボン条約には同時に「補完性と比例性原理の適用に関する議定書」という付属議定書が付加され、そこではたとえば、欧州委員会は緊急の場合を除いて法案提出の前に広く諮問を行うことが義務づけられた。さらに欧州委員会はすべての法案や修正案を欧州議会および加盟諸国議会に送付するという重要な手続きも、明記されたのである(18)。

今日の欧州連合の市民は、ヨーロッパ市民、フランスやドイツやポーランドといった加盟国の市民、また国内の地方の住民といった多層的アイデンティティーの保持者である。これは、二〇年ほど前に梶田孝道が提示したヨーロッパの地域・国家・地方の「三空間並存モデル」(EC、国家、地域)や鴨武彦が提起した「三機能空間共存モデル」(トランス・ナショナリズム、ナショナリズム、サブ・ナショナリズム)から考えても納得のいくところである(19)。

欧州連合は将来にむけてどのような連邦主義的形態に落ち着くのか、これは予断を許さない難しい問いである。しかし、コスモポリタニズムの観点からは、欧州連合が独自の分権型連邦主義の形態をしっかりとした理論構想の下に探究することが期待されるであろう。そうした観点からは、欧州連合が今日かかえている最大の理論的問題の一つは、国家連合の形態に近づける仕方でどのように分権型連邦主義および重層的シティズンシップやアイデンティティーを展開していくのか、である。こうした問いとの関連では、欧州連合形成の一四〇年も前に将来のヨーロッパの構想として分権型連邦主義の可能性を提起し、アレクサンドレ・マークなどを通じて欧州連合の連邦主義や補完性の原理の構想にも少なからぬ影響を与えたP-J・プルードンの議論を一瞥しておきたい。同時に主権概念の批判と分権型連邦主義の将来の可能性について構想していたハンナ・アーレントの議論をも振り返っておきたい。次節ではこれらのテーマについて検討してみたいと思う。

## 3　分権型連邦主義への理論的示唆——プルードンとアーレント

### (1)　P-J・プルードンの脱集権化された「革新的連邦」論

歴史的視点から振り返ってみた場合、政治・行政・法的概念としての連邦主義——「連邦国家」や「国家連合」の概念——は、主権国家システムへの一種の対抗軸として展開された一面がある。このことは、すでに指摘したように、P-J・プルードン（Pierre-Joseph Proudhon, 1809-65）の連邦主義論に明確な仕方で示されている。なぜなら、プルードンは、一九世紀中葉のヨーロッパにおいていわゆる「荘厳な」主権国家システムへの対抗パラダイムとして連邦主義を考えていたからである。プルードンの立論はしばしば社会主義的連邦主義論と呼ばれたように、そこでの主張は、地方住民としての農民や工場労働者が脱集権化された社会秩序のなかで自己統治にかかわる生産者として自立する点を強調するものであった。その社会経済的な側面を強調するプルードンの連邦主義論は、補完性の原理ならびにカトリシズムの伝統に立つA・マルクなどの「構成的連邦主義」や「人格主義的連邦主義」と結びつくことによって、後の欧州連合の議論の中枢にもち込まれることになる。[20]

かつて「革新的連邦制」[21]と自ら命名したこともあるプルードン自身の脱集権的かつ分権的な連邦主義

論は、その後の国民的同質性に基づくシュミットの連邦主義論とは著しいコントラストを示している。プルードンの連邦主義は、小規模な政治的空間における人民の直接参加の形式に依拠した民主主義とワンセットになった連邦主義である。なるほど、彼の連邦主義の概念は、たとえばシュミットによる連邦の理論化にみられる概念上の明確な区別や精緻な理論的分析に欠けている面がある。さらにまた『連邦主義の原理』(一八六七年)におけるプルードンの議論は、往々にして非現実性の響きを湛えたユートピアの傾向を示していることも事実である。しかも、しばしば指摘されるように、彼の「連邦」の概念――実質的には「国家連合」を意味している――にはある種のイデオロギー的硬直性が見られる。

だが、このような問題点にもかかわらず、プルードンの理論的試みは、基本的に「強大な主権国家の荘厳さのなかでこれまで見失われてきた[22]」連邦主義の遺産を復権する努力として高く評価できるであろう。彼の理解するところによれば、純粋な連邦を除いて、大規模かつ「荘厳な」国家はことごとく、権力追求の面でも、領土拡張の面でも、集権化ならびに拡張化の衝動に駆られてしまう傾向性を示すことになる。これとは対照的に連邦主義の規定的特徴は、その権力の脱集権化ないし分権化、および基本的な領土的規模の小ささにおいてこそ、確認できるのである。

プルードンの主張にしたがえば、規模において小さな分権型連邦主義は、世界政府の理念やヨーロッパ全体を網羅する政治システムとしては適さない。彼の提示した戦略は、第一に、ヨーロッパの各国家を分権化させ、各国家の武装解除を成し遂げ、各国民が「自分たちの自由を取り戻す」のを可能にさせることである。そして第二の手続きとして、今度は各国家において地方から下から「諸連邦の連邦」を形成していく試みがなされねばならない。[23]

プルードンが提起するこうした分権型連邦主義のイメージは、彼の場合、一八四八年以前のスイス連邦の歴史的事例に大幅に依拠しているように思われる。かつての一二九一年以後のスイス・コンフェデラシーがそうであったように、分権型連邦主義は、自らの国民に対してのみならず、隣接した諸国民に対しても、平和と安定と秩序を制度的に保障することを可能にする。その限りで分権型連邦主義は、明白に近隣のリージョンにおける平和構築の目標に適合した理念および制度であるといえる。なぜなら、連邦はそれ自身を防衛する能力を有しているとしても、他国の征服を指向するわけではないからである。相互防衛および共通利益の確保を第一義的な政治的目標として有するところにこそ、連邦の連邦たる所以があると主張される。[24]

さらにプルードンの想定する連邦主義は、たとえば権力の分散、地方政治への人々の最大限の参加、文化的および民族的多様性の堅持、自主性の尊重、地域性に関する生きた感覚、自治の精神など、種々の民主主義的特質を保持する。[25]プルードンは、多種多様な政治構成体や統治形態があるなかで連邦のみが、「公正、秩序、自由、安定への希求――それなしでは社会も個人もいずれもが着実に生き延びていくことは不可能である――を調和的に実現することができる」と主張した。[26]連邦主義の完全な実現は、一九世紀中葉の強大な主権的国民国家の時代に、不可避的に困難を極める目標課題であり続けたことを、プルードンは認識していた。しかしながら彼は、強大な主権的国民国家の時代であるからこそ、連邦主義の原理が、ヨーロッパの平和と安全を確保する唯一の政治的方式であるだけでなく、ヨーロッパ再生のための唯一の可能性であると認識していた。

一九世紀末から二〇世紀中葉にいたるヨーロッパ諸国が実際に辿った歴史は、プルードンの願いとはまったく反対の道筋を歩むことになった。つまり、西欧列強諸国は、帝国主義の時代に入っていくのであり、アフリカ、アジアへの帝国主義的侵略と実効的支配を強めていった。そうした国際情勢のその後の展開をみた場合、プルードンの分権的連邦主義の提言は、当時にあって時代遅れと見なされ、また荒野に呼ばわる者の声でしかなかったとの評価もありえよう。しかしまた、彼の提言は、二一世紀初頭の今日的状況からみた場合――つまり、歴史の後知恵においてみた場合――、二〇世紀の二つの帝国主義戦争としての第一次世界大戦と第二次世界大戦の惨劇を予見するものであった。それだけにとどまらず、彼の分権型連邦主義の提言は、第一次大戦後の国際連盟の成立と第二次大戦後の国際連合の成立を理念的に先んじて要請するものであり、さらにまた今日の欧州連合の歩みを予示するものでもあった。その意味では、一九世紀後半以降の歴史の推移は、プルードンの歴史的ヴィジョンの適切さを証示しているように思われる。

今日、理論的に要請される連邦主義が、第一章で述べた三つの規準――参加民主主義的規準、多文化主義的規準、多元主義的規準――を満たす必要があるとの本書の前提が適切であるとしたならば、プルードンの分権型連邦主義論は、今日の連邦主義の理論的再定式化に豊かな示唆を与えてくれる。この関連では、欧州連合の制度化について提起されてきた「構成的連邦主義」の議論は重要である。これは、A・マルクが提起し、これを、エマヌエル・ムーニエ、デニス・ドゥ・ルージュモン、ルッツ・レムへルト、エティエンヌ・タッサンなどが支持し継承してきたプルードン型連邦主義構想である。彼らは長年の課題である欧州連合に関する現代的な再定式化の試みのなかで、このプルードン型の構成的連邦主義を展開しようと試みてきたのである。(27) さらに欧州連合に関する試みの文脈では、補完性の原理の論議の一部が、脱集権化および参加民主主義を志向するプルードン型連邦主義に依拠していることは注目に値する。現代の欧州連合の文脈で議論されてきた構成的連邦主義、人格主義的連邦主義、補完性の原理の主張には、カトリシズムと社会主義との珍しい協働が見られ、これはA・マルクの遺産と言うこともできる。(28)

### (2) ハンナ・アーレントと分権型連邦主義

#### 連邦主義へのニュアンスある対応

ハンナ・アーレント（Hannah Arendt, 1906-75）は、「世界政府」や「世界市民」といった理念への躊躇と懐疑とを表明していた。それは、これらの自由主義的で理想主義的な理念を裏づける世界的規模の法制度や政治制度が十分に整備されていなかったためである。(29) それゆえに彼女は、依然として主権国家システムの重要性は長らく維持されるだろうと考えていた。

しかしそれにもかかわらず、アーレントは連邦主義についていくつか重要な思想の断片を示している。それらの文章が明らかにしているのは、彼女もまた、プルードンと同様に、連邦制を、本来的に民主主義的志向性を有するものと考えていたという事実である。ドイツ語で書かれた興味深い未刊行の論考「国民国家と民主主義」（一九六五年）において、彼女は「どのみち絶対主義から派生した国民国家の主権概念は、今日の国際的権力関係においては、『一つの危険な妄想』にほかならない」と指摘し、権力の分権化を志向する連邦制——最終的には世界規模の「国家連合」（confederation）に結実する——においてのみ「現実の」民主主義が展開できると主張している。[30] この関連では私たちは、アーレントの政治的省察において、たとえばイマニュエル・カントやカール・ヤスパースに見いだされるのと同質の——必ずしも理想主義的でない——「世界市民の観点」（weltbürgerliche Absicht）にしばしば遭遇する。[31]

なるほどアーレントは、主権国家の近代的パラダイムおよびリヴァイアサン世界国家の双方に対する選択肢として、自らの明確かつ具体的な政治構成体のあり方を提示することができなかった。しかしながら、すでに指摘したように、彼女の断片的な思想のいくつかは、連邦制、より正確には水平型の「国家連合」の方向性で制度構想上の選択肢を模索していたことを示しているように思われる。[32]

アーレントは、ヨーロッパ的伝統に深く定礎された政治・行政・法システムとしての連邦主義の系譜において培われてきた用語法を踏襲していると思われる。したがって彼女が、連邦制や国家連合といった概念を使用する時、彼女は、第一に人々の参加と連帯を基軸とした制度的結合方式を意味し、第二に水平的に運用される権力の構成と抑制の装置を作り上げていく制度的結合方式を含意している。アーレントは、将来の統治形態としての連邦制を説明するにあたり、その組織原理が「底辺から始まり、上方にむけて編制され、最後には一種の議会を構成していく」ところの人々の「自発的な評議会制度の組織化」として語ったこともある。(33) こうした下からの人民の評議会制度の適用という理解は、まさにA・マルクらの「構成的連邦主義」の論旨と符節を合わせる見地である。こうした自発的な評議会制度を起点とし中核とする彼女の連邦主義構想が示唆しているのは、主権国家の「内」と「外」の双方の領域において、市民相互の民主的ネットワークを形成し、それを基盤として水平的に構成される諸国のあいだの統治権力の共有と抑制のメカニズムにほかならない。

アーレントは、「権力が……水平的に適用されて、連邦を構成するそれぞれの単位が相互の権力を牽制し合い統御し合う」(34) 諸国家間の連邦制度の将来にむけての可能性に対して、決して楽観はしなかったものの、開かれた展望を抱いていた。すでに指摘したように、彼女はさらに、将来の新しい統治形態として、その組織原理が「底辺から始まり、上方にむけて編制され、最後には一種の議会を構成していく」ところの人民の「自発的な評議会制度の組織化」の希望を語ったことすらある。彼女はその関連で、世界規模の一種の評議会国家の可能性に言及し、「主権の原理がそこではまったく意味をもたないこの種の評議会国家こそ、種々の最大限に多様な構成体を骨子とした連邦体制を形成するのに最適な形態である」と主張した。(35)

### リヴァイアサン世界国家への懐疑

こうした一種の世界規模の連邦制に関するアーレントの断片的な文章のいくつか——それらは構想と言うにはあまりにも断片的である——が明らかに否定しているのは、巨大な支配権力を独占する集権型世界国家である。彼女は、スティーヴン・トゥールミンと同様に、リヴァイアサン世界国家を拒否し、巨大な支配権力とは無縁な市民集団や非政府間機構や小国などを視野に入れた分権型の世界秩序を模索している。(36)

さらに彼女の立場に親近性を有しているのは、たとえば、トマス・ジェファソンが私信において表明したような「基礎的共和政」(elementary republics) あるいは「小共和政」(little republics) の構想を積み上げていく一種の連邦制度であろう。これは、すでにみたプルードンの連邦主義と基本的に類似した考え方でもあった。アーレントの場合、こうした地球規模の「基礎的共和政」の連邦制度の中核を担うのは、言うまでもなく多種多様の評議会組織を媒介として政治に下から参与する世界市民であり、具体的にはそれぞれの地方の住民である。このように考えるならば、アーレントの立場は、彼女の敬愛する師、K・ヤスパースがかつて主張した政治体制、すなわち、世界市民の政治の一つの具現化としての人々の多様性と権力の水平性とを基盤とした地球規模の連邦制度のヴィジョンにかなり近いところにあると言うこともできよう。

このような連邦制に関するアーレントの理解は、基本的にプルードンの分権型連邦主義の概念に類似し、他方、「国民的同質性」に根拠づけられた、いかなる種類の民主主義とも無縁なC・シュミットの連邦主義の概念とは本質的な隔たりを示している。これは、水平的に組織化された脱集権的かつ多様化されたタイプの民主主義的な「国家連合」の理念を指し示すものである。したがって、この連邦制の構想においては、種々の部分的な——つまり国民的および地方的な——集合的アイデンティティーは当然与えられるべき重要性と敬意を付与されることになる。もし仮に現代世界に有意性をもつ「連邦制」のヴィジョンが存在しえるとしたならば、それは各人民の地方的および文化的、歴史的および宗教的多様性、ならびに民族的およびエスニシティー的アイデンティティーを正当に顧慮し評価できるものでなければならないであろう。人々はつねに種々の特定の「構成的帰属性[37]」を賦与された存在だからである。けれどもそれと同時に、新しい地球時代の創始に照応した世界市民の政治的アイデンティティーの構成はそれ自体、奨励され促進されるべき必然性を帯びたものといえるであろう。というのも、こうした「国家連合」の理念が目指しているのは、まずもって他者との共存共生のための政治的空間（共通秩序）の確立にあるからである。それはまた、他者と共存し共に生きるための有効な政治的方式の確立を目指すものであると言うことも可能である。その政治原理はここでもまた連帯にほかならず、そうした連帯の追求において他なるものとの共存共生のための共通秩序の構成の可能性がその論理的極限まで探求されるのである。

アーレントは実は、一九四〇年前後のフランス亡命中にこの異質なものとの共存共生の結合方式としての連邦主義を制度化する構想を抱いていた。彼女は、パレスチナに樹立されるべきイスラエル民族とアラブ民族の友邦国家として主権の共有に基づく連邦国家を形成しようと試みたのである。[38]これは当時、シオニズム運動を独自に展開していたマルティン・ブーバーらの提唱と軌を一にするものであった。アーレントはこのように、ヨーロッパの連邦主義論の伝統に深く緊密に結びついていた政治思想家だった。M・ブーバー、A・マルク、E・ムーニエらは、彼女の依拠する一つの思想的系譜および故郷であった。こうして仮にアーレントが今日生きているとしたならば、現在と将来の欧州連合の道筋は、彼女の政治思想の第一級の関心事であることは疑いえない。

## 結びにかえて――欧州連合の実験の示唆するもの

リスボン条約以後、加速化した欧州連合の拡大と深化は、二〇〇五年の欧州憲法条約の批准の失敗を経て、急速に停滞局面に突入し、今では「ポスト統合」の時代に入ったと言われている。たとえば遠藤乾は、次のように指摘している。

「……大文字、すなわち大きな物語として戦後に進行した『統合（Integration）』は終息した。ついに最近までニュースとなって駆け巡ったユーロ危機は、その印象を強めたに違いない。もちろん、小文字の『統合（integration）』であるEUへの集権化は今後もありえ、より正確にはそれと加盟国への分権化との間の綱引きはこれからも続く[39]」。

しかしながら、遠藤は自らの理解を今日散見される「EU崩壊言説」とは峻別しつつ、「欧州連合はその『ポスト統合』をしっかり生きているのだ」と指摘している[40]。このことは、たしかに欧州連合は「部分的に連邦制的な実体」（ピリス）として、予測可能な将来においてより確固たる「国家連合」になる現実的可能性はあまりない。しかしこのことは、必ずしも欧州連合が今後とも政治的目標を追求できないことを意味しないし、また政治的次元を保持できないことをも含意しない。「ポスト統合」の段階に突入した欧州連合ではあるが、今後、さまざまな時代的挑戦と直面していくなかで、「小文字の『統合』」(遠藤乾)の局面が、時折顔を見せるであろうことは否定できない。こうしたなかで今後の欧州連合の帰趨を握っているのは、欧州連合加盟諸国の市民の意識と憧憬、思想と活動である。つまり、欧州連合レヴェルでの行動と施策の強化を求める圧力が、ヨーロッパ市民のあいだに下から自然発生的に沸き上がってきた時に、「国家連合」の構築への新たな歩みが記されるであろう。それは、核廃絶の問題、世界戦争の危機、地球温暖化の危険など、リージョン規模ないし地球規模の争点が一気に高まった時であろう。

こうした欧州連合の実験が東アジアを含む世界の他のリージョンの諸国民に与える影響は、甚大である。とりわけ、二〇世紀の二つの世界大戦の惨状から、ヨーロッパの平和と安寧と繁栄を求めて始まった「不戦共同体」構築のための試行錯誤の実験は、東アジアを含む世界のいくつかのリージョンの諸政府と諸人民に対して貴重な光を投げかけている。したがって今後とも欧州連合の実験は、私たちの持続的関心事たるをやめないのである。

注

(1) 遠藤乾『統合の終焉——EUの実像と論理』、一九三—二三四頁。遠藤の指摘する「EU-NATO-

CE体制」(欧州連合・北大西洋条約機構・欧州評議会体制)とは、フランス、ドイツを中心として第二次世界大戦後の欧州連合を推進し、西欧諸国の中枢的な政治的・軍事的・経済的な連携を強化してきた自由民主主義的な複合体のことである。その詳細な説明については、以下を参照。遠藤乾「ヨーロッパ統合の歴史——視座と構成」および「ヨーロッパ統合とは何だったのか——展望と含意」(遠藤乾編『ヨーロッパ統合史』名古屋大学出版会、二〇〇八年)、一—一九、三一〇—三三〇頁。遠藤乾「はじめに」および「ヨーロッパ統合史のフロンティア」(遠藤乾・板橋拓己編『複数のヨーロッパ——欧州統合史のフロンティア』北海道大学出版会、二〇一一年)、i—iii、三—四一頁。鈴木一人「21世紀のヨーロッパ統合」(遠藤乾編『ヨーロッパ統合史』)、二八〇—三〇九頁。

(2) E.g., Jean-Claude Piris, *The Lisbon Treaty: A Legal and Political Analysis* (Cambridge: Cambridge University Press, 2010), pp. 63-70, 177-192. 庄司克宏『欧州連合』(岩波新書、二〇一二年)、五—六頁。中西優美子「機構と政策決定の仕組み」ほか(柏倉康夫・植田隆子・小川英治編『EU論』放送大学教育振興会、二〇〇六年)、二三—六六頁。村田良平「二一世紀のEUをどう見るか」(村田良平編『EU二一世紀の課題』勁草書房、一九九九年)、五—六、三四—四七頁。

(3) Cf. Ulrich Beck, *Cosmopolitan Vision*, trans. Ciaran Cronin (Cambridge: Polity Press, 2006), pp. 168-177. Thomas O. Hueglin and Alan Fenna, *Comparative Federalism: A Systematic Inquiry* (Ontario: Broadview, 2006), pp. 128-131. Michael Burgess, "Federalism," in *European Integration Theory*, eds. Antje Wiener and Thomas Diez (Oxford: Oxford University Press, 2004), pp. 31-34. 永澤雄治「戦争のない世界は実現可能か?」(戸田真紀子・川上貴教・勝間靖編『国際社会を学ぶ』晃洋書房、二〇一二年)、八五—八九頁。

（4）ヨーロッパの平和の確立が欧州統合の一つの主目的であったという筆者の議論は、その他に欧州統合の目的がなかったという単線的な議論をしているわけではない。さまざまな複合的な目的と要因が、欧州統合史を作り上げていることは明らかである。欧州統合を「平和プロジェクト」として単線的ないし進歩主義的に描く解釈の問題点については、以下の論考を参照。宮下雄一郎「戦争のなかの統一『ヨーロッパ』、一九四〇―一九四五年」（遠藤乾・板橋拓己編『複数のヨーロッパ』）、四五―四九頁。

（5）Jean Monnet, *Memoirs*, trans. Richard Mayne (Garden City, New York: Doubleday, 1978), p. 295.

（6）Burgess, "Federalism," pp. 27, 29. Cf. Hueglin and Fenna, *Comparative Federalism*, pp. 128-130, 304-309.

（7）Burgess, "Federalism," p. 40. バージェスに類似した認識になると思われるが、ジャン＝クロード・ピリスは、現在の欧州連合を一箇の「部分的に連邦制的な実体」(partially federal entity) と特徴づけた。Piris, *The Lisbon Treaty*, p. 331.

（8）辰巳浅嗣「共通外交・安全保障政策」（鷲江義勝編著『リスボン条約による欧州統合の新展開』ミネルヴァ書房、二〇〇九年）、六七―六九頁。

（9）Burgess, "Federalism," pp. 40-41.

（10）鷲江義勝編著『リスボン条約による欧州統合の新展開』、第二部資料編「リスボン条約」、一〇八頁を参照。[一部、筆者自身の訳を使用]。

（11）同右書、一〇九頁。

（12）同右書、一〇八頁。[一部、筆者自身の訳を使用]。

（13）同右書、一一〇頁。[一部、筆者自身の訳を使用。原文の "Union" には通常の「連合」という訳語を当てた]。Cf., Piris, *The Lisbon Treaty*, p. 71.

(14) 鷲江義勝編著『リスボン条約による欧州統合の新展開』、一一〇頁。[一部、筆者自身の訳を使用]。Cf., Piris, *The Lisbon Treaty*, p. 72.

(15) 庄司克宏『欧州連合』、一七〇―一七九頁。植田隆子「共通外交と安全保障」(植田隆子編『対外関係』勁草書房、二〇〇七年)、五五―七七頁。植田隆子「欧州連合(EU)による市民の保護」(『国際法外交雑誌』第一一一巻第二号、二〇一二年八月)、八二―一〇〇頁。

(16) Bishay, "Conformist Federalism," p. 77.

(17) 関谷昇「補完性原理と地方自治についての一考察」(千葉大学紀要『公共研究』第四巻、二〇〇七年六月)、八四―八五頁。

(18) 安江則子「補完性の原理と加盟国議会」(鷲江義勝編著『リスボン条約による欧州統合の新展開』)、六四頁。

(19) 梶田孝道『統合と分裂のヨーロッパ――EC・国家・民族』(岩波新書、一九九三年)。鴨武彦「国家のアイデンティティー・クライシス」(山之内靖ほか編『岩波講座・社会科学の方法――グローバル・ネットワーク』第一一巻、岩波書店、一九九四年)、三五―三六頁。また宮島喬は、地域(ローカル)のレヴェルを民族アイデンティティーと地域アイデンティティーに区分して、アイデンティティー四層構造を提起した。宮島喬「統合の深化と地域・民族問題」(宮島喬・羽場久浘子編『ヨーロッパ統合のゆくえ――民族・地域・国家』人文書院、二〇〇一年)、八八―九四頁。

(20) Cf., Hueglin and Fenna, *Comparative Federalism*, pp. 106-111. 一九三〇年代にA・マルクを中心にパリで形成された国際的知識人サークルにおいて、「構成的連邦主義」(integral federalism) や「人格主

義的連邦主義」（personalist federalism）の構想が議論された。彼らの連邦主義構想は、第二次世界大戦の勃発によって無残にも挫折したが、その議論は後の世界連邦運動および欧州統合の動きのなかに生かされていった。Ibid., pp. 108-111.

（21）P.-J. Proudhon, *The Principle of Federation*, trans. Richard Vernon（Toronto: University of Toronto Press, 1979）, p. 74.

（22）Steward Edwards, ed., *Selected Writings of Pierre-Joseph Proudhon*, trans. Elizabeth Fraser（New York: Macmillan and Co. Ltd., 1969）, p. 112.

（23）Proudhon, *The Principle of Federation*, trans. Richard Vernon, p. 53.

（24）Ibid., p. 52.

（25）Ibid., pp. 5, 16-17, 39-49, 52-57, 72-74. Cf., Richard Vernon, "Introduction," in ibid., pp. xxviii-xxix. プルードンは以下のように述べている。「こうして連邦主義は人々に救いをもたらすのである。というのも、連邦主義は、人々を分割することで彼ら自身の愚かさならびに彼らの指導者たちの圧政から彼らを救い出すのである」。Ibid., p. 62.

（26）Ibid., p. 5.

（27）E.g., Lutz Roemheld, *Integral Federalism: A Model for Europe*（New York: Peter Lang, 1990）. Etienne Tassin, "Europe: A Political Community?," in *Dimensions of Radical Democracy: Pluralism, Citizenship, Community*, ed. Chantal Mouffe（London: Verso, 1992）, pp. 169-192. Cf., Ulmen, "What is Integral Federalism?," pp. 135-149.

（28）E.g., D'Amico and Picone, "Introduction," pp. 9-10. M. Rainer Lepsius, "Beyond the Nation State: The

Multinational State as the Model for the European Community," trans. G. L. Ulmen, *Telos*, No. 91 (Spring 1992), pp. 57-76. Kühnhardt, "Federalism and Subsidiarity," pp. 77-86. Anthony L. Teasdale, "Subsidiarity in Post-Maastricht Europe," *The Political Quarterly*, Vol. 64. No. 2 (April-June, 1993), pp. 187-197. 遠藤乾『統合の終焉』、三〇五—三一一頁。

(29) E.g., Hannah Arendt, *The Origins of Totalitarianism* (New York and London: Harcourt Brace and Jovanovich, Inc., 1966), p. 142.38n. Hannah Arendt, *Crises of the Republic* (New York: Harcourt Brace Jovanovich., Inc., 1966), p. 230. Ron H. Feldman, ed., *The Jew as Pariah* (New York: Grove Press, 1978), p. 75.

(30) Hannah Arendt, "National Staat und Demokratie" (Unpublished), in *The Papers of Hannah Arendt*, The Manuscript Division, Library of Congress, Container 75, p. 022815.

(31) Hannah Arendt, "Concern with Politics in Recent European Philosophical Thought," in *Essays in Understanding 1930-1954*, ed. Jerome Kohn (New York: Harcourt Brace & Company 1994), pp. 441-442. 以下の拙著をも参照。千葉眞『アーレントと現代』、一九九頁。

(32) Cf., Ken Reshaur, "Concepts of Solidarity in the Political Theory of Hannah Arendt," *The Canadian Journal of Political Science*, Vol. 25. No. 4 (December 1992), pp. 733-734.

(33) Arendt, *Crises of the Republic*, pp. 231-232.

(34) Ibid., p. 230.

(35) Ibid., p. 233. 以下の拙著をも参照。千葉眞『アーレントと現代』、二〇四—二〇八頁。

(36) Cf., Stephen Toulmin, *Cosmopolis: The Hidden Agenda of Modernity* (New York: The Free Press,

1990), pp. 192 198, 207-209.

(37) Michael J. Sandel, *Liberalism and the Limits of Justice* (Cambridge: Cambridge University Press, 1982), p. 179.

(38) この重要なテーマについては現在なお説得的な論考は少ないが、以下の貴重な論考を参照。西本郁子「ユダヤ人の国家ではなく故国の建設を」(国際基督教大学社会科学研究所紀要『社会科学ジャーナル』第三八号、一九九八年四月)、七三―一〇四頁。パレスチナ問題の理論的かつ実践的解決を連邦制の枠組みで模索する動きは、M・ブーバーやH・アーレントの議論を嚆矢とするが、第二次世界大戦後も、D・J・エレイザーなどの連邦主義の理論家たちは、そうした試みを継承している。Elazer, *Exploring Federalism*, pp. xii-xiii.

(39) 遠藤乾『統合の終焉』、五頁。

(40) 同右書、vii頁。

# 第五章　ナショナリズム、愛国心、コスモポリタニズム
## ——集合的アイデンティティーに関する一試論

### はじめに

ナショナリズムは、共同体主義（communitarianism）として考えるならば、とりわけ一九世紀以降現代にいたる政治の世界で根強い影響力をふるってきた共同体主義の一形態であることは明らかであろう。ナショナリズムは、近代における主権国家や国民の概念を基軸とした共同体主義の最たる事例——communitarianism par excellence——であり、現代の共同体主義の一箇の典型というふうにも言える

のではなかろうか。現今の共同体主義の議論は、アラスデア・マッキンタイアーにしても、マイケル・サンデルにしても、一九八〇年代以降、リベラリズム批判として出てきた面があり、市民社会内部の共同体やアソシエーションを重視してきた。しかし、共同体主義をもう少し広く二〇世紀および二一世紀初めの政治思想とイデオロギーという視点から捉えると、やはりナショナリズムを挙げないわけにはいかないように思われる。本章の課題は、共同体主義としてのナショナリズムの意味と問題について若干の検討を加えておくことである。この関連で同時に、やはり広く定義した場合、共同体主義の類型に属すると思われる愛国心ないし愛国主義（patriotism）についても、また通常は共同体主義と対置されることの多いコスモポリタニズム（世界市民主義／cosmopolitanism）についても、考察を加えておきたい。その際、筆者がかつて使用した「パトリア主義」（patria-ism）の視点を軸にして考えてみたいと思う。[1]

## 1　ナショナリズムの持続的影響力

### （1）ナショナリズムに関する誤った見通し

ナショナリズムは、専門家の認識においても、また各国の世論調査においても、その排他性、偏狭性、部族主義（tribalism）的傾向について否定的な見方が示されることが多い。また近代の「ウェストファリア体制の行き詰まり」、「主権的国民国家パラダイムの揺らぎ」が指摘され始めて三〇年以上も経過した現在、ナショナリズムの行く末について否定的に評価されることが多い。しかしながら、今日、数多くの集合的アイデンティティーが競合するなかで、一般論として国民的アイデンティティー（ナショナリティー）以上に人々の忠誠心を喚起するものは見当たらない。

ナショナリズムは、近代を一貫して持続的な影響力をふるってきた政治的イデオロギーである。その最盛期は一九世紀後半から二〇世紀中葉までといえようが、ポスト冷戦期の一九九〇年代以降も、またグローバル化が進展する二一世紀に入ってからも、「国民国家のイデオロギー」として、「エスノ・ナショナリズム」として、また「リベラル・ナショナリズム」として依然として少なからざる影響力を保持してきた。非合理な面を多々もっていると考えられ、「想像の共同体」（imagined community／ベネディクト・アンダーソン）に依拠するナショナリティーとナショナリズムが、二〇世紀の啓蒙主義者や合理主義者の大方の予想を裏切って、今なお生き延びているだけでなく、現代世界を動かす持続的な勢力であり続けている。こうした事実はどのように説明できるだろうか。ナショナリズムが今なお多くの民衆を魅きつけるものを保持しているとすれば、その魅力とはいったいどこにあるのだろうか。また、ナショナリズムの功罪ということが二〇世紀中葉以降一貫して議論されてきたが、二一世紀初頭の現在、その効用はどのあたりに見られるのだろうか。またその問題性や欠陥をどのようなところに確認することができるだろうか。

今日の政治と政治理論の世界における多種多様なナショナリズムの自己主張や擁護論のなかには、概して三つの潮流を発見することができる。第一の潮流は、一九八〇年代以降、とりわけ九〇年代のポスト冷戦期に顕著に見られるようになった民族的少数者による権利の要求、種々のエスニック集団によるアイデンティティーの承認の要求である。これは「エスノ・ナショナリズム」と呼ばれてきた。一九八〇年代以降、北米諸国および西欧諸国で議論されるようになった多文化主義も、この第一の潮流と無縁ではないであろう。第二の潮流としては、一九九〇年代以降の金融資本主義のグローバル化のうねりへの反動として、半ば不可避的にナショナリズムの興隆が、中東諸国、中南米諸国、アジア・アフリカ諸国のみならず、欧米諸国でも観察されるようになった。これは一つには、アンソニー・ギデンズやウルリッヒ・ベックの再帰的近代化論の前提でいえば、グローバル化への反作用としてのナショナリズムや地方主義の活性化として説明可能であろう。

第三の潮流は、西欧諸国を中心にした実際の政治において観察され、ことに政治理論の領域でみられた「リベラル・ナショナリズム」の議論である。その論者であるデイヴィッド・ミラーやヤエル・タミールらの主張によれば、諸個人の自由と平等の保障、社会正義の実現、自決と義務の履行のためには、ナショナルなアイデンティティーの共有が不可欠である。このリベラル・ナショナリズムの主張は、国民国家の再構築という歴史的文脈で捉えるのが適切なのか、あるいはロールズ的な義務論的リベラリズムからの脱却をはかるリベラリズムの再定義の試みとして理解すべきなのか、あるいはまた従来の国民国家モデルにはもはや依拠しない新形態のナョナリズムとして認識すべきなのか、論者や解釈者によって立場は分かれるであろう。しかし、いずれの立場であれ、リベラル・ナショナリズムは、リベラルな価値とナショナルな価値との共存共栄を前提としていると言って間違ってはいないであろう。(2) リベラル・ナショナリズムの議論は、今日、実際の政治の世界においても、グローバル化の歪みへの反作用として説得性を増し、受容しやすいものとなってきている。

二〇世紀末におけるナショナリズムのこれら複数の潮流の出現は、二〇世紀中葉以降のナショナリズム批判のさまざまな系譜への鉄槌となった印象がある。つまり、当時、数多くの論者が、第二次世界大戦におけるナチズムやファシズムの跳梁への批判を前提としつつ、ナショナリズムの問題性について指摘し、またその時代錯誤性を主張した。そして彼らの多くが、ナショナリズムはやがて消え去るであろうと予測し、またそれは好ましいのだと主張してきた。しかしながら、実際の政治の世界においては、ナショナリズムは依然として戦後の世界政治を牽引する主たる政治的イデオロギーとして君臨してきたのである。ここにおいて既述した従来の種々の解釈やアプローチに共有されていた認識上の誤謬や齟齬および見通しの誤りが、白日の下にさらけ出される結果になったわけである。アンソニー・スミスはかつて、ナショナリズムの行く末に関する数多くの研究者やジャーナリストの誤った展望を、「過去二世紀の基本的潮流の一つに関する体系的な過小評価の誤まり」[3]と特徴づけたことがあった。三〇年も前にさかのぼるこうしたスミスの指摘が、結局のところ事態の実相を的確に表明したものであったことは明らかであり、それは今日的状況の説明としても説得力がある。

ナショナリズムの持続的影響力に関するこれらの誤った見通しや解釈を採用したグループには、数多くの自由主義者や社会主義者やマルクス主義者が入るだけでなく、今日のグローバル化やネオ・リベラリズムの数多くの擁護者も含まれる。彼らの多くは、超科学とハイテクの時代には非理性的なものはやがて理性的なものによって克服され統御されるであろうとの擬似ヘーゲル主義的前提を共有していた。

マルクス主義者と社会主義者とは、社会主義の登場によって、社会主義以前の段階の社会に特有な人種間およびエスニック集団間の矛盾対立が止揚されることになると確信していた。自由主義者もまた、科学的思考の拡充、産業化の発展、教育の普及によって、エスニシティー的・人種的帰属意識ならびにナショナリズムの意識が次第に消失していき、普遍主義が個別主義を克服することになろうと考えていた。これらの論者は、少数派のエスニック集団や人種集団は、より大きな普遍的な全体社会に遅かれ早かれ同化されていくであろうと考えていた(4)。さらに金融資本主義のグローバルな席巻にコミットしてきたネオ・リベラリズムは、今日、再帰的近代化の状況下で、ナショナリズムの反作用が想像を絶して強力なことを認識せざるを得ない状況に追い込まれつつある。二〇年以上も前にアイザイア・バーリンは、次のように述べたことがある。

「今日われわれの時代にナショナリズムが復活したのでない。それは決して死滅していなかったのだ。人種主義もまた死滅してはいない。これらは、今日の世界で多数の社会システムを縦断しながら最も力強い運動となっている(5)」。

バーリンのこの指摘は、現今のリベラル・ナショナリズムの議論の先駆をなした政治理論家の所見としてみても、含蓄のある言葉である。

## (2) ナショナリズムの多義性と定義の問題

ナショナリズムの現代的位相を理解する上で一つ困難な障壁となっているのは、ナショナリズムが多様な仕方で定義され理解されているという問題、つまり、この概念の多義性の問題である。ナショナリズムは、その原初主義(primordialism)的な解釈によれば、言語、宗教、歴史、習俗、文化、人種、エスニシティー、領土に基礎を置いている限り、歴史上、いつの時代にもどの地域にも見出される政治意識ないしイデオロギーであると指摘されている。この見方は、ナショナリズムに関する歴史主義的理解であるが、これとその近代主義的理解とのあいだには架橋できない溝がある。[6] 後者の見方によれば、ナショナリズムは、基本的には一六世紀のヨーロッパに起源をもつ近代の主権的国民国家の歩みと密接にかかわりながら展開され、一九世紀中葉から現代に至るまで大きな影響力を振るってきたと理解される。その意味でナショナリズムは、近代に固有の政治意識ないしイデオロギーであると認識されることになる。この後者の理解は、政治学的にはより説得力があるという利点があるのかもしれない。しかし、より困難な問題は、ナショナリズムの定義そのものである。それは多義的かつ複雑であり、ナショナリズムということで含意する意味内容が個々の解釈者たちのあいだで異なっている。この点にナショナリズム概念の分析上の困難さがある。ナショナリズムは、日本語でも民族主義、国民主義、国家主義という仕方で、さまざまに表記できる。

ナショナリズムの多義性は、それが多分に民族性ないしエスニシティー(言語や宗教、習俗や人種の共有を含む）という自然的属性ないし原初性に依拠する面と、他方、ナショナリティー（国民性）ないし国家性という主権的国民国家の保持する人為性ないし依法性を重視する面の双方の側面があることから派生している。これらの二面性は、それぞれナショナリズムの所与性と擬制性、その歴史着床性と歴史構成性、そのエスニック性とシヴィック性という形で多様に説明されることになる。歴史的に前者の自然的属性を強調するナショナリズムには、ドイツのヨハン・G・フィヒテやヨハン・G・ヘルダーなどの言語と文化の共有を前提とする国民理解、および皇国日本の国体ナショナリズムなどが帰属するであろう。後者の人為性を前提とするナショナリズムには、アメリカ合衆国の建国ナショナリズムならびにエルネスト・ルナンの提唱した「日々の人民投票」としての国民理解も入るであろう。(7) これら二つの基本型からナショナリズムの理解や解釈は、多様かつ多方面に分岐していくわけである。

こうしたナショナリズムの多義性を念頭に置きつつも、本章では、ナショナリズムの理論家、アーネスト・ゲルナーの定義から出発したいと思う。

「ナショナリズムとは、主として政治の単位と民族の単位とは一致すべきであるとの要求に基づく原則である(8)」。

ゲルナーのこの定義は、多分に民族主義的な偏りをもっているが、近代の主権的国民国家の発展を踏まえた説得力のある一つの定義であることは間違いない。つまり、この定義の強みは、ナショナリズムのもつ民族性と国民性の両面、原初性と人為性の両面を十分に射程に入れている点にある。同時にゲルナーの議論の特質の一つは、ナショナリズムが国民を作り出したのであり、その反対ではないという分析にある。この点で彼の理解は、B・アンダーソンの「想像の共同体」としての国民論と前提を共有している。

## (3) ナショナリズムとその持続的影響力

それではナショナリズムの持続的影響力をどのように説明できるだろうか。その魅力ないし効用というものがあるとすれば、それはいったい何であろうか。

### A. 集団的帰属感を賦与するものとしてのナショナリティー

ナショナリズムの一つの特徴は、言語や文化や歴史の共有に根ざすその原初性のアピールならびにその共同体主義的帰属感である。その意味でナショナリズムの強みは、その実在性であり、その歴史着床性にあるという議論もうなづける。(9) しかし同時に、国民という概念は、ルナンが主張したように、「日々の人民投票」に裏打ちされた国民的意思の日常的な自覚と更新に基本的に依拠している。それゆえに国民とは、B・アンダーソンが指摘したように、「想像の共同体」にほかならない。というのも、どんなに小規模な国民といえども、同胞のほとんどを実際に知っているわけではなく、また交流があるわけでもなく、ただ各人の想像力を媒介に結合しているにすぎないからだ。(10) ここにはナショナリズムの虚構性が透けて見えるわけである。しかしながら、ナショナリズムが、今なお世界各地で多数の民族やエスニック集団に対して情緒的な帰属感や忠誠心を呼び起こすだけの力を保持しているこの事実を、無視することはできないであろう。ここではA・スミスの以下の見解を想起しておきたい。

「近代世界において人間の忠誠精神を勝ち得ようとするすべてのヴィジョンや信条のなかで、最も広範かつ持続的な影響力を発揮してきたのが、民族（ないし国民）の理想であった[11]」。

スミスのこの指摘は衝撃的ですらある。しかし、誰が彼のこの指摘にこめられた真理性を否認することができるだろうか。既述したように、ナショナリズムないしナショナリティーには、具体的な集団的帰属感を諸個人に賦与する実際のアピール力ないし効用があったことは否定できない。つまり、ナショナリズムは、他のすべての政治思想やイデオロギーに比しても、政治的共同体の成員たち――国民および国民を構成する諸民族（co-nationals）――に集合的アイデンティティーと帰属感を賦与する点で、多くの人々にとって最も強力かつ魅力的だったのではないかと思われる。要するに、ナショナリティーは、政治的共同体の成員たちに、その集団への帰属性とアイデンティティーを賦与し、彼らはそれによって自らの社会的存在に対する規範と価値とを引き出すのである。

ナショナリティーないしナショナリズムとは、諸個人に対して具体的に自分たちが帰属する政治的共同体を自覚させ、その帰属とそこから生じる政治的アイデンティティーの意味と価値とを賦与するものにほかならない。[12] とりわけ、ナショナリズムが根強い魅力と影響力をもってその成員たちに働きかけるのは、自らの民族や人種が、周辺の別の民族や人種に征服されたり、従属を余儀なくされたりした共通の苦難や経験を保持した場合である。たとえば、一九一〇年の日韓併合以来、第二次世界大戦にいたるまでの韓国の政府と国民による日本の植民地支配と軍事的支配に対する抵抗と独立運動は、この種のナショナリズムによって支えられていた。第二次世界大戦の時期と戦後におけるアジア・アフリカ諸国によって展開された抵抗と民族自決の運動と闘いも、多くの場合、こうしたナショナリズムの所産であった。この場合、ナショナリズムは、圧制下に苦しむ国民に苦難の意味を教え、運命共同体として共通の苦難を忍耐して共に担い、独立と民族自決のために連帯することを教える。本章では、このナショナリズムの形態を「解放的ナショナリズム」と呼んでおきたい。

このようにナショナリズムは、苦難の共有と抵抗と独立のための連帯を通じて、国民形成に不可欠な連帯感と共通感覚とを賦与することができる。B・アンダーソンは、こうした苦難の共有を通じて国民が獲得していく連帯感や共通感覚を、「コミュニオンの感覚」という宗教的言語を通じて説明している。[13] 私たちは、まさにこうした点にナショナリズムの保持する準宗教的ないし擬似宗教的な性格を確認することもできよう。エルンスト・カントロヴィッチは、「祖国のために死ぬこと」さえも促すことのできるナショナリズムの感情の誕生を、中世後期から近代草創期にわたって思想史的に考察することを通じて、宗教に準拠する——と同時に宗教に類似した——その性格を説得的に説明することができた。[14] 死と再生のテーマは、宗教の最も深遠なテーマの一つだが、ナショナリズムもまた、民族の死と再生のテーマによって生きると言うことも可能である。

### B．解放的ナショナリズム——その民主主義的性格

前述の解放的ナショナリズムの歴史的事例は、ナショナリズムの保持する政治的潜在力を肯定的に示すものとして言及されることが多い。つまり、非抑圧集団や民族が、周囲の勢力による帝国主義的および覇権主義的な侵犯に対してレジスタンスを試みたり、自らの社会的および政治的実存の防衛を試みたりする場合に、そこにはナショナリズムの果たす民主主義的役割を確認することができる。ナショナリズムがこうした民主主義的機能を果たすケースは、かつて生起しえたし、いまだに生起しうると言えるだろう。近代を一貫して多くの民族独立運動や解放運動は、ナショナリズムの契機を濃厚に保持していた。この事実は、明らかに近代民主主義が西欧諸国の国民国家化や産業化への歴史的プロセスと軌を一にして生まれ出たことと無縁ではない。筆者はかつて、近代民主主義は西欧諸国において当初はデモクラシーとナショナルなものという「二頭立ての馬車」として出発したと述べたことがある。そしてほどなく、この馬車を牽引する資本主義的なものという三頭目の馬が加わった。こうして近代化は、「三頭立ての馬車」（トロイカ体制）によって牽引され、そのように方向づけられた道筋を突っ走ることになる(15)。

それはさておき、解放的ナショナリズムの歴史的事例としては、既述したように、日本帝国主義下の韓国のケースや第二次世界大戦を契機としてアジア・アフリカ諸国の民族的自決と独立のケースがあっ

たが、その事例は枚挙にいとまがないほどである。こうした事例には、冷戦期のソヴィエト連邦の覇権主義への抵抗の試みとして、一九五六年のハンガリー動乱および一九六八年春のチェコスロヴァキアの抵抗運動があり、さらに近年では一九八九年東欧諸国における市民革命などを挙げることも可能であろう。

さらにまた、アメリカ合衆国における一九五〇年代から六〇年代にかけてのアフリカ系アメリカ人を中心とした公民権運動は、民族的少数派によるエスノ・ナショナリズム的な解放運動の一つの事例と見ることができる。公民権運動は、民族・人種・皮膚の色の相違を超えて、法の下での万人の自由と平等を勝ち取った——一九五四年のブラウン判決および一九六四年の公民権法制定——という意味で、民主主義的性格を強く帯びた事例であった。一九八〇年代以降、アメリカやカナダなどで大きな波紋を投げかけた多文化主義も、民族的少数者やエスニック集団や先住民のアイデンティティー擁護や人権尊重の要求を掲げるものであり、その限りで解放的ナショナリズム——そのエスノ・ナショナリズム版——のカテゴリーに入れることも不可能ではない。ナショナリズムの専門家たちは、この種の解放的ナショナリズムを、たとえば「真性ナショナリズム」、「原初的段階のナショナリズム」、「復興ナショナリズム」(Risorgimento nationalism) など、多様な仕方で呼んでいる。[16]

### C. ナショナリズムの倫理的性格

ナショナリズムの持続的影響力ないし特質を説明するもう一つの正当化の論拠として、その反対者からは大きな疑問符が投げかけられるであろうが、ナショナリティーないしナショナリズムの保持する倫理的性格を指摘する議論が綿々となされてきた。こうした議論は、歴史的文脈と意味合いこそ異なれ、J・フィヒテ、J・ヘルダー、G・マッツィーニなどに共通していた。

これらの論者の指摘するところによれば、ナショナリズムは、自己利益の原理に基づく近代思想の多くの形態――個人主義、合理主義、自由主義、功利主義など――のなかにあって、自らの帰属する社会集団や政治的共同体への奉仕を教え、自己犠牲を促し、愛国心を鼓舞する点で倫理的にすぐれた政治思想にほかならない。一般的にナショナリズムは、こうした倫理的な動機づけないしは自我の源泉として人々の情緒的かつ倫理的な力やコミットメントを引き出し、特定の愛他的な態度や行動を促すとされる。

現代ではたとえばD・ミラーが、リベラル・ナショナリズムの立場から同種の議論をしている。彼の主張にしたがえば、国民とは、自由と平等、相互的義務と犠牲、社会正義、自己決定、民主主義的審議（熟議）などを可能にする「倫理的共同体」にほかならない。[17] こうした市民的徳性が陶冶されるのは、同一のナショナリティーにおいて言語や文化や歴史が共有される場合であり、それらを通じて共通の集団としての性格や倫理やエートスが生み出される場合であると指摘されている。

## D．ナショナリズムに替わる政治的アイデンティティーの不在

ナショナリズムの持続性を説明する試みとして最後に取り上げてみたいのは、今日、それに競合でき

るほど強力な政治的アイデンティティーが不在であるという事実に訴えかける議論である。ナショナリズムおよびナショナリティーに対する一見この消極的な――あるいは消去法的な――擁護論は、最も説得的な説明であるのかもしれない。つまり、近代の主権的国民国家の揺らぎが観察されうるにせよ、国民共同体に代替できる有力な候補ないし選択肢――あるいは競争相手――が見あたらないということである。欧州連合はたしかにリージョナルな国家連合（confederation）の雛型として、将来の世界の制度構想に大きなインパクトを与えるだろうが、しかしそれは同時に世界連邦や世界連合を志向するものではなく、ヨーロッパというリージョンにおける諸国家の連合体を目指す動きにほかならない。そうしたなかで欧州連合の実験は、政治共同体の将来の制度構想として貴重な先駆的な事例でありえたとしても、すぐに主権国家システムを代替するものとはなりえない。

こうして当面――これはかなり長期にわたるだろうが――、ナショナリティーとナショナリズムに取って替わるような政治共同体の仕組みは、現れてきそうにないといえよう。人民主権の原理と人権保障の原理に基づいた諸国家間のシステムということを考えた時に、主権国家とナショナリズム以外に有力な競争相手は見あたらないというのが現状である。ナショナリティー以外の契機に基づいた新たな政治的単位や政治的秩序が、近い将来、現代の諸国家間システムを代替するとは想定しにくい[18]。もちろん、歴史上、主権国家が暴走し、隣接する諸国を侵略した事例はいくらでもある。また、ナショナリズムが排他性を帯びてファシズム化し、近隣諸国の民衆を弾圧したり危害を加えたりした事例も、少なくない。だが、これらの負の遺産を勘案しても、近い将来、これに代替する新たな政治的単位や政治的アイデンティティーが出てくるとは、想像しがたいものがある。

ここで考えたいのは、近代草創期ヨーロッパにおけるいわゆる「ウェストファリア体制」、すなわち主権的国民国家システムの出現の問題である。中世世界を支配した「キリスト教有機社会」(Corpus Christianum)の解体後、宗教戦争の悲惨と社会的分裂の収拾と修復のために応急措置的に担ぎ出されたのが、この主権的国民国家システムであった。その後、近代社会は、市民革命の時代と産業革命の時代を経て発展していったが、その近代化のプロセスにおいて前近代的な宗教・地縁・血縁を媒介とした伝統的共同体や組織は、次々に侵食され解体していった。近代社会は、不可避的にそのなかに人々や集団の分裂と断片化、競合と移動を生み出していった。そうしたなかで国民国家の形成と国民的意識の共有とが、こうした社会変動と分裂がアナーキーに転化していくことを何とか防止してきた唯一の制度装置であったことは否定できない。

こうして主権的国民国家システムは、近代化を推進してきた制度的基盤であっただけではない。現在においてもまた今後も、このシステムは、政治社会内部における多種多様な異質な集団――民族、エスニシティー、宗教、イデオロギーにおける異質な諸集団――の分裂を阻止し、これらの集団を法の下で平等に処遇し、またそれらの集団のニーズを満たしていく重要な機能を果たす可能性がある。そしてナショナリティーは、一定の地理的境界に画定された人々の忠誠心とエネルギーを集約する最も現実的で効果的な政治的単位であるといえよう。

## 2　愛国心とコスモポリタニズム

### (1) ナショナリズムの問題性と欠陥

#### エスノ・ナショナリズム

第1節においては、ナショナリズムの持続的影響力と魅力とを肯定的な視点から検討してきた。現代的状況においてネーションとナショナリズムの持続的影響力は、当面、覆されることはなさそうである。だが、今日、ナショナリズムの再評価が一方において進められつつある反面、他方ではその問題性や欠陥を指摘する議論が後をたたない。さらに、主権的国民国家システムは揺らいでおり、国家内部の地方と国家を越えたリージョンの双方から揺さぶりをかけられている現実も変わらない。それではナショナリズムの問題性とはいったい何であるのか。

もちろん、ナショナリズムの問題性が露骨に現れたのは、一九三〇年代後期から四〇年代中葉にかけて日本の天皇制ファシズム、イタリアのムッソリーニ主導のファシズム、そしてドイツのナチズムの擡頭との関連で、排他的かつ偏狭なナショナリズムが、軍国主義、世界覇権主義、人種主義として猛威を振るった悪夢のような第二次世界大戦においてであった。そうした事由から戦後の論壇では、ナショナリズムは、頭ごなしに危険な共同幻想であるとの決めつけが一部では見られるようになったのである。

それでは現代的文脈においては、ナショナリズムないし国民国家の問題性ないし欠陥は、どのように理解されているだろうか。これはとくに二点において見られるといえよう。第一にエスノ・ナショナリズムが惹起した悲惨な民族浄化（ethnic cleansing）の悪夢であり、第二に国民国家とナショナリティーの枠組みのみでは適切に対処できない地球的問題群――核兵器などの大量破壊兵器の拡散、地球温暖化や資源枯渇などの環境問題、人口爆発や世界的貧困と飢餓など――の深刻化である。他にもあるだろうが、これらの二つの事由こそ、ナショナリズムないし国民国家の問題性と不十分性を際立たせている当のものであるといえるだろう。

第一の民族浄化の問題だが、米ソ冷戦が黄昏時を迎えていた一九八〇年代後半以降、とくにポスト冷戦といわれる一九九〇年代に、国内の民族間の敵対と暴動が深刻化し、数万人規模から最大で一〇〇万人規模の犠牲者を出した集団殺戮（ジェノサイド）が見られるようになった。旧ユーゴスラヴィア、イスラエルとパレスチナやイラクやシリアなどの中東地域、カンボジアや東ティモールなどのアジア地域、さらにスーダン、エチオピア、リベリア、ルワンダ、コンゴ民主共和国、コンゴ共和国、ソマリアなどのアフリカ地域などである。[19] 一九九〇年代と比べて、二〇〇〇年代には内戦や紛争は減少傾向に転じたが、それでもなお内戦や内乱は終熄する気配は見られない。チャールズ・ティリーのいわゆる「暴力の波動」（waves of violence）は、いまだに地球規模で続いていると見るべきであろう。民族浄化やエスノ・ナショナリズムの暴力の波動ないし増幅を説明する議論の一つとしては、しばしば宗教的暴力や政治的暴力に見られる"categorical violence"（自他を分断化する暴力／チャールズ・テイラー）の概念――善悪二元論、聖戦、スケープゴート化など――があり、有効かつ説得的な視座を提供している。[20] かつて二〇世紀の二つの世界大戦を経て、民族自決運動がさらなる高まりを見せ、列強諸国の植民地支配の軛からの解放と自立を目指す動きが世界中で見られるようになった。しかし、それから数十年ないし半世紀後の現代世界はといえば、国民を形成する諸民族のあいだに紛争や対立が多発し、民族浄化や集団殺戮が生起する惨状を呈した国々も少なくなかった。アジア・アフリカ諸国を一時代鼓舞した民族自決主義に基づく国民国家形成の試みは万能だったわけではなく、結果的にはさまざまな矛盾や挫折に逢着した。(21)

エスノ・ナショナリズムも、また多文化主義や多民族主義も、既述したように、それ自体、民主主義的ポテンシャルを保持している。しかし、それが自集団の絶対化に陥る時、他集団との分断化を企てる時、排他性と偏狭性を強め、民族浄化の悪夢が現実になってしまう。この関連で一九九〇年代以降の「承認の政治」(politics of recognition) の議論は、重要である。それは、多文化主義や多民族主義が偏狭ないわゆる「アイデンティティーの政治」に頽落する危険性を克服する方途を模索してきた政治理論の一潮流である。他の民族や文化のアイデンティティーや権利要求の承認は、排他的なナショナリズムの発生を抑止し、ナショナリズムが偏狭な個別主義や部族主義に転化するのを回避する手立てとなる。(22)

### 現代日本のナショナリズム

世界各地で民族浄化の悪夢が現実になった一九九〇年代に、日本では自虐史観からの脱却を掲げて、いわゆる「自由主義史観」を唱える一群の保守的な論者による主張が見られた。もちろん、日本の自由主義史観の提唱は、それ自体、エスノ・ナショナリズムの形態をとっていたわけではないし、また正面きってナショナリズムの運動体を自認していたわけでもなかった。しかしこの自由主義史観の提唱者たちは、国民国家に許容されているナショナリティーの意識ないしナショナリズムの自覚が、現代日本から抜け落ちてしまったという問題意識を保持していた。たしかに、十五年戦争期のナショナリズムの高揚への反作用もあり、戦後日本の国民意識におけるナショナリズムの感覚の後退が見られたことは確かであろう。しかし、このことは、現代日本におけるナショナリズムの消滅ということを意味していたわけではない。むしろ意識するにせよ、無意識であるにせよ、今なお日本社会にはナショナリズムが根強い影響力を振るっていると見る方が事実に近い。

その意味でハンス・キュンクが著した『グローバルな責任』（一九九三年）における「日本主義」（Japanism）の批判は参考になる。この著作においてキュンクは、二一世紀の世界の将来性をもたないイデオロギーのなかに日本主義をも含めている。それではキュンクの批判する日本主義とはどのようなイデオロギーであるのか。彼は日本主義を、「効率の最優先」、「原則なき融通性」、「責任なき権威主義的リーダーシップ」、「道徳的ヴィジョンなき政治と経済」などと説明した。これらの日本主義的態度と実践は、世界の人々の共感を得ないだけでなく、日本社会の道徳的基盤を切り崩してしまうと、彼は警告したのである。[23] キュンクの指摘は二〇年も前のものであり、そこに列挙されている日本主義の悪徳のリストに関しては、読者の多くは当然異論があるだろうし、また今の日本は違うと反論したくなるかもしれない。しかし、戦後日本には、それを自覚しようとすまいと、日本主義であれ何であれ、一定のナショナリズムの強い磁場が働いており、「株式会社日本」の旗印を掲げて経済的覇権主義を一途に追求してきた国家と国民があった事実は、むしろキュンクのような海外の識者にはより鮮明に見えていたと言えるのではなかろうか。ナショナリズムは、いずれの場合でも、自民族や自国民にとって、客観的な視座から相対化したり対自化したりすることの困難なイデオロギーおよび集合的感情である。

前述のナショナリズムの第二の問題性であるが、これは今日ではより明白であろう。言い古されたことなので繰り返す必要はないが、地球社会は、環境問題、豊かな国々と貧しい国々とのあいだの権力と富の所有における構造的格差、核兵器や原発問題、人口爆発と食糧危機など、単一の国家や国民だけでは対処も解決も不可能な地球的問題群をかかえている。好むと好まざるとにかかわらず、私たちは国境を超えて地球的規模でこれらの問題群と取り組まざるをえず、コスモポリス（世界統治体）の制度的枠組みは未発達ながらも、コスモポリテース（世界市民）として考え行動するニーズが次第に高まってきた時代に生きている。一九九二年のリオデジャネイロで開催された最初の地球サミットは、環境問題を通じてその事実を明らかにしたし、その後の世界各地で見られた集団殺戮、大規模な飢餓、国際テロリズム、対テロ戦争、グローバルな金融資本主義の跳梁と急激な失速は、地球社会が一箇の運命共同体であることを、世界の人々の脳裏に焼きつけることになった。[24] こうして主権的国民国家システムに基づく国際秩序が、決して自足的で永続的なものでないことを、世界の人々は認識するようになった。

こうしたナショナリズムや国民国家の自明性の消失は、二一世紀の将来にむけた集合的アイデンティティーの問題の再考と再定義を要請していることが、今や明らかになった。こうした問題設定に基づき、愛国心とコスモポリタニズム（世界市民主義）について順次考えていきたいと思う。

## （2）愛国心とコスモポリタニズム

### ヌスバウムほか著『国を愛するということ』

二一世紀初頭の現在、人々の集合的アイデンティティーを構成するものとしての愛国心とコスモポリタニズムの重要性に関して、異論を差しはさむことは困難であろう。今日、これら二つの概念は、世界の人々の集合的アイデンティティーを構成するものとして、事実上どのような役割を果たしているのか、また今後果たしうるのだろうか。愛国心とコスモポリタニズムは、相互にどのような関係にあるのだろうか。両者は水と油のような対立関係にあるのか、あるいは相互に調停可能な部分を保持しているのか。これらの問いは、現在、すこぶる重要な問題となってきている。

本章のこうした問題設定にとって興味深いのは、マーサ・ヌスバウムが数多くの著名な識者との対論を試みた愛国心とコスモポリタニズムに関するエッセイ集『国を愛するということ』（一九九六年）である[25]。いささか過去の書物といった印象があるかもしれないが、愛国心とコスモポリタニズムの確執について豊かな示唆を与える多くのエッセイが収められており、本章の議論にも有意味である。上述のエッセイ集に収録された冒頭のエッセイにおいてヌスバウムは、愛国的な誇りを吹聴する動きがアメリカ合衆国において目立つようになるなかで、愛国心の過度の強調が道徳的に危険であるだけでなく、正義と平等という価値ある理想の実現のためにも否定的な役割を果たす可能性が十分にある、と警鐘を鳴らしている。むしろ、現在の世界の状況により適合的な理想があるとすれば、それは、コスモポリタン（世界市民）――つまり、人類という世界的規模の共同体に忠誠を誓う人間――として生きるという古くからある理想だ、と彼女は主張する。(26) 際立った仕方で愛国心を強調し始めた一九九〇年代以降の宗教的原理主義の言説が幅を効かせてきたアメリカと世界の現実があり、また当時、政治理論の一部において「国民としての誇りの情念」や「国民的アイデンティティーの感覚」を力説する言説（リチャード・ローティを含む）が強まっていった現実があったことは留意すべきであろう。同時に、彼女の議論はいわゆる道徳的コスモポリタニズムの主張であって、世界国家や世界政府の創設を主張する制度的コスモポリタニズムではないという事実も、留意しておきたい。

古典学者であるヌスバウムは、キニク派のディオゲネスや彼に範を求めたセネカなどのストア派の哲学者たちに依拠しながら、私たち各人は実際に「二つの共同体」――私たちが生まれ落ちた「ローカルな共同体」とより大きな世界規模の「人間的な討議と志の共同体」――に生きていると述べている。(27) さらにストア派の哲学者たちに依拠しつつ、ヌスバウムは、世界市民であることでローカルな帰属やアイデンティティーを放棄する必要がないことを強調する。彼女は同心円のイメージでこれを説明している。

「最初の円は自己を囲んでおり、次の円は直接の家族を包含し、次には拡大家族、さらに順番に、隣人たちやローカルな集団、同じ街の居住者、同郷人と続き、そしてわれわれは、このリストに、民族的、言語的、歴史的、職業的、ジェンダー的、性的アイデンティティーに基づく集団をたやすく付け加えることができる。これらのすべての円の外には、もっとも大きな円、すなわち人類全体がある」[28]。

人類とローカルな同胞たちとのあいだに障壁を立てることはしてはならず、出自や教育、歴史や文化、民族や人種、宗教やジェンダーなど、いかなる特殊な価値による差別も「人間性」(humanitas)に認めるべきではない。そして「人間性」の根本的要素である理性と道徳的能力には何よりも忠誠を誓い、尊敬を払うべきである、とヌスバウムは主張する[29]。そして彼女は、こうしたコスモポリタニズムの観点からアメリカの学校教育について検討し、国民的市民権よりも世界市民権を学校教育の中心に据えることを提案している[30]。

さて前述のエッセイで、ヌスバウムは愛国主義とコスモポリタニズムの根強い緊張については示唆しているが、必ずしも両者がまったく調停不可能であるとは述べていないと思われる。前述の同心円の比喩は、そのことを示しているのではなかろうか。ところが、本書の応答者たちのエッセイにおいて、そのあたりのニュアンスは吹き飛んでしまっているように思われる。これは一つには、ヌスバウムが、論争を意図して、あたかもコスモポリタニズムと愛国主義を二者択一的なものとして提示したかのような印象を与える文章をいくつか残したことにも理由があったであろう。さらにヌスバウムは前述の同心円の比喩を使用した際、内側の小さな帰属から人類愛という世界規模のコミットメントというヴェクトルではなく、逆に普遍的な人類愛から個別的かつローカルなアイデンティティーへというヴェクトルを優先させたことも、起因したのかもしれない。しかしそれにしても、ヌスバウムのコスモポリタニズムの主張への論者たちのいくつかの批判にはきわめて手厳しいものがある。それらは、コスモポリタニズムとは血の通っていない無味乾燥な幻想、味気ない退屈で空虚なもの、悪の専制主義を生み出してしまう危険な幻想など、多種多様な論難——非難に近い——に彩られている。

同書に寄せられた多くのエッセイに共通する特徴は、愛国心とコスモポリタニズムのあいだの緊張を承認しながらも、何とか両者のポジティヴな要素を同時に活かそうと試みている点である。クウェイム・A・アッピアの「コスモポリタン的愛国者」の議論は、その一例である。ベンジャミン・バーバーもまた、「愛国心には愛国心の病理があるが、コスモポリタニズムにはコスモポリタニズムの病理がある」と主張する。それと同時に、愛国心の要求と「正義と権利」の価値とを同時に採り入れたアメリカ憲法の意義を、ヌスバウムが過小評価している、とバーバーは指摘する(31)。

リチャード・フォークも、国民的意識とコスモポリタン的意識とのあいだの分極的かつ二者択一的な見方を退け、現代の世界政治の政治的環境の特異性として、二つの極をともに問題含みのものとして受け止める必要性を強調している。フォークの議論で重要なのは、現代の倫理的に欠陥のあるグローバリズム——ネオ・リベラリズムに基づく経済的格差の拡がりや投機資本の暴力——に対する厳しい批判である。フォークは、そうした問題のある今日のグローバリズムへの代替構想に結びつく「信頼できるコ

スモポリタニズム」を提示する必要を訴えている。(32)

マイケル・ウォルツァーも、C・テイラーも、コスモポリタニズムと愛国心を二者択一的に捉えるアプローチに異議を唱えている。たとえばテイラーは、ヌスバウムの啓発的な問題提起に敬意を表しつつも、「私たちはコスモポリタニズムだけでなく愛国心をも必要としている」と述べ、さらに「コスモポリタンであると同時に愛国者であるという以外に選択の余地がない」と述べている。(33)

## コスモポリタニズムのヴィジョン

ヌスバウムらの著書の議論の特徴の一つは、やはりこれはアメリカ中心の議論ということもあり、愛国心への楽観的な信頼のような感覚が多くのエッセイの基調となっていたことである。もちろん、二〇〇一年以後のアフガニスタンやイラクに対する「対テロ戦争」はこのエッセイ集の刊行から五年先のことであったとはいえ、同書には全般的に愛国心の功罪の罪の側面についての議論が少ないといった印象がある。それに対してコスモポリタニズムの功罪については、罪の側面を強調する議論が主流であった。たしかに二〇〇〇年代に入ってからはピーター・シンガーやトマス・ポッゲなど、コスモポリタニズムの厚い理論（a thick-version theory）が出始めてきた。(34) しかし、現在においても、コスモポリタニズムは依然として現実から乖離した抽象概念として捉えられる傾向にあることは否定できないように思われる。

しかしながら、コスモポリタニズムの功罪という意味では、このエッセイ集ではヌスバウム以外にはあまり取り上げられることのなかったコスモポリタニズムの功ないし効用の方も、より十全に議論される必要がある。もちろん、コスモポリタニズムにおける現実性の欠如という議論は説得力のあるものであり、それは世界規模の制度的裏づけ――法制も含む――がいまだに不十分なところから派生している。しかし、このことは、コスモポリタニズムの論点視点が不適切かつ不必要であることを意味するものでは決してない。というのも、現代世界における核兵器問題や環境危機や世界の貧困といった地球的問題群と十全に取り組むためには、それこそ「想像の共同体」としてのコスモポリス――たとえば世界市民連合体――からの発想と政策構想が不可欠になってきたと思われるからである。I・カントは、世界政治に関して「目的の王国」の一員として実践理性の立場から構想することの必然性を、すでに一八世紀末には指摘していた。地球市民社会ないしコスモポリスの前提と発想は、現代と将来の世界に必要な「社会的想像」(C・テイラー)として不可欠なものとなってきたと思われる[35]。世界政治の目的の王国として世界社会、世界連邦、コスモポリスを想像し、そこから規範理論を構築し、そのロードマップを作製することは、連邦主義やコスモポリタニズムの政治理論の向き合うべき課題だといえるだろう。しかし、その際、コスモポリスは、リヴァイアサン世界国家――巨大な支配権力を独占する集権型世界政府――であってはならないことを銘記する必要がある。それはむしろ、ローカルな差異と多様性を重視する多元的分権型・リリパット型・水平型の世界秩序構想としてのコスモポリス以外にはありえないであろう[36]。というのも、こうした連邦主義やコスモポリタニズムの政治理論は、主権国家システムの保持する「主権」の概念を脱構築し、主権の「相対化」ないし「共有」を志向するからである[37]。このことは、後述するように、将来の世界秩序構想が前提とする人々の重層的アイデンティティーの観点からも、当然、要請されるヴィジョンないし制度構想である。

## 結びにかえて――パトリア主義について

### (1) ナショナリズムと愛国心

第二次世界大戦後の日本の歴史的文脈においてナショナリズムは、その軍部主導の侵略戦争の記憶がまだ生き続けているなかで、否定的なイメージをもたれて今日に至っている。しかしもちろん、このことは、前述のキュンクの議論において確認したように、事実上、戦後の日本国民が全般的にナショナリズムの感情を強く保持してきたことを否定するものではない。こうしたナショナリズムの意識は、再軍備や憲法改定論など戦後の保守陣営の主張や立場に観察できただけでない。類似した意識は、戦後日本の経済復興の奇跡においても確認できたことだし、また戦後の平和主義や護憲平和運動のなかにも一種のナショナリズム的思い入れが存在していた。しかし、戦後日本の国民一般にとってナショナリズムは、明らかに手垢にまみれた否定的なイメージがつきまとっていた。

それではナショナリズムとは区別される「愛国心」ないし「愛国主義」はどうであろうか。欧米諸国を含む世界の多くの国々では、たとえナショナリズムへの消極的ないし否定的評価が定着している国々ですら、愛国心については積極的に評価しようという動きが見られる。ナショナリズムがとくに偏狭な民族主義や国民国家のイデオロギーと同一視される傾向にあるのに対して、愛国心の方は、好ましい国民感情であるという見方が採られることが多い。こうした背景には、愛国心が、しばしば共和主義的伝統において市民の自由への献身と祖国を防衛するというポジティヴな市民感情として理解されてきた欧米諸国の歴史的文脈がある。つまり、愛国心とナショナリズムは、一九世紀の国民国家の発展の途上で同義的に扱われる傾向にあったものの、元来、二つの異なった概念として認識されてきた。というのも、愛国心は、一面、ナショナリズムとは異なる歴史的系譜を保持する国民感情として、古来、共和主義的伝統において、とくに「自由の政治体への献身」を意味する言葉として定着してきたのである。これは、愛国心の共和主義的類型とでも呼ぶことのできる歴史的文脈である。[38]

しかし、現代日本の場合、愛国心に関しても、ナショナリズムと同様に、国民は一般的に否定的なイメージで捉えていると思われる。愛国心も、ナショナリズムと同じように、歴史的罪過のイメージにおいて捉えられ、手垢にまみれた概念である。しかも、戦後日本の知的環境および政治的環境においては、ナショナリズムと愛国心とはほぼ同義的に使用される傾向にあった。このことは、日本には市民的自由の伝統が希薄であったことと無関係ではない。さらにその歴史的背景としては、愛国心や愛国主義の感情が、ナショナリズムと同様に、侵略戦争以外の何ものでもなかった十五年戦争を聖戦として擁護し推進する軍国主義的イデオロギーのなかに吸収され利用されていった戦時中の手痛い国民的体験があった。愛国心への醒めた国民感情は、こうした戦争体験を抜きにしては理解しがたい消息である。

しかし今日の世界を見渡した時、ナイーヴな愛国心にアピールしたり、愛国心を煽るような言説が効果を発揮したりする国々が際立つなかで、また現安倍政権のように、愛国心教育を主張する政治勢力もあるなかで、愛国心の非神話化をとうの昔に成し遂げた戦後日本社会には評価してよい点もあると思われる。今日、愛国心はナショナリズムの言説と密接不可分の関係にあり、その融合には自民族・自国民中心主義の性格がつきまとい、それを批判し相対化する視点はつねに堅持される必要があるだろう[39]。日本人はこのように、戦前戦中の超国家主義（ultra-nationalism）において国民の愛国心が利用された悪夢のような経験をもっている。こうしてわが国では愛国心は侵略戦争という歴史的罪過にまみれた概念として受けとられることが多い。そこには醒めた国民感情があり、愛国心もナショナリズムのオルターナティヴにはなれないという意識がどこかにある。ここには、歴史的にプラスの遺産としての貴重な見識がある。

## （2）パトリア主義——集合的アイデンティティーの重層性の基礎となるもの

さて本章の議論を最後に簡単にまとめておきたい。初めに筆者はナショナリズムの持続的影響力について検討し、その要因についていくつかの事柄を考察した。一つには、主権的国民国家システムの揺ぎにもかかわらず、それを世界規模で代替する政治的単位はいまだに現れていず、将来かなり長期にわたってこのシステムは存続するという見通しを指摘した。その意味で国民国家のイデオロギーであるナショナリズムも影響力を保持するであろうと述べた。しかしながら、筆者は、ナショナリズムの pros and cons ないしは功罪ということを問題にせざるをえない逼迫した状況があることを指摘した。罪の方で言えば、民族浄化をもたらしうるエスノ・ナショナリズムの排他性および偏狭性を問題にした。さらに第二の問題点としては、核問題や環境問題などを中心に地球的問題群が派生しており、これらに対処するための政治的枠組みとして主権国家システムのみでは不適切であることを指摘した。

この関連でコスモポリタニズムの功罪の問題が出てくる。筆者は、ヌスバウムほか著『国を愛するということ』（一九九六年）を取り上げ、ヌスバウムのコスモポリタニズムの議論への応答者たちの論難が思いのほか手厳しいものであることに注意を喚起した。しかし、コスモポリタニズムの制度的装置が未成熟である現実、国連改革が叫ばれるだけで改善の萌しが見えない現実、負のグローバル化やアメリカを中心にしたハイテク軍事主義的かつ新帝国主義的な覇権主義の現実を考慮した場合、コスモポリタニズムの制度構想を説得的に提示することが困難であることについても指摘した。けれども、既述したように、今日の世界における地球的問題群の噴出とそれらの深刻化は、「社会的想像」としてのコスモポリスおよびコスモポリタニズムの前提と発想を要請しており、まさにここにこそ、その積極的ポテンシャルおよび効用を確認できるのではないか、と筆者は論じた。

こうした状況において今日の集合的アイデンティティーをどのように捉えたらよいだろうか。この問いへの回答は、各人各様それぞれであろう。強いて筆者の考えていることを述べるとすれば、次のようになろう。今日の世界における人々の集合的アイデンティティーは、重層的かつ複合的なアイデンティティーとして以外には想定できないであろう。つまり、各人は、自らの属する家族や親類、友人や仲間、ローカルな隣人たち、地域、自分がその成員である個別の集団や組織（職業・文化・芸術・宗教・娯楽・趣味・スポーツなど)、国、広域リージョン、地球社会という具合に、各人が「同心円」を形成している多種多様な場や空間において、重層的な仕方で生活している。その場合、集団や空間への帰属と愛着は、それぞれに重要であり意義をもち、各人が暮らしていく上で不可欠な重層的アイデンティティーを形成している。その際、愛郷心とでも呼ぶべき「パトリア主義」(patria-ism)が、こうした同心円的かつ重層的アイデンティティーを形成していく上での基本となるべきものではなかろうか。

筆者はかつて、パトリア主義を定義するにあたって、国民や国家を基軸とするナショナリズムとは異なる人々の絆の原理であると説明したことがある。(40) パトリア主義は、閉鎖的で排他的な集団主義や愛国主義や信条とは異なる。パトリア主義はむしろ、各人の自由と複数性に基づく人々の連帯の絆として理解できるのではなかろうか。その際、パトリア主義は、人々の絆を相互に生かし合う本来の連帯を形成するものとして、二つの与件を満たすことを要請している。その第一は、「世界への愛」(amor mundi)——その「世界」が友人たちや隣人たちのローカルな世界であれ、人類社会としての世界であれ——である。その第二は、排他性への自戒ないし自己批判である。この意味でパトリア主義は、一種の規範概念であり、一種の実践理性の要請するものと呼ぶことも可能である。それは、各人がたまたま帰属する集団や組織、共同体やアソシエーション、地域や国、リージョン、世界へのコミットメントを含意している。パトリア主義は、前述の同心円の比喩でいえば、内から外へと、個別から普遍へと、具体から全体へと広がりゆく各人の具体的コミットメントの連鎖を意味している。近代日本史の文脈では、石橋湛山らの「小日本主義」や内村鑑三の「小国主義」などが、その普遍的志向性といい、厳しい自己批判と自己相対化の精神といい、パトリア主義の事例として考えられるのではなかろうか。

たとえば、パトリア主義の一事例という観点から内村鑑三の「愛国心」について考えてみよう。これは、本章の概念枠組みでいえば、いわゆる愛国主義と理解するよりは、パトリア主義として認識した方が適切に思えるからである。内村は有名な「イエスと日本――二つのJ」というエッセイで、自分の信仰は「二つの中心をもつ楕円である」とし、次のように述べたことがある。「私は二つのJを愛する。そのほかを愛しない。一つはイエス（Jesus）、一つは日本（Japan）である。……イエスは私を世界人として人類の友たらしめる。日本は私を愛国者たらしめ、それによってしっかりとこの地球に結合せしめる[41]」。

内村は日清戦争の時にはこれを「義戦」として擁護したが、後にそれが「欲戦」であったことを知り、自ら塵灰のなかに深く悔いた。そして日露戦争の時には「小生は日露開戦に同意することを以て日本国の滅亡に同意することと確信」すると述べ、「非戦」を唱えたことはよく知られている[42]。内村の愛国心は愛郷心的なものと国民的独立の尊重を骨子とし、排他的かつ狭隘なナショナリズムや愛国主義と一線を画していたと思われる。

内村は、日本を特別な国として偏愛する態度を「愛国的妄想」として退けた。愛国心が時の為政者に利用され、唱道する人間をも自己欺瞞に陥らせる危険に彼は警鐘を鳴らしたのだった。自国本位の愛国心は、自分のエゴと権力欲を拡大したものだからだ。彼はこの関連で「愛国は悪人の最後の隠れ家だ」というジョンソン博士の言葉、「利己心を拡大したもの、これを愛国心と言う」とのハーバート・スペンサーの警告に同意する。内村によれば、真の愛国心は「世界平和」や「人類愛」や「宇宙の大道」といった普遍的価値に開かれたものでなければならない(43)。ここにはイザヤ、エレミヤなどの旧約聖書の預言者精神が息づいており、国を愛するがゆえにこそ国の不正や虚偽や悪業を徹底的に批判するという思想が貫かれている。ここには自己や自己の属する集団や国家の言動への厳しい自己批判と自己相対化が見られる。

内村の考え方を箇条書きにしてみると、次のようになるだろう。①愛国心は自国の独立、文化と伝統、礼節を尊重する。②他国を蔑視する利己的な狭い愛国心は真の愛国心ではない。③真の愛国心は他国の権利と発展を希望し、国際主義や恒久平和といった普遍性をもった諸価値を擁護する。④真の愛国心は国が誤った方向に向かう時にはノーと言う。内村のこのような愛国心をどのように理解したらよいだろうか。これは、同心円的に拡がっていく普遍性を志向する愛郷心にほかならない。このような愛郷心は、同時に一種の開かれたパトリア主義として理解できないだろうか。というのも、それは個別から普遍に開かれ、自己中心主義を不断に相対化する愛郷心だからである。

このようなパトリア主義は、たとえば地方の住民であり、日本人であり、東アジア人であり、世界人でもあるといった具合に、複合的かつ重層的なアイデンティティーの保持を運命づけられた現代人に適合する面をもっている。パトリア主義とは、各人がたまたま帰属する集団や組織、共同体やアソシエーション、地域や国、リージョン、世界へのコミットメントを示すものだからである。そして普遍志向の愛郷心としてのパトリア主義は、ナショナリズム、愛国心、コスモポリタニズムの保持するポジティヴな要素とも共鳴している。もしこの想定が誤りでなければ、パトリア主義は、これらのイデオロギーや集団意識の逸脱を防止するもの、それらの精神を純化するもの、現代人の集合的アイデンティティーの重層性の基礎になくてはならぬものといえないだろうか。このように開かれたパトリア主義は、現代に生きる多くの人々にとって受容可能で自然な感情であり、今日の世界市民の複合的かつ重層的な集合的アイデンティティーの原基となり、そのように作動する可能性を否定できないであろう。

注

（1）この「パトリア主義」については、千葉眞『デモクラシー』（岩波書店、二〇〇〇年）、一〇八―一〇九頁を参照。

（2）E.g., Yael Tamir, *Liberal Nationalism* (Princeton: Princeton University Press, 1993). 押村高・森分大輔・高橋愛子・森達也訳『リベラルなナショナリズムとは』（夏目書房、二〇〇六年）。David Miller, *On Nationality* (Oxford and New York: Oxford University Press, 1995). 富沢克・長谷川一年・施光恒・竹島博之訳『ナショナリティについて』（風行社、二〇〇七年）。さらに以下を参照。富沢克「ナショナリズム」（古賀敬太編『政治概念の歴史的展開』第三巻、晃洋書房、二〇〇九年）、八三―一〇四頁。施光恒「リベラル・デモクラシーとナショナリティ」（施光恒・黒宮一太編『ナショナリズムの政治学』ナカニシヤ出版、二〇〇九年）、六六―八六頁。

（3）Anthony D. Smith, *The Ethnic Revival* (Cambridge: Cambridge University Press, 1981), p. 1.

（4）Cf., Rita Jalai and Seymour Martin Lipset, "Racial and Ethnic Conflicts: A Global Perspective," *Political*

*Science Quarterly*, Vol. 107. No. 4（Winter 1992-93）, p. 585.

（5）Nathan Gardels, "Two Concepts of Nationalism: An Interview with Isaiah Berlin," *The New York Review of Books*, Vol. 38. No. 19（November 21, 1991）, p. 19.

（6）ナショナリズムに関する歴史主義と近代主義との齟齬については、たとえば以下の著作を参照。また、同書は戦後論壇を賑わせた日本人論を文化ナショナリズムの観点から分析している。Kosaku Yoshino, *Cultural Nationalism in Contemporary Japan*（London and New York: Routledge, 1992）. 吉野耕作『文化ナショナリズムの社会学』（名古屋大学出版会、一九九七年）。

（7）たとえば以下を参照。岡本仁宏「国民」（古賀敬太編『政治概念の歴史的展開』第二巻、晃洋書房、二〇〇七年）、三五―四二頁。姜尚中『ナショナリズム』（岩波書店、二〇〇七年）。

（8）原文は以下の通りである。"Nationalism is primarily a principle which holds that the political and national unit should be congruent." Ernest Gellner, *Nations and Nationalism*（Ithaca: Cornell University Press, 1983）, p. 1. 加藤節監訳『民族とナショナリズム』（岩波書店、二〇〇〇年）、一頁。

（9）E.g., Miller, *On Nationality*, pp. 10-11, 182-183.

（10）Cf., Benedict Anderson, *Imagined Communities: Reflections on the Origin and Spread of Nationalism*（New York: Verso, 1983）, p. 6.

（11）Anthony D. Smith, *Nationalism in the Twentieth Century*（Cambridge: Polity Press, 1996）, p. 1.

（12）Cf., Eugene Lemberg, *Nationalismus*, Teil II（Hamburg: Rowohlt, 1964）, S. 52. Peter Alter, *Nationalism*, trans. Stuart McKinnon-Evans（London: Edward Arnold, 1989）, p. 8. Janna Thompson, *Justice and World Order: A Philosophical Analysis*（London New York: Routledge, 1992）, pp. 147-148. 千葉眞『ラ

ディカル・デモクラシーの地平』、二二四—二二五頁。

(13) Anderson, *Imagined Communities*, pp. 6-11.

(14) Cf., Ernst Kantorowitcz, *The King's Two Bodies* (Princeton: Princeton University Press, 1957).

(15) 千葉眞『デモクラシー』、二八—二九頁。

(16) Alter, *Nationalism*, pp. 28-91. Cf., Ghia Nodia, "Nationalism and Democracy," *The Journal of Democracy*, Vol. 3. No.4 (October 1992), pp. 7-8, 23-24.

(17) Miller, *On Nationality*, pp. 11, 49-84.

(18) Anthony D. Smith, *Nations and Nationalism in a Global Era* (Cambridge: Polity Press, 1996), pp. 154-155.

(19) E.g. I. William Zartman, *Collapsed States* (Boulder: Lynne Rienner Publishers, 1995). Mary Kaldor, *New and Old Wars: Organized Violence in a Global Era* (Stanford: Stanford University Press, 1999, 2001). 月村太郎『ユーゴ内戦——政治リーダーと民族主義』(東京大学出版会、二〇〇六年)。武内進一『現代アフリカの紛争と国家』(明石書店、二〇〇九年)。

(20) Charles Tilly, *The Politics of Collective Violence* (Cambridge: Cambridge University Press, 2003), pp. 226-229. Cf., Charles Taylor, "Notes on the Sources of Violence," in *Beyond Violence: Religious Sources of Social Transformation in Judaism, Christianity, and Islam*, ed. James L. Heft (New York: Fordham University Press, 2004). 高田宏史『世俗と宗教のあいだ——チャールズ・テイラーの政治理論』(風行社、二〇一一年)、一九一—二〇〇頁。千葉眞「政治と暴力——一つの理論的考察」(日本政治学会編『年報政治学——政治における暴力 二〇〇九—Ⅱ』、木鐸社、二〇〇九年一二月)、一一—三

〇頁。

（21）たとえば以下を参照。押村高『国家のパラドクス――ナショナルなものの再考』（法政大学出版局、二〇一三年）、四―五頁。押村は次のように指摘している。「国家を『民族自決の手段』とみる立場から『諸民族の共存の手段』とみる立場へと、発想の転換がはかられたといえる」。同右書、五頁。

（22）千葉眞『デモクラシー』、八四―八五頁。

（23）Hans Küng, *Global Responsibility: In Search of a New World Ethic*（New York: The Continuum Publishing Company, 1993）, pp. 10-11.

（24）もっとも、否定的な意味でも地球社会が運命共同体であることを如実に示した二〇世紀の顕著な出来事は、第二次世界大戦の最終局面におけるヒロシマとナガサキにおける原爆投下（核兵器の出現）であったともいえよう。その後、地球社会は、好むと好まざるとにかかわらず、核の恐怖を共有せざるをえなくなったからである。千葉眞「核兵器出現後の政治」（『世界』第六七〇号、二〇〇〇年一月）、二四三―二五七頁。

（25）原著と訳書は次の通りである。Martha C. Nussbaum with Respondents, *For Love of Country?: Debating the Limits of Patriotism*, ed. Joshua Cohen（Boston: Beacon Press, 1996, 2002）. 辰巳伸知・熊川元一訳『国を愛するということ――愛国主義の限界をめぐる論争』（人文書院、二〇〇〇年）。

（26）Nussbaum, *For Love of Country?*, p. 4. 邦訳書、二〇頁。

（27）Ibid., p. 7. 邦訳書、二四―二五頁。

（28）Ibid., p. 9. 邦訳書、二七―二八頁。

（29）Ibid., p. 7. 邦訳書、二五頁。

（30）Ibid., pp. 11-14. 邦訳書、三〇―三六頁。

（31）Ibid., pp. 32-33. 邦訳書、六三―六四頁。

（32）Ibid., p. 57. 邦訳書、一〇五―一〇六頁。

（33）Ibid., pp. 120-121. 邦訳書、二〇二―二〇三頁。以下をも参照。古賀敬太「コスモポリタニズム」（古賀編『政治概念の歴史的展開』第三巻）、一五六―一五七頁。

（34）E.g., Peter Singer, *One World: The Ethic of Globalization* (New Haven: Yale University Press, 2002). 山内友三郎・樫則章訳『グローバリゼーションの倫理学』（昭和堂、二〇〇五年）。Thomas Pogge, *World Poverty and Human Rights*, second edition（Cambridge: Polity Press, 2008）. 立岩真也監訳『なぜ遠くの貧しい人への義務があるのか――世界的貧困と人権』（生活書院、二〇一〇年）。以下をも参照。古賀敬太「コスモポリタニズム」、一五九―一六三頁。押村高『国際政治思想――生存・秩序・正義』（勁草書房、二〇一〇年）、一八九―二二〇頁。

（35）E.g., Charles Taylor, *A Secular Age*（Cambridge, MA and London: Harvard University Press, 2007）, pp. 159-211. Charles Taylor, *Modern Social Imaginaries*（Durham: Duke University Press, 2004）. 上野成利訳『近代――想像された社会の系譜』（岩波書店、二〇一一年）。また想像上の地球コミュニティからの発想と判断を重視する論点として、以下を参照。小林正弥「地球的コミュニタリアニズムに向けて」（広井良典・小林正弥編『コミュニティ』勁草書房、二〇一〇年）、四九―五七頁。

（36）E.g., Toulmin, *Cosmopolis: The Hidden Agenda of Modernity*. 最上敏樹『国連システムを超えて』（岩波書店、一九九五年）。伊藤恭彦『貧困の放置は罪なのか――グローバルな正義とコスモポリタニズム』（人文書院、二〇一〇年）、二三四―二三八頁。以下をも参照。千葉眞『アーレントと現代』、八六―

八九、一八七—二〇七頁。

(37) 国家主権の概念の見直しと再検討、またはその系譜学については、以下の近著を参照。押村高『国家のパラドクス』、五七—一〇五頁。篠田英朗『「国家主権」という思想——国際立憲主義への軌跡』（勁草書房、二〇一二年）。また、このテーマについて斬新な「境界線の政治学」からアプローチした著書として、以下をも参照。杉田敦『境界線の政治学』（岩波書店、二〇〇五年）。

(38) この点については、たとえば次の啓発的な研究を参照。Maurizio Viroli, *For Love of Country: An Essay on Patriotism and Nationalism* (Oxford: Clarendon Press, 1995).

(39) 岡本仁宏「パトリオティズム（愛国心）」（古賀敬太編『政治概念の歴史的展開』第三巻）、一二八—一三〇頁。

(40) 千葉眞『デモクラシー』、一〇八頁。

(41) 内村鑑三「二つのＪ」（"Two J's"）（『内村鑑三全集』第三〇巻、岩波書店、一九八二年）、五三—五四頁。

(42) 内村鑑三「退社に際し涙香兄に贈りし覚書」（『内村鑑三全集』第一一巻、岩波書店、一九八一年）、四三二頁。

(43) 内村鑑三「愛国的妄想」（『内村鑑三全集』第五巻、岩波書店、一九八一年）、五頁。内村鑑三「我等と彼等」（『内村鑑三全集』第二三巻、岩波書店、一九八二年）、二五〇頁。

# 第六章　現代のコスモポリタニズム

## ――世界の貧困、核廃絶、国連改革

### はじめに

第二次世界大戦後の二〇年間は、世界連邦運動の理論と実践が世界各地の多くの人々の共感と関心を喚起した時代であったといえよう。それから半世紀余りを経た二一世紀初頭の一〇年余りは、学界とジャーナリズムの世界に限られる傾向があるが、ふたたびコスモポリタニズムの議論の興隆が見られ始めた。ただし、現代のコスモポリタニズムの議論は、第二次世界大戦後の世界連邦運動として結晶したコスモポリタニズムと比較した場合、それとはまったく異なった原風景を示している。

現代のコスモポリタニズムに、いくつかの特徴や傾向を見いだすことは可能だが、ここでは四つの特徴ないし傾向を挙げておきたい。第一の特徴として現代のコスモポリタニズムは、現代世界に生きる一員——世界市民ないし地球市民と呼ぼうと呼ぶまいと——としての新しいアイデンティティーの探求を強く自覚している面をもっている。こうした国際社会の一員であるという現代の世界の人々の自覚は、法制的には世界人権宣言（一九四八年）やそれに基づく国際人道法や国際人権法の展開に基礎を置いている。それと同時にこうした自覚は、現代の地球規模の情報化社会の出現といったグローバル化の状況のなかから呼び醒まされたものでもある。地球温暖化などのまったなしの地球環境問題にしても、核兵器廃絶の問題にしても、私たちは運命共同体である「宇宙船地球号」の乗組員であることを日常的に認識しつつ生きているのである。現代のコスモポリタニズムの二つ目の特徴は、第一のそれから派生するものだが、世界規模での権力と富の分配の格差を問題にし、それを解決し克服する道筋を模索するグローバル・ジャスティス（global justice／地球正義、グローバル正義、国際正義、世界正義など、多様な訳語が当てられている）の要請を保持している点である。後に検討するように、ピーター・シンガー、トマス・ポッゲなどの論者たちは、こうした世界の貧困問題との対峙と克服を目指すコスモポリタニズムを展開している。ただし、現代の議論は、少数の例外を除いて、制度的コスモポリタニズムというよりも、基本的には道徳的コスモポリタニズムのカテゴリーにとどまっている。

第三の傾向としては、現代のコスモポリタニズムにおいて暴力・戦争・テロリズムの問題および核兵器廃絶の問題への関心が前面に出ていないという問題がある。(だが、近年、核アナーキーの現実から世界統合論を主張する試みが少しずつ出始めてきた。これは終章で論じたい。)サン・ピエールやカントのコスモポリタニズム、さらには第二次世界大戦直後の世界連邦運動にみられたコスモポリタニズムには平和の制度構想としての面が色濃く出ていた。しかし、現代の一般的展開においては平和の制度構想に代わって地球規模における富と権力の格差の是正としての地球正義の問題へと、コスモポリタニズムの焦点が移ってきた。本章ではその事実を確認し辿りつつも、平和の制度構想の問題、とくに核廃絶の課題をコスモポリタニズムの議論の中心に呼び戻すための予備的作業を試みたいと願っている。第四番目の点として現代のコスモポリタニズムは、世界連邦や世界政府へのこだわりと関心はそれほど強くは保持してはいない。むしろ現代の議論は、コスモポリタニズムのハードな制度構想には比較的無関心であり、実践や政策のレヴェルにおいては地球規模の政策提言にとどまっている。その意味でそれは、既述したように、制度的コスモポリタニズムというよりは、むしろ一般的には道徳的コスモポリタニズムとして認識できる。しかしながら、例外ではあるが、デイヴィッド・ヘルドに見られるように、国連改革の緊急性を唱道する議論も一部にはあり、この点については本章でも取り上げてみたい。こうして本章の課題は、これら四つの特徴ないし傾向を保持する現代コスモポリタニズムの理論と実践を吟味検討することである。

## 1　新しいアイデンティティーとしてのコスモポリタニズム

今日、イギリスの著名な政治学者、デイヴィッド・ミラーは、『国際正義とは何か――グローバル化とネーションとしての責任』(二〇〇七年)を刊行した。この著書は彼の前著『ナショナリティについて』(一九九五年)の続編としての意味合いが強く、リベラル・ナショナリズムの立場から近年の地球正義論のポジとネガとを考察しようとした彼の理論的取り組みを示している。同書は、「ネーションとしての責任」を基本的視座としつつも、グローバル化の進展により責任の共有度を高めている国際社会への正義履行の枠組みと要請について積極的に吟味検討しようと試みている。

ミラーの立論で一つ適切で興味深いのは、今日の議論は「政治的コスモポリタニズム」(国際政治や国際法の枠組みですべての人々の人権を世界市民としての見地から擁護しようとする立場)というよりも「道徳的コスモポリタニズム」のそれであるという議論である。その場合、「道徳的コスモポリタニズム」とは、地球上のどこに住もうと、どの国家に帰属しようと、人間は同一の道徳的法則にしたがって処遇されるべきだという立場として定義されている。[1] そしてナショナリティーの固有の意義を重視するミラーにとって、個々人のナショナルな義務とグローバルな義務との緊張と調停の問題こそ、焦眉の課題として受け止められている。[2] ミラーの道徳的コスモポリタニズムの理解で重要かつ適切なのは、国家や民族、エスニシティーや文化の差異にもかかわらず、この地球上に住むすべての個々人が、人間として同一の道徳的原理と法則によって処遇されるべきだとする新しい共通の意識が芽生え共有されつつある事実の強調である。この新しいアイデンティティーは、世界市民、地球市民、宇宙船地球号の共通の乗組員のそれといった多様な仕方で表現されるであろう。これらの概念を自覚的に避けるケースも少なからずある。いずれにしても、この新しく共有されつつある世界の一員としてのアイデンティティーこそが、現代のグローバル化がもたらした一つの帰結であるといえよう。核兵器問題、地球温暖化などの地球規模の環境悪化の問題、権力と富における持てる国と持たざる国との格差問題、地球規模のテロリズムやジェノサイド（集団殺戮）の問題、和解や人権保護や世界平和への希求、地球規模で猛威を振るう金融資本主義に対する歯止めをどうかけるのかという問題、これらの地球規模の問題群や世界の人々の意識と希求とが、こうした新しいアイデンティティー形成を促していると理解してよいであろう。地球的感覚、実際の感覚では国境がないという意識、これが今日の世界の多くの人々の日常的な「コスモポリタン的見地」を表現している(3)。

一九七二年に刊行されたローマクラブの報告書『成長の限界』は、世界の人々に対して、現代の経済、技術、文化、自然資源と自然環境という多方面で地球規模の危機が深刻化していることを印象づけ、地球規模の意識と制度の変革を求めた。ここに国籍や民族の相違を超えて危機意識において連帯することの要請が、地球の人々に投げかけられたと言ってよいであろう。坂本義和は、日本の場合、人類の共滅と地球の終焉のイメージが喚起されたのは、一九四五年の広島への原爆投下の出来事であったとかつて指摘したことがある。

「このイメージが国家の枠をこえたことは、被爆した詩人峠三吉の『にんげんをかえせ』という言葉に凝集されている。かれは『日本をかえせ』とか『日本人をかえせ』とはいわず、『にんげんをかえせ』といった。島国日本の狭い伝統をこえて、ヒロシマの廃墟から、人類共有の、地球的な『にんげん』の意識が生み出され、これが戦後日本人の新たなアイデンティティのひとつの柱となった(4)」。

このように二〇世紀中葉以降、共通の世界の一員であるという世界市民意識ないし地球市民意識は、人類の滅亡の危機意識ならびに運命共同体としての地球的存在に関する共通意識の深まりなど、数多くの蓄積を通じて形成されてきたのである。行論では後に、核廃絶の問題が喫緊の課題として認識されている現状に鑑み、コスモポリタニズムの意識の源泉にあるこの核廃絶の課題について検討してみたいと考えている。

## 2　世界の貧困の克服をめざすコスモポリタニズム

### カントとロールズ

現代のコスモポリタニズムの議論は、カントから大きな刺激とインスピレーションを受けると同時に、その主流は一種の地球正義論の形態をとっており、基本的にロールズ的リベラリズムを基礎にした立論であるといえよう。それはロールズの正義論の差異の原理に着目し、世界の貧困の克服の原理をそこに探ろうとする試みを示しているからである。こうした試みは、チャールズ・C・ベイツ、トマス・ポッゲ、オノラ・オニールほか、多くの理論家たちの仕事のベースに確認できることでもある。もちろん、ロールズ自身は、正義論を国家システムの枠組みを超えて国際関係の場に適用することには躊躇を示したわけである。しかし、ロールズ的リベラリズムを高く評価した次世代のロールズ主義者たちは、彼の正義論を国際関係の次元に適用することによって、世界の貧困の解決を模索しようとした。その結果、ここに道徳的コスモポリタニズムの議論が生まれることになった。この系譜に立脚する理論家としては後に取り上げるT・ポッゲがつとに注目されているが、その先鞭を付けたのは今では新しい古典と呼ばれることもあるC・C・ベイツ『国際秩序と正義』(*Political Theory and International Relations*, 1979)であった。ベイツはこの啓発的な著作において、カントのコスモポリタニズムを重視し、その基盤にロールズ的リベラリズムを接ぎ木し、さらにロールズの国民国家の枠内という限定を除外することを通じて正義論を国際社会の問題に適用した。その意味でこの著作は、コスモポリタニズムおよび地球正義論の先駆的仕事となった(5)。

同書は、政治理論と国際関係思想や国際政治思想とをなんとか繋げようとする野心的な試みであり、また国際政治理論の可能性を探究する先駆的試図の一つでもあった(6)。ベイツの理論的試みは、ロールズの正義論の知見を一種の国際的配分的正義論として地球的規模の富や権力の格差の問題に生かすことであると同時に、カントのコスモポリタニズムのモチーフを継承するものでもあった(7)。こうしてベイツは、自然資源の配分における不公正、収入と富の格差、飢饉や飢餓、自然環境の悪化などの一連の地球規模の問題を、非介入の原則と自己決定の原則の尊重、国際的配分的正義の実現を通じて解決する基本的枠組みを提示しようと試みたわけである。(8)

既述したミラーの『国際正義とは何か』(二〇〇七年)は、彼の近年のリベラル・ナショナリズムの立場から地球正義論のポジとネガとを考察しようとした理論的取り組みにほかならない。ミラーは、道徳的コスモポリタニズムの立場に立ちつつ、富と権力と機会における地球規模の巨大な不平等・不正義の問題を喫緊の課題として提示している。このグローバルな巨大な不平等の問題に対して、ミラーは、「結果責任」(outcome responsibility/私たちの行動によって帰結する損益についての責任)と「救済責任」(remedial responsibility/それが可能であれば被害や苦痛を取り除く責任)という二つの責任概念を提起し、個々の世界市民というよりはネーションとしての責任の履行の仕方を問題にしている。さらに注目すべきは、ミラーが人権に基づいたグローバル・ミニマム論を展開し、人権ミニマリズム論および重なりあう合意論の見地から基本的人権とシティズンシップの諸権利とを区別しつつ、基本的人権を最小限に規定して保護しようと試みている点である。彼はこうした見地から難民や移民問題への足がかりを得ようとしているが、ナショナルな自己決定を重視する立場に立脚しているからか、残念ながら具体的な原則や施策の提示には至っていない。(9) ミラーは、世界の貧困者への責任の問題を取り上げ、その関連でP・シンガーの救済の道徳的義務の徹底化(彼の用語では「救済責任」を問題にしている)の議論を批判的に吟味している。ミラーはそこに性急な心情倫理的な危うさを感知し、むしろ世界の貧困の解決は「結果責任」の枠組みで解決することを提言している。ミラーはさらに、T・ポッゲによる国際秩序の「結果責任」を重視する議論にも疑義を呈している。彼が最終的に主張しているのは、国際秩序と富裕な国々の政府と市民とが、「救済責任」と「結果責任」の双方の観点から地球正義の履行を行うことであり、それには多種多様な要因を考慮に入れなければならない、ということである。[10] ミラーの結論は、明快さと具体性ということからは程遠いものとなってしまっており、彼が批判するポッゲは、GRD（global resources dividend/地球資源配当税）を提起しているが、このような具体的な救済措置や政策的対応を一切示していない。

このことは、ナショナルな義務とグローバルな義務との緊張と調停というミラー自身が本書で提起した困難な課題に対して、彼自身、いまだに十全かつ具体的には答えていないことを意味しているのではなかろうか。しかしながら、ナショナルな自己決定の要請と地球正義の要請とのあいだに適切な調停の橋を架けるという課題そのものが、今日の地球正義論にとって難題中の難題であることは否定しがたい。本書に示されたミラーの苦渋に満ちた理論的営為は、この峻厳な現実を如実に示しているように思われてならない。

### ポッゲの地球正義論

この関連でT・ポッゲの地球正義論は、その立論の射程の長さといい、問題関心の深さと鋭さといい、具体的な解決にむけた政策提言への強い意志といい、注目に値する。しかも、ポッゲは、ロールズの義務的正義論、なかんずくその格差原理の地球規模での適用のみを行っているわけではない。彼はさらに、実質的価値としての地球規模の社会正義論およびコスモポリタン人権論として地球正義論を展開しようと試みている。こうした点にこそ、彼の地球正義論の独自の論点と特質を確認することができる。

今日、世界は一二億を超える人々が一日一ドル以下で暮らし、世界人口の二〇パーセントの富裕な人々が世界の全収入の八〇パーセント以上を得ているという社会的・経済的格差のなかにある。こうした現代世界の富んだ国々と貧しい国々、富裕者と貧窮者との格差の拡大を問題視し、こうした構造的暴力こそ現代世界の最も深刻な問題の一つであるというのが、ポッゲの立論の出発点であった。富裕な一部の国々と人々は、地球のある特定の地域とそこに住む人々に対して貧困を強いるような社会条件を作り上げることによって、世界の貧困という途方もない苦境をもたらしている。[11] これが、彼の地球正義論の大前提を作り上げている認識であった。ポッゲはさらに言葉を足して、私たちは地球の貧窮者たちに「危害を加えている」のであり、人類への罪――最も深刻なものでないとしても最大のものの一つ――に加担していると主張する。ヒットラーとスターリンは、私たちの政治的指導者よりははるかに悪質であったが、人々への危害や殺害という点では、今日の世界の餓死者が年に一八〇〇万人にも上る現代世界の貧困問題に比べれば、被害者はそれよりも少なかったとされる。[12]

ポッゲの主著は『世界の貧困と人権』（第一版二〇〇二年、第二版二〇〇八年）であるが、そこで彼は自分の立場を「人権に基礎をおいた制度的コスモポリタニズム」として規定している。[13] この表現にポッゲのコスモポリタニズムの特徴がものの見事に表現されているが、彼はどのようなコスモポリタニズムであっても、それを構成している三つの要件があることを指摘する。つまり、①個人主義、②普遍性、③一般性である。①個人主義の原理は、個人ないし一箇の人格が、コスモポリタニズムの関心の究極的単位であり、家系、部族、人種的・文化的・宗教的共同体、民族、国家という集合的存在様式よりも優位に立つことを意味している。②普遍性の原理の含意するのは、関心の究極的単位の個人とはすべての生存している個々の人間であり、男性、貴族、アーリア人種、白人、イスラーム教徒といった人間のサブ・カテゴリーを超えて平等に処遇されるということである。③一般性の原理は、関心の究極的単位の個人が単に同胞や同じ宗教の信徒同士に限定されることなく、万人の意味であることを含意している。[14]

こうした三つの基本原理から構成されるコスモポリタニズムには、実際には主として三つのアプローチがあると指摘される。それらは①道徳的コスモポリタニズム、②法的コスモポリタニズム、③制度的コスモポリタニズムである。[15] ①道徳的コスモポリタニズムは、ミラーの場合と同様に、万人が相互に道徳的平等の関係において存在し、相互の立場と地位を道徳的関心の究極の単位として尊重することを要請するアプローチである。次に②法的コスモポリタニズムであるが、これは万人がある種の普遍的共和国の構成員であることを想定し、万人に同等の権利と義務の所持を要請するアプローチにほかならない。③制度的コスモポリタニズムは、主として①道徳的コスモポリタニズムから派生するが、同時に②法的コスモポリタニズムにも基礎づけられている。③制度的コスモポリタニズムはとくに、社会正義の特定の基本的諸原理を要請し、万人の人権を平等に保障することにその特質をもっている。しかし、ポッゲは、たとえば「集権的な世界国家という理念」には懐疑的であり、[16] むしろ人々の忠誠心と献身とは、一定の集権的な世界国家に集約されるのではなく、また自分の属する国家に限定されるのでもなく、むしろ近隣、町、郡、州、国家、リージョン、世界全体といった諸単位に分散することが好ましいと述べている。人々は、自らの政治的アイデンティティーの道標として、上述のいずれかの単位に還元されてしまうことなく、これらの単位のすべてを自分たちの政治的故郷としなければならない、とポッゲは主張する。[17]

**「地球資源配当税」（GRD）**

ポッゲの議論で興味深いのは、「積極的義務」と「消極的義務」との区別である。積極的義務とは「私たちが苦境にある諸個人を救うという義務」であり、他方、消極的義務とは「不正を支援しない、つまり、他者の不正な貧窮化に寄与することやそこから利益を得ることをしないという義務」である。[18] ポッゲは積極的義務の意義を決して軽視するわけではないが、現状においてより重要なのは消極的義務の要請をより深刻かつ厳格に受け止めることであると主張する。[19] 彼は北の富裕な諸国による南の貧困な諸国に対する「危害」を最も深刻に問題視するのであり、そこからは慈善の意識が偽善的な装いに変質しやすい積極的義務の履行よりも、厳格な消極的義務の履行をより重視するという論点が導出されてくるのである。

こうした制度的コスモポリタニズムの視点からポッゲは、地球規模の経済的格差を是正するために

「地球資源配当税」（ＧＲＤ）を要請している。富と権力の格差を生み出し、世界の南の多くの国々の人々を恒常的な貧困に貶めている現在の地球規模の経済的秩序を改変することは、急務である。その改革のための一つの方策として、ポッゲは自然資源の調達と使用に対して富裕な輸入諸国に課税し、最も貧困な地域の経済発展を促すためにその税収をあてがおうと提言する。この政策提言の背後には、自然資源を切り売りせざるをえない南の国々の貧窮者たちは、彼らが使用せずに売却せざるをえない有限な自然資源の価値の一部に対して「一定の不可譲の持ち分（stake)」を所持しているという発想がある。こうして「地球資源配当税」からの収益によって、最貧窮者層も自分たちの基礎的ニーズを辛うじて満たすことが可能になる。「地球資源配当税」の導入は、南の国々の貧窮者たちに対して奪取された自然資源の価値への公正な配当を保障するだけでなく、同時に自然資源の保全のためにも効力を発揮するにちがいないと指摘されている[20]。ポッゲは、同書の末尾で次のように「最後の言葉」を語っている。

「世界の貧困は、私たちが考えてきたよりも、はるかに大きな問題であると同時に、はるかに小さな問題でもある。世界の貧困によって、この世界に生まれ落ちたあらゆる人の三分の一に相当する人々の命が奪われている。そして、世界の貧困の根絶に必要とされるのは、地球規模の生産力のわずか一パーセントにすぎない[21]」。

このようにコスモポリタニズムの観点から富と権力の構造的格差の問題に肉薄するアプローチの主流

には、シンガーやポッゲに代表される地球正義論がある。しかし、その他の興味深いアプローチとしては、たとえばアマルティア・センやマーサ・ヌスバウムの「ケイパビリティー・アプローチ」やクリスティン・スィプノウィッチの「人間の開花繁栄（human flourishing）アプローチ」もある。前者のケイパビリティー・アプローチは、必ずしもコスモポリタニズムの視座を色濃く保持しているわけではない。しかしそれは、ポッゲの地球正義論を、人々の民主的エンパワーメントという視座から、行為主体論的に補完する側面を保持しているであろう。[22] そしてスィプノウィッチは、カント的展望やロールズ的リベラリズムとは異質な観点から、「人間の開花繁栄」の平等化という概念を駆使する。そうすることで彼女は、経済秩序における富と権力との構造的不平等を克服しようと試みると同時に、他方、各国の政治文化の特質の尊重にも十分な配慮を示している。[23] 地球正義論は今まさに進行形の議論であり、その議論の行く末は、将来の世界におけるコスモポリタニズムの理解に対しても、また連邦主義の制度構想の展開に対しても、貴重な光を投じる積極的な可能性を保持している。

## 3　核兵器出現後の政治と核廃絶の課題

### 核廃絶とコスモポリタニズム

現代のコスモポリタニズムの議論においてきわめて残念であり、また致命的に欠如しているのは、核兵器出現後の政治と世界秩序のあり方に関する掘り下げである。核廃絶の問題は、北朝鮮やイランによる核兵器開発を梃子とした威嚇の政治をはじめ、アメリカのバラク・オバマ大統領によるプラハでの二〇〇九年の核廃絶の演説など、今日の国際政治の最先端に位置づけられている争点の一つでもある。しかし、現代コスモポリタニズムにおいてはこの核廃絶の問題を正面から取り上げようとする試みは、終章で扱う近年のいくつかの例外的事例以外にはほとんどない。これはいったいなぜなのだろうか。

本節では現代コスモポリタニズムのこの不備を補いつつ、コスモポリタニズムの視点からこの核廃絶の問題をどのように考えていくべきか、若干の予備的検討を行っておきたい。

今日、連邦主義やコスモポリタニズムの潜在的意義を考察する際に、二〇世紀中葉に地球に出現した核兵器の衝撃と意味とを取り上げる必要を痛感するのは、筆者一人の思い込みではないであろう。初めに四人の思想家の言葉を掲げておきたい。核兵器問題を考察するために貴重な材料を提供していると考えるからである。

A「……近代（the modern age）は、現代世界（the present world）と同一ではない。科学的には一七世紀に始まった近代は、二〇世紀の初頭に終焉を迎えた。政治的には私たちが今日生きている現代世界は、最初の原子爆弾の炸裂でもって生まれ出た[24]」。――ハンナ・アーレント

B「彼（現代人）はアルキメデスの点を発見したが、それを用いたのは自分自身に敵対してであった。ただこのような条件のもとでのみ、それを発見することが許されたようにみえる[25]」。――フランツ・

カフカ

C「原子核から放出される巨大な力は、私たちの思考様式以外のすべてのものを変えてしまった。私たちは、今こうして、未曾有の破局にむかって漂流しつつある。……人類が生存していくためには、新しい思考様式が私たちに要請されている[26]」。――アルベルト・アインシュタイン

D「一九四五年のヒロシマの出来事は、人類の歴史の性格を根本的に変えてしまった。私たちの時間は有限な時間となった。私たちが存在している時代は、人類の最終の時代であるといえよう。というのも、私たちは、人類の終わりがいつもたらされても不思議でない時代に生きているからだ[27]」。――ユルゲン・モルトマン

これら四人の思想家の言葉は、文脈も、意味合いも、それぞれ異なった次元で発せられたものだが、しかし直接間接に原子力の発見と核兵器の出現という二〇世紀の出来事との関連で味読する時に、新たな意味内容を帯びたものとして浮き彫りにされてくる。アーレントの言葉Aによれば、政治的に近代は第二次世界大戦までにはすでに終わっており、ヒロシマへの原爆投下をもって現代世界の幕が切って落とされた。

ところで現代世界とはどういった世界なのか。アーレントの理解するところによれば、近代自然科学

の発展は、宇宙への飛来と核兵器の発明を可能にしただけでない。そこに生み出された質的に新しい「普遍／宇宙科学」（universal science）は、地球の外部に「アルキメデスの点」を発見した。その結果、人類は「地球を自然界とは無縁の力に曝し」、「自然のなかに宇宙過程を引き入れる」ことによって、自分たちの処理能力を超えた事態に直面するようになった。[28] アーレントは、こうした現代科学と技術の「アルキメデス的プロジェクト」を、ギリシア神話に出てくるあのシシュフォスの際限なき徒労のイメージで捉えている。つまり、このプロジェクトには、新たな「アルキメデスの点」の際限なき探索を無限に繰り返していく、なかば宿命的なものが見られるのである。

アーレントは、上記のフランツ・カフカの言葉Bを、現代人が直面するこうしたアポリア（難題）を予見したものとして認識したように思われる。すなわち、現代人は、新しい「普遍／宇宙科学」を媒介にして「アルキメデスの点」を獲得した。この「アルキメデスの点」とは、言うまでもなく核兵器の出現や原子力の利用に見られる原子核から引き出される巨大な宇宙的な力のことである。カフカによれば、現代人はこの「アルキメデスの点」を発見し獲得したが、それを用いたのは「自分自身に敵対する」（gegen/against）仕方においてであった。これは、ヒロシマ、ナガサキ、チェルノブイリ、フクシマの出来事を背景に考えた時に、納得のいくことである。

アルベルト・アインシュタインの言葉Cに含意されているように、原子力の発見と核兵器の出現のもたらした歴史的変化は深甚であり、人類史における一つの画期的な転換点であったとさえいえよう。しかし、アインシュタインが示唆しているように、人間の思考様式だけは旧態依然としたままであり、旧式の価値観とライフスタイルのまま、何事もなかったように私たちは生きてしまっている。この問題と正面から取り組んだ発言をしているのが、上記の言葉Dの著者である現代ドイツのプロテスタント神学者ユルゲン・モルトマンである。モルトマンは、いくつかの論考で、アウシュヴィッツ、ヒロシマ、ナガサキの出来事の後、人類の歴史は質的に新たな段階に突入したのであり、神学も哲学も倫理学も、政治学も法学も、適切なものであり続けるためには、新しく組み替えられ、新しい思考様式へと脱皮する必要があると主張している。

現在、人類は、核兵器（何十回となく地球を破壊することが可能な技術）と原子力発電（事故が起これば、何千年ないし何万年単位で地球を放射能汚染することがありえる技術）という「アルキメデスの点」を自分の手に所有した。これらの技術は、説明するまでもなく地球の生存を危うくする危険性を備えたものであり、悲劇的な運命性を保持している。こうした状況下において、コスモポリタニズムと連邦主義的構想は、どのような具体的な政策提言や制度構想を提起できるのだろうか。

二〇〇九年四月五日にチェコのプラハで、アメリカのオバマ大統領は、核廃絶を要請する演説を行って、世界の注目を集めた。この演説においてオバマが強調したのは、唯一の核兵器使用国アメリカは、その深刻な反省の下に世界の先頭に立って核廃絶を国際社会に働きかけていく必要があるという主張であった。この演説が契機となって、オバマ大統領は二〇〇九年一二月一〇日にノーベル平和賞を受賞している。こうしたオバマ大統領の「核兵器のない世界のヴィジョン」は、米ロのあいだに新ＳＴＡＲＴ条約（新戦略兵器削減条約［二〇一〇年四月八日］）の締結を促し、戦略核弾頭の三分の一の削減の合意をもたらした。G・シュルツ、W・ペリー、S・ナン、H・キッシンジャーほか、二〇名を超えるアメリカの元高官がそれを支持し、M・ゴルバチョフ旧ソ連元大統領やロシアのD・メドヴェージェフ大統領も賛意を表明した。(29) しかし、このようなオバマ大統領の価値観や確信に基づいた政策にもかかわらず、一過性のエピソードに終わる危険性もある。現実のアメリカは外交上も軍事政策上も核廃絶については曖昧な態度に終始している。アメリカ政府はむしろ、ここ二〇年余りを振り返ってみても「核不拡散条約」(NPT)の骨抜きを計ってきたのであり、一九九五年五月、国連総会においてこの条約の「無期限延長」を決めた際にも、懸案の五大核保有国(アメリカ、ロシア、イギリス、フランス、中国/これらの五ヶ国は同時に安保理の常任理事国である)への「期限付き核廃絶」の条件は採択されなかった。もちろん、アメリカのこうした立場は、イスラエル、インド、パキスタン、北朝鮮、イランと続いてきた核拡散ないし核拡散疑惑へのさらなる動きと脅威を警戒した結果でもあり、微妙な核兵器政治の余波としての意味合いもある。しかし、国連主導のNPT体制は、現在、核保有諸国の思惑とそれを支持する取り巻きの国々のゆえに、すでに「機能不全」ないし「死に体」の状態に長らく甘んじている。

### 核兵器問題への日本政府の対応

日本政府は、もともと国連に加盟した際には、国内の強い世論にも促されて、核兵器の脅威を世界に訴える立場に立った。一九五七年、第一二回国連総会において、当時の藤山愛一郎外相は、ヒロシマとナガサキの悲惨な被爆経験を有する日本政府としては、全人類にむかって人道的見地から核廃絶の方法を提示する義務があると言明した。さらに一九六一年、第一六回国連総会における初めての核兵器使用禁止決議に際して、日本政府代表は、多くの西側諸国に反対して賛成票を投じた。核実験を含む核兵器使用禁止のスタンスこそ、一九六〇年代初めまでの日本政府の公式かつ明確な立場であった。実際、核実験反対や核軍縮を求める日本政府の立場は、一九九〇年代半ばまでは辛うじて保持され、その頃、決議案「核兵器の究極的廃絶にむけた核軍縮」を国連総会に数次にわたり提出している。

ところがその後、日本政府の外交方針は、次第にアメリカ政府の方針への追随という今では見慣れたシナリオに従うものとなっていった。したがって核兵器使用の問題に関しても、アメリカ政府の意向に逆らわないような立場に立脚するようになる。こうして近年は、国連総会などの決議の際にも、第三世界の国々を中心にして組織された非核同盟諸国による核軍縮や核廃絶の提案に対しても、日本政府は「棄権」という形で逃げるのが慣行となってしまった。そしてその後も日本政府は、純粋に法的視点からいえば、核兵器の使用は今日の実定国際法に違反するとまでは言えないという前提に依拠しており、国際政治の現実のなかで核兵器の使用の違法性を明白に主張することはなくなった。現在、日本政府の立場は、明白に核抑止論に立脚しており、核軍縮や核廃絶にむけてのリーダーシップを十分にとっていないだけでなく、むしろ逆にアメリカを始めとする五大核保有国への批判や弾劾を和らげるバッファーとしての役割を忠実に果たすということになってしまっている。日米安保体制下にあってアメリカの核の傘の下にいるという否定しえない現実が、核兵器問題への日本政府の対応に微妙な影響を及ぼしている。

こうした日本政府の対応との顕著なコントラストにおいて、日本の市民社会は長らく核廃絶の立場に依拠し、とりわけ、広島と長崎からは被爆国として戦後日本の原点としての核廃絶の主張を繰り返し世界に発信してきた。二〇一三年八月九日「長崎原爆の日」に田上富久長崎市長は、核廃絶こそ、被爆国日本の原点であり、日本政府にその原点に立ち帰ることを強く要請した。この関連で注目したいのは、同年四月にジュネーヴで開催された核不拡散条約再検討会議準備委員会における日本政府の対応を田上市長が強く論難したことである。この準備委員会では南アフリカなどが中心になって核兵器の非人道性を訴える共同声明を準備したが、八〇ヶ国が賛同するなかで日本政府は署名を拒否し、賛同しなかった。田上市長は、こうした対応を被爆国としての日本の核廃絶の原点に反すると批判したわけである。(しかし、田上市長のアピールや世論に押されてか、日本政府は翻意し、一〇月の共同声明には賛成票を投じた。) 同時に注目したいのは、この年の広島と長崎の記念式典に参加した社会派の映画作品で著名なオリヴァー・ストーン監督のコメントである。彼は、広島の記念式典で安倍首相が「核兵器の惨禍が再現されることがないよう、非核三原則を堅持しつつ、核兵器の廃絶に、また、恒久平和の実現に、力をおしまぬことをお誓いします」と言った言葉に不信感をいだき、次のような違和感を述べた。「よくできた式典だった。日本人の良心を証明するような式だった。……しかし、今日そこには多くの『偽善』もあった。『平和』そして『核廃絶』のような言葉が安倍首相らの口から出た。でも私は安倍氏の言葉を信じていない[30]」。

## 世界の核廃絶への動き

さてこうした状況下で核軍縮を実現し、最終的には核廃絶を勝ち取るためにどのような政策提言や制度構想がありえるだろうか。第一にこれまで核兵器使用を明文で禁止した非核地帯条約がいくつかあるが、これをさらに広げていく試みは大事である。「南極条約」（一九六一年発効）、「ラテン・アメリカおよびカリブ核兵器禁止条約」（通称、トラテロルコ条約、一九六八年発効）、「南太平洋非核地帯条約」（ラロトンガ条約、一九八六年発効）、さらに「東南アジア非核地帯条約」（バンコク条約、一九九七年発効）、「アフリカ非核兵器地帯条約」（ペリンダバ条約、二〇〇九年発効）などである。たとえば「ラロトンガ条約」は、オーストラリア、ニュージーランド、フィジーなどの南太平洋諸国の一三の国と地域（自治領）によって批准されたが、第三条（a）において「南太平洋非核地帯の内部または外部のいかなる場所においても、いかなる手段によっても核爆発装置を製造せず、またはその他の方法で取得、所有もしくは管理しないこと」と規定している。これらの核兵器の製造や使用を明文で禁止した条約は、たしかに当事国のみを拘束し、また適用領域も一部の地域に限定されている点で限界がある。この事実は同時に、地球全体において「核兵器使用の違法性」を国際法的に根拠づけるものではないことを意味している。しかしながら、これらの地域的な非核兵器地帯条約が積み重ねられることによって、地球全体の非核化への運動を拡充していくことが期待される。日本の場合には、現在の第二次安倍内閣の消極姿勢にもかかわらず、また中国と北朝鮮の根強い反対が予測されるなかで困難ではあるが、東北アジアにおける「非核兵器地帯条約」（ＮＷＦＺ）の締結にむけた外交努力が急務であるといえよう。

これらいくつかのリージョンにおける一連の非核兵器地帯条約のほかにも、諸種の国連決議や宣言は、核兵器使用の禁止を謳う規定を保持している。たとえば、一九六一年の「国連総会決議一六五三（XVI）」の第一項では、核兵器使用が「国連憲章への明白な違反」であり、「人類と文明に対する犯罪である」との有名な文言を記載している。もう一つの事例を挙げれば、一九七二年の「ストックホルム宣言」は、第二六原則において「人とその環境は核兵器その他すべての大量破壊の手段の影響からまぬかれなければならない」と規定している。たしかにこれらの宣言や原則が、ただちに実定国際法の法源にはならないであろう。しかしながら、核兵器の使用は、攻撃目標を軍事要員と軍事施設に限定することを要求している戦時国際法、またいかなる人に対しても不必要な苦痛を与えることを禁止する国際人道法、さらには地球環境に重大な悪影響を与える一切の行為を禁止する国際環境法とは決して適合することはありえない。そうすると、上述のいくつかの法原則に違反しないで核兵器を使用することは不可能ということになる。

最後に「包括的核実験禁止条約」（CTBT）は一九九六年九月に国連総会で採択され、日本を含む一五七ヶ国が批准しているが、イスラエル、インド、パキスタンは署名すらしておらず、またアメリカ合衆国、イラン、エジプト、中国、北朝鮮の五ヶ国も批准を拒否しており、発効要件をクリアーしていないため未発効である。この条約の発効は、地球規模の核廃絶を実現するための不可欠な第一歩であり、緊急の課題となっている。

さらにもう一つ重要な問題として、ここにきて瀕死の状態にある「核不拡散条約」を何とかして実効性のあるものとしていくことが急務であることは明白であろう。これも、既述したように、無期限延長を決めた一九九五年に五大核保有国への「期限付き核廃絶」の条件が付帯されないまま終わった。また、近年になって核兵器の保持に至ったと思われるイスラエル、インド、パキスタン、北朝鮮、イランなどの国々に対する対応も、今なお十全には策定されていない。NPT体制に実効性をもたせるためには核保有国への核廃絶へのロードマップと期限を定めた規定の導入、原子力の平和利用規定（NPT第四条）の見直し、新しい核兵器廃止条約の制定およびそれとのNPT体制の連携など、一段と進化させる改革が必要である。近年の国連の権威と力の低下は、アメリカが主導したアフガニスタン戦争やイラク戦争を止めることができなかった事実にも明白に示されているが、NPT体制の骨抜き化もそうした好箇の事例である。このこともまた、国連改革の不可避性を示す問題となっている。

## 4　緊急課題としての国連改革

### 現代コスモポリタニズムとその制度的関心の欠如

第二次世界大戦直後の世界連邦や世界政府を探求した世界市民の運動と、他方、餓死や飢餓や貧困に苦しむ世界の五分の一にも上る人びとの窮状の改善を模索する現代コスモポリタニズムとのあいだには、あまり接点がない。というのも、現今のコスモポリタニズムの理論家と実践家は、集権的で単一構造を保持する世界国家や世界政府には一般的に否定的だからである。一つには世界の貧困やテロリズムの脅威の克服は、主権的国民国家と市民社会のイニシァティヴ、国連諸機構、国際非政府組織（NGO）に依拠して行おうとする傾向が見られる。

二つ目の理由としては、そのような強権的世界国家（リヴァイアサン国家）への恐怖と不安の心理が強く働いていることを指摘できるであろう。たとえば、脱集権的な連邦主義やコスモポリタニズムに依拠するアイリス・M・ヤングも、単一の主権的政府としての世界国家の構想については、他の多くの論者と「恐れと懐疑」を共有すると述べていた[31]。こうして今日のコスモポリタニズムの理論家たちは、欧州連合の事例にみられるように、各リージョンにおける国家連合への歩み寄りについては多少その可能性と意義を認めている。しかし、世界連邦や世界政府については、一部の例外を除いて（たとえばアレクサンダー・ウェント。彼の議論は終章で取り上げたい）、上述の現代的状況や共通の意識もあって、不可能と見られるか、あるいは危険と見なされるかで、あまり踏み込んだ議論はされていない。

ミラーもまた、既述したように政治的コスモポリタニズムよりも道徳的コスモポリタニズムをより高く評価する。たしかに彼もかつては世界国家や世界連邦という強固な制度的枠組みを求める運動もあったことを承認する。しかし彼は、今日の世界の諸国間に横たわる文化的差異の巨大さを指摘し、また集権的な世界機構が効果的な民主的統制に服することの困難さを挙げて、政治的コスモポリタニズムの強固な制度化に反対している。さらにベイツも、ミラーのいう道徳的コスモポリタニズムに基本的にとどまり、彼の国際的配分的正義論は必ずしも「世界連邦主義」や「世界秩序」といった普遍的な政治的プログラムを含意しないことを指摘した[32]。このことは、ベイツ自身、道徳的コスモポリタニズムと政治的コスモポリタニズムとの距離感を大事にし、両者の安易な融合を非現実的なものとして退けたことを示唆するであろう。こうした傾向は、すでに一九六〇年代末以降、規範的な世界秩序のヴィジョンを追求する国際共同研究プロジェクトとしていくつもの貴重な提言を提示してきたＷＯＭＰ（World Order Models Project／世界秩序構想プロジェクト）においてすでに明らかであった。坂本義和の指摘によれば、この組織の創始者ソウル・メンドロヴィッツは、世界連邦志向の色彩が強かったが、その中心的なメンバーであったヨハン・ガルトゥング、リチャード・フォーク、ラジュニ・コタリ、アリ・マズルイなどは、むしろ制度論的アプローチには懐疑的であったとされる。(33)

## ヘルドのコスモポリタン民主主義

コスモポリタン民主主義の立場から制度論的に現代の国連改革のテーマに持続的に正面から取り組んできたのは、やはりデイヴィッド・ヘルドをおいてほかにいない。(34)そこでヘルドの議論をここでは検討しておきたい。ヘルドの無数の著作のなかで、上述の問題に正面から向き合おうとしたものとしては、以下の著作がある。主著の部類にはいる『民主政の諸類型』（第二版、一九九六年）、『デモクラシーと世界秩序』（一九九五年）、さらに論考「コスモポリタン民主主義と地球秩序」（一九九七年）、『コスモポリタニズム』（二〇一〇年）などである。ここではこれらの著作を参考にしながら、大規模な国連改革を前提としたヘルドのコスモポリタン民主主義の制度論を検討したい。

まずヘルドは、現代世界の大きな特徴であるグローバル化の現実から出発している。グローバル化とは、人々の組織と活動の空間形態が、活動と相互作用および権力行使の点で、大陸とリージョンを超えて営まれる類型へと移行してきたことを意味する。こうしたグローバル化の進んだ世界の現状において、彼は一方において、多国籍企業の影響力の拡大やG7の役割とリーダーシップの増大などに依拠した地球規模の「権力の漸次的集中」が強化されてきたと指摘している。しかし、他方で彼は、国家、リージョン、地球全体のネットワークを構築する形でデモクラシーを拡大していく動きも同時に観察できると主張する。[35] 国連システムの統治能力とアカウンタビリティーの強化、欧州連合のようなそれぞれのリージョンの地域統合を基盤として、そこからコスモポリタン民主主義をどのように強化し、発展させていくかという課題が生じる。[36]

コスモポリタン民主主義の立場をとるということは、ヘルドによれば、新しい地球規模の政治制度の構築に歩を進めるということでもある。従来の諸国家間の国際的共存を模索しつつも、同時に地球規模で相互に関連の強い事柄、さらにはそれぞれの国民国家のコントロールに収まらない事柄については、これまで以上に踏み込んで地球規模の連携と協力を実現できる制度構築が必要になってくる。そのための具体案としてヘルドが示しているのは、『民主政の諸類型』第一〇章の段階では、広域リージョン議会（たとえばラテン・アメリカ、アフリカ、ヨーロッパなど）の設置、地球規模の争点に関しては国家を超えた仕方で各リージョンを代表する選挙民によるレファレンダム、世界のすべての人の市民的・経済的・社会的権利の保護と義務の明確化を求める基本法の制定、諸種の国際裁判所の権限強化などである。これらは国連の大規模な改革によってのみ可能となると指摘している。[37]

国連改革の内実に関してはいくつかの著作や論考でかなり詳細に議論しており、その検討は必須であるが、その前にヘルド自身、コスモポリタニズムをどのように理解しているのかについて一瞥しておきたい。その好箇の文献は近年の著作『コスモポリタニズム』（二〇一〇年）である。同書ではコスモポリタン民主主義の前提である「グローバル化」への対応についてもさらなる具体的な議論が見られる。ヘルドは、三つの中心的課題として①地球の共有（気候変動、生物多様性と生態系の破壊、水不足）、②人類の生存（貧困、紛争防止、グローバルな伝染病）、③規則集の整備（核拡散、有害廃棄物の処理、知的財産権、遺伝子研究のルール、貿易ルール、金融と課税のルール）を挙げている。[38]古代のストア派の世界市民の理念、近代のカントの理性の公共的使用に基づく世界市民や平和連合の理念を背景として、[39]現代のコスモポリタニズムは三つの鍵となる見地に立脚している。それらは、①平等主義的個人主義、②相互承認、③公平主義的（impartialist）な推論である、とヘルドは指摘する。[40]ここからさらに彼は、コスモポリタニズムの八つの原則を次のように定式化している。それらは、①各人の平等な価値と尊厳、②各人の能動的主体性、③各人の人格的責任とアカウンタビリティー、④同意、⑤公共の事柄に関する投票手続きによる集団的決定、⑥包括性と補完性、⑦深刻な危害の除去、⑧持続可能性である。[41]これらのコスモポリタニズムの理念と諸原則は、今日の世界では国際法の諸規程、ユネスコ、ユニセフ、世界保健機関（WHO）などの国際組織、またグリーンピース、アムネスティなどの国際NGOの政策やプログラムにおいて実現されている面があり、国際人権レジームや国際環境レジームの起点とすべきであると認識されている。

さらに二〇世紀の二つの世界大戦後、国連の創設、欧州連合の成立、国際的な人権レジームと環境レジームの登場、ICC（国際刑事裁判所）の設置という仕方で、巨視的な歴史的展望においてはコスモポリタニズムの進展は制度面においても確認できる。しかしながら、ヘルドも指摘しているように、国際政治や国際法の現実、国連の実際の言動において、現実は各国の国家主権、とりわけ主要な大国の主権行使が、強力な位置づけを有している。つまり、コスモポリタン民主主義は、周知のように、今日の実際の国際関係において致命的な「制度上の赤字ないし欠損」（institutional deficit）をかかえ込んでいる。[42]

### 世界市民法制定の提唱

こうした状況を打破するために、ヘルドは世界市民法（コスモポリタン法）の制定を提唱している。これは国内法、国際法と並んで第三の地球規模の法体系である点で、カント自身の世界市民法を想起させるし、第二次世界大戦後の世界連邦運動の提唱者たちの世界法の再来の議論のようにも聞こえる。後者の世界法の提唱は、国連システムと国際法体系では各国の国家主権に基づく行動や政策を抑制できず、一歩ふみ込んだ仕方で地球規模の喫緊の課題に世界の諸国が連携して取り組むことを可能にすると同時に、世界市民各人の人権を直接的に擁護する役割を果たすという意味合いが含まれていた。ヘルドはこうした第二次大戦後の世界連邦運動に由来する世界法に言及することはほとんどないが、彼の提唱にはその問題意識が引き継がれているように思われる。

まず世界市民法は、各国の国家主権の相対化と再定式化を国際関係、リージョン、国家、地方のすべてのレヴェルで要請する。世界市民法は、民主主義的公法として多様なレヴェルで諸種の行為主体――さまざまな集団や組織および諸個人――の自律と自治機能を促進し、複合的で多層のネットワーク構築を保障するものとして作動することが想定されている。[43] そこでは国家主権は、包括的な世界市民法体系によって相対化されたり、共有されたり、再定式化されることになる。ヘルドは次のように述べている。

「こうした想定において国民国家は『衰退する』が、しかし国家や国民的民主主義政体が不要なものになるわけではない。むしろ、国家はもはや自らの領域内の正統な権力の唯一の中枢機関として見なされることはなくなる。こうした事態は、すでに多様な場で生起している。国家の位置づけは、全体を統括するコスモポリタンな枠組みのなかで関連づけられ、再設定されることになる。こうした枠組みのなかで、国民国家の法と規則は、法の展開および政治的考察と動員にとって一つの焦点にすぎないものとなる[44]」。

世界市民法を民主主義的公法として国際関係の枠組みのなかに導入する試みは、グローバル秩序の中心に主権国家の国民ではなく、世界各地に住む個々の世界市民を想定することになる。これは、市民権を国民国家との結びつきから解放し、地球の住民各自の民主主義的な世界市民権として再設定し再確立することを含意している。この意味で世界市民法は、諸国民および諸国家の個別的要求を超越するものであり、その規範と人権保障を「普遍的共同体」のすべての構成員（万人としての世界市民全体）に拡充する。[45]もちろん、そのことによって一定の国民国家の構成員としての市民権が消失するわけではない。むしろ、国民国家の市民権と世界市民権とが同時に重層的に承認されるということが生起するのである。[46]

## コスモポリタニズムの諸相

ヘルドの議論で興味深いのは、コスモポリタニズムを、それぞれ①法のコスモポリタニズム、②政治のコスモポリタニズム、③経済のコスモポリタニズム、④文化のコスモポリタニズムと四つの次元に分けて説明している点である。第一の法のコスモポリタニズムであるが、世界のすべての人が平等な権利と義務を有する世界秩序の組織化のために要請される。ヘルドは、既述したように、この関連では世界市民法という形での民主主義的公法を想定している。この地球規模の民主主義的公法は、世界市民の政治的・社会的・経済的権利の保障を謳う世界人権憲章の創設を含むと彼は述べている。さらに国際司法裁判所（ＩＣＪ）と国際刑事裁判所（ＩＣＣ）の裁判権の強化、また国際人権裁判所（ＩＣＨ）と国際環境裁判所（ＩＣＥ）の新設も提唱している。[47]

次に政治のコスモポリタニズムであるが、その課題は、法のコスモポリタニズムとの連携を通じて、地球規模とリージョンという二つのレヴェルで、国家、リージョン、世界全体にかかわるグローバル・

ガバナンスと取り組むことにある。政治のコスモポリタニズムは、重なり合う運命共同体の世界を起点としつつ、超国家的規模において気候変動、金融市場の規制、紛争解決といった焦眉の課題に取り組む。ヘルドは、政治のコスモポリタニズムの制度的要件として、多層型グローバル・ガバナンス、地方から地球規模に及ぶ民主的フォーラムのネットワーク形成、政治のリージョン化、世界市民法を実効的なものとするための国際的安全保障部隊の創設などを挙げている。[48]

第三番目の経済のコスモポリタニズムの課題は、社会的・経済的不平等を是正すると同時に、市場において自己決定が作動し、人々や集団が能動的な行為主体となりえる基盤を整えるところにある。その制度要件としてヘルドは、以下の課題を挙げている。市場メカニズムと経済権力の主要舞台の再編成、国際金融機関の代表基盤を拡張し、途上諸国や生成期の市場をも網羅すること、グローバルな課税メカニズムの確立、経済的に最も脆弱な人々への諸資源の移譲によって彼らの立場を強化することである。[49]

最後の文化のコスモポリタニズムであるが、これは個々の社会の国民的伝統、文化や宗教の相違、生活やライフスタイルの相違などに十分に配慮する世界市民的態度の要請である。制度的コスモポリタニズムは、数多くの多様な重なり合う運命共同体の上にゆるやかな連携とネットワークを形成することを目的とし、地方、国家、リージョン、世界全体を横断的に結びあわせる相互行為の構築を目指している。こうした目的を実現するためには、文化のコスモポリタニズムが不可欠である。というのも、各人、各集団、各国民、各リージョンが、多様な文化の相互浸透と相互理解を模索し、それらの混成や混合を通じた新しい複合的アイデンティティーの形成に開かれていることが要請されるからである。ヘルドによれば、文化のコスモポリタニズムは次の制度要件を含む。政治的共同体相互の連携と協力関係の尊重と育成、地方、国家、リージョン、地球全体というすべてのレヴェルでの相互関係と対応能力の育成、差異・多様性・混合性を積極的に評価し尊重しつつ、相互に「他者の視点から推論する方法」の習得である。(50)

## 国連改革への具体的提言

さてヘルドの議論には大規模な国連改革へのいくつかの具体的提案もある。最後にこの問題について検討しておきたい。この問題を集中してより包括的に議論したのは、『デモクラシーと世界秩序』（一九九五年）第一二章であり、さらに論考「コスモポリタン民主主義と世界秩序」（一九九七年）であった。

国際連盟もより明白にそうであったが、国際連合の場合も、安保理常任理事国（五大国）を中心とする最も強力な諸国家の思惑とアジェンダに圧倒的な影響を受けており、さらに権威と実効力の致命的な欠如は大きな足かせとなっている。これは、世界連邦主義者が国連創設当時から危惧し批判していた当の事柄であり、また今では周知の事実認識であり、ヘルドの国連批判もこうした国連の正統性と実効力の欠如の問題から出発している。ここでもう一つおさえておきたいのは、ヘルドが国連批判をする際の基準点が、やはりカントの平和連合や国家連合の理念にあるということである。ヘルドは、カントの世界市民法の理念を高く評価しているが、連邦の形態と国家連合の形態を区別し後者を擁護したカントに同意している。カントの場合、前者は「アメリカ合衆国のように、政治的憲法に基盤をもち、それゆえに分割できない」のに対して、後者は「いつでも分離可能なさまざまな国家の自発的な集まり」を意味する。したがってカントは、単一の世界国家ではなく、戦争を忌避するすべての国家によって平和連合条約の締結を通じて構成される国家連合の形態をより実現可能なものとして推奨したのだった[51]。ただし、ヘルドは警告を怠らない。国家連合の形式によるコスモポリタン民主主義の実現には、構成諸国の諸人民の積極的な協力、連携、合意が不可欠であることを、彼は強調する[52]。

こうしたコスモポリタン民主主義にむけての第一歩は、ヘルドによれば、「国連が現実に国連憲章通りに活動すること」にほかならない[53]。それは、平和の維持と安全保障に関しては具体的に次の二つの事項を含んでいる。第一に各国の自己裁量による武力行使権の禁止に実効性をもたせる必要がある。第二に紛争や対立の激化の下で国連が制定した人権保障に関わる諸条約の遵守を実現することである。さらにヘルドは全体的にも「国連憲章モデルの拡張」を提唱し、以下の改革案を提唱している。①紛争解決における国連の強制管轄権を受け入れる。②新たに国際人権裁判所を設置し、人権侵害に国連が介入し救済手段を提供する権限を賦与する。③国連総会における全員一致（あるいはそれに近い）の投票で決定した事項を国際法の正当な法源として、国際司法裁判所（ＩＣＪ）にそのように認めさせる。④安全保障理事会における常任理事国の拒否権の取り決めを修正し、地理的代表制をも考慮した安全保障理事会の再構成をはかる。

さらにコスモポリタン民主主義の観点からヘルドは、国連改革の具体的提案をいくつか行っている。

第一に現在の国連総会は諸加盟国政府代表の勧告会議にとどまっており、その議決は勧告的効力にとどまる。実際の議決権を保持する会議は安全保障理事会であり、これは常任理事五大国の「ボス支配」と非難される要因となっている。ヘルドは、総会決議をより実効性のある決議として承認する改革を提唱する。それと同時に彼は、国連総会それ自体が、必ずしも世界の人民を代表する議会とはなっていない事実を問題視し、民主的な諸人民を代表する世界の人民の独立した議会（真の立法機関）の創設を提唱し、それこそ「不可避の制度的必要条件である」と主張する。[54] コスモポリタン民主主義の立場からヘルドはさらに、国連内にこうした民主的諸国民の議会は必要不可欠であるとし、この新たな議会が長期的には国連総会に取って替わるか、あるいはこの議会に「第二院」としての重要な権限を与えることを要求している。[55] 安全保障理事会の大規模な改革、独立した人民議会の創設といった議論は、決してヘルドの独創ではなく、今日、J・ハーバーマスを含む多くの理論家や実務家の要求するところである。[56] それだけでなく、上述の二つの改革案は第二次世界大戦直後の世界連邦運動の理論家たちの国連改革案の中心にあったものであり、そうした主張はその旧来の議論の焼き直しといった印象すら受ける。こうした新しい人民議会の設置には、その代表をいかなる根拠やルールに基づいて選ぶのかなど幾多の困難があるが、もし設置できたとすれば、民主主義的公法としての世界市民法の立法と執行の中枢的機関になるはずである。[57]

ヘルドは、論考「コスモポリタン民主主義とグローバル秩序」において国連改革を短期の課題と長期のそれとに区別して列挙している。短期的課題には次の六つのアジェンダを含めている。①安全保障理事会改革、②国連内に総会とは別に独立した人民議会としての第二院の設置、③政治的リージョン化(欧州連合ほか)の強化と国家を超えたレファレンダムの確立、④国際司法裁判所(ICJ)および将来設立すべき国際人権裁判所(IHRC)による強制的管轄権の確立、⑤リージョンおよび地球レヴェルにおける新しい経済調整機構の創設、⑥実効性がありアカウンタブルな国際軍の制度化。そして長期的課題としては、次の六つのアジェンダを挙げている。①民主主義公法としての世界市民法の創設(そのなかには政治的・社会的・経済的権力のさまざまな領域に世界市民の権利と義務の憲章を包摂)、②リージョン、国家、地方と結びついた地球議会の設置(限定されたものであっても歳入の権限を付帯)、③相互に関連づけられた地球規模の法体系の確立(刑事法、民事法、国際刑事裁判所などの諸機能を包摂)、④政治的利益と経済的利益の分離(審議する会議体と選挙過程の運営のために公共的予算を講じる)、⑤リージョンと地球レヴェルにおける議会と会議への国際的および超国家的な経済的行為主体のアカウンタビリティーの確立、⑥国民国家の強制力をリージョンおよび地球規模の諸制度へ移譲する持続的な移行(武装解除および戦争システムの超克)[58]。ヘルドのコスモポリタン民主主義は、グローバル化の弁証法的性格を深刻に受け止める。その意味するところは、将来のデモクラシーの決定的な戦略的現場が、国際的ないしグローバルな領域になると同時に、重要な意味で地方とその参加デモクラシーの意義も格段に高まるという判断と前提に基礎づけられている[59]。

## 結びにかえて

現代コスモポリタニズムが基本的に示唆している重要な教訓の一つは、現代世界における人々の人権の決定的重要性である。今日、コスモポリタニズムは、人権の国際思想としての特質を濃厚に帯びている。こうした事情は、世界市民法の下で世界市民権の拡充をコスモポリタニズムの重要な課題として受け止めたカントの先見の明を実証すると同時に、彼のコスモポリタニズムの現代的意義を示唆するものといえよう。テロリズムと反テロ戦争の時代、ジェノサイド（集団殺戮）と暴力噴出の時代である今日の世界は、かえってそれゆえにこそ、「カントの時代」と言われるほどに人権のグローバル化、国際法の立憲化、国際立憲主義が焦眉の課題となってきた世界でもある。[60] 人権の主権国家システムを超えた世界的な拡がり、つまり、「地球的課題としての人権」は、現代では既定の事実である。[61] こうして今日、人権は単なる主権国家の領域内の制度にとどまらない。また人権の言語は、しばしば非難されるように、西ヨーロッパと北アメリカのネオ・コロニアリズムのイデオロギーとして、非西洋諸国の市場を開拓し、地球市場における新帝国主義的覇権を推進するためのグローバル化（地球規模の金融資本主義による席巻）の一翼を担う隠れ蓑でもない。そうではなく人権は、民主化と国際社会の立憲化を推し進めるための世界変革をもたらす最重要の制度の一つと見なされ、法的および制度的形式において表現された倫理的目標として受け止められつつある。たしかに今日、国際社会は、国民国家に比して、法的共同体としての法制上の制度や手続きを十分な形では保持していない。たとえば、国際的に合意された基本法あるいは基本条約が欠如し、それらを司る立法機関、行政機関、司法機関が不備であるのは明らかである。しかしながら、今日、世界の住民である諸個人のあいだに、一種の普遍的共同体の構成員であるという日常感覚、さらには生命権、自由権と平等権、平和権と社会権など、人権にこめられた共通の価値観や切望を共有する地球的拡がりを確認できる。「世界人権宣言」（一九四八年）前文には、「恐怖および欠乏のない世界の到来が、世界全体の人々（common people）の最高の希望として宣言された」と記されている。

現代のコスモポリタニズムの一つの大きな特徴として、世界の貧困を是正する地球正義論として展開されていることを確認した。これは、カント的系譜、正義のロールズ的パラダイム、あるいは他の異なる立場に依拠する多くの現代の理論家たちが、要請している当のものである。本章では、とくにロールズ的パラダイムに立脚するC・C・ベイツとT・ポッゲを取り上げた。しかしまた、本章では核兵器廃絶のテーマをあえて導入し、世界平和、軍縮と武装解除、平和の創造と構築にコミットする従来の古典的コスモポリタニズムとその政策構想の可能性についても言及した。また制度的コスモポリタニズムへの果敢な挑戦の一事例として、D・ヘルドの議論を検討した。

本章における筆者の念頭には、現代のコスモポリタニズムやその制度構想において、第二次世界大戦直後の世界連邦運動に見られた三位一体論（コスモポリタニズム、連邦制、世界平和論の有機的結びつき）の主張は、どこに行ってしまったのか、それは消えてしまったのか、という問いがあった。これに対する筆者の暫定的な答えは、たしかにこうした三位一体論は、今日のコスモポリタニズムの議論においてはピアニシモになっているとしても、しかし消え去ったわけではないというものである。現代の国境を越えるデモクラシーとしてのコスモポリタン民主主義を漸次的に具現化していくために、また地球規模の正義と人権保障を少しなりとも実現していくために、さらには紛争対立や構造的暴力を克服する積極的平和を可能にするために、国際人権・地球民主主義・世界平和の制度構想として、ある種の連邦制（連邦主義）に裏づけられたコスモポリタニズムの潜在力を発掘していく理論的および実践的課題が焦眉のものとなってきたのではなかろうか。終章においてはこの問題をさらに探究してみたい。

注

（1）David Miller, *National Responsibility and Global Justice* (New York: Oxford University Press, 2007), p. 24. 富沢克・伊藤恭彦・長谷川一年・施光恒・竹島博之訳『国際正義とは何か――グローバル化とネーションとしての責任』（風行社、二〇一一年）、三二頁。

（2）Ibid., pp. 1-50. 邦訳書、五一―六四頁。

（3）E.g. Beck, *Cosmopolitan Vision*, p. 3. Ulrich Beck, *Power in the Global Age*, trans. Kathleen Cross (Cambridge: Polity Press, 2006), pp. 3-5.

（4）坂本義和『世界秩序と市民社会』（坂本義和集6、岩波書店、二〇〇五年）、一七九頁。

（5）ベイツやポッゲの仕事に代表されるように、今日、コスモポリタニズムの主流を形成しているのは、修正されたロールズ的パラダイム（ロールズの正義論を彼自身の意図に反して国際関係に適用する方式）ならびに修正されたカント的パラダイム（カントの平和連合論などの制度論的次元を欠落させたカント的コスモポリタニズムの方式）にほかならない。今日、この主流とは別箇の系譜として、ベンサムを嚆矢とする功利主義的コスモポリタニズム、またはマルクス主義のプロレタリアート・コスモポリタニズムがあるが、今これらの系譜に着目する理論家はほとんどいない。今日ではほぼ等閑視されている。Cf., Chris Brown, *International Relations Theory: New Normative Approaches* (New York: Columbia University Press, 1992), pp. 43-44.

(6) Charles C. Beitz, *Political Theory and International Relations* (Princeton: Princeton University Press, 1979), pp. vii, 6-10. 進藤榮一訳『国際秩序と正義』(岩波書店、一九八九年)、vi - vii、五―一三頁。国際正義についてのロールズへの批判と再検討の必要については、以下のベイツの議論を参照。Ibid., pp. 128-129. 邦訳書、一九二―一九四頁。またロールズとベイツらのコスモポリタニズムとの確執については、以下をも参照。押村高『国際政治思想』、二〇三―二二〇頁。

(7) Beitz, *Political Theory and International Relations*, pp. 8-9. 邦訳書、八―一〇頁。以下をも参照。伊藤恭彦『貧困の放置は罪なのか――グローバルな正義とコスモポリタニズム』、二八―三二頁。

(8) Beitz, *Political Theory and International Relations*, pp. 8-10, 127-129. 邦訳書、八―一三頁。

(9) Miller, *National Responsibility and Global Justice*, pp. 163-230. 邦訳書、二〇〇―二七九頁。

(10) Ibid., pp. 231-279. 邦訳書、二八〇―三三七頁。

(11) Thomas Pogge, "A cosmopolitan perspective on the global economic order," in *The Political Philosophy of Cosmopolitanism*, eds. Gillian Brock and Harry Brighouse (Cambridge: Cambridge University Press, 2005), p. 93.

(12) Ibid.

(13) Thomas Pogge, *World Poverty and Human Rights*, 2nd ed. (Cambridge: Polity Press, 2008), p. 175.

立岩真也監訳『なぜ遠くの貧しい人への義務があるのか——世界的貧困と人権』（生活書院、二〇一〇年）、二六五頁。

（14）Ibid. 邦訳書、二六五—二六六頁。

（15）Ibid., pp. 175-183. 邦訳書、二六五—二七五頁。

（16）Ibid., p. 184. 邦訳書、二七七頁。集権的世界国家への反論としてポッゲは、①圧制のリスク、②文化的および社会的多様性の収縮、③漸進主義ではなく地球規模の革命や破局に基づく過激な変容のリスクを挙げている。Cf. ibid., p. 189. 邦訳書、二八二—二八三頁。

（17）Ibid., p. 184. 邦訳書、二七七頁。

（18）Ibid., p. 203. 邦訳書、三〇四頁。

（19）Ibid., pp. 202-221. 邦訳書、三〇三—三三七頁。トマス・ポッゲ「現実的な世界の正義」（児玉聡訳、『思想』第九九三号、二〇〇七年一月）、一〇二—一〇四頁。以下をも参照。神島裕子「国境を越える『正義の義務』はあるのか」（『思想』第九九三号、二〇〇七年一月）、九〇頁。ピエール・サネ（和田昌也・岡野八代訳）「貧困は人権侵害なのか」（内藤正典・岡野八代編『グローバル・ジャスティス——新たな正義論への招待』（ミネルヴァ書房、二〇一三年）、一〇五—一一六頁。

（20）Pogge, *World Poverty and Human Rights*, 2nd ed., pp. 188-189, 202-205. 邦訳書、二八二—二八三、三〇三—三〇六頁。

（21）Ibid., p. 264. 邦訳書、三八六頁。［引用文は若干変更させていただいた］。以下をも参照。ポッゲ「現実的な世界の正義」、一一六頁。

（22）E.g., Amartya Sen, *Inequality Reexamined* (Cambridge, MA: Harvard University Press, 1992). 池本

幸生ほか訳『不平等の再検討』（岩波書店、一九九九年）。Martha Nussbaum and Amartya Sen, *The Quality of Life* (Oxford: Oxford University Press, 1993). Amartya Sen, *Development as Freedom* (Oxford: Oxford University Press, 1999). 石塚雅彦訳『自由と経済開発』（日本経済新聞社、二〇〇〇年）。Martha Nussbaum, *Women and Human Development* (Cambridge: Cambridge University Press, 2000). 池本幸生ほか訳『女性と人間開発——潜在能力アプローチ』（岩波書店、二〇〇五年）。

(23) Cf. Christine Sypnowich, "Cosmopolitans, cosmopolitanism, and human flourishing," in *The Political Philosophy of Cosmopolitanism*, eds. Brock and Brighouse, pp. 56, 74.

(24) Hannah Arendt, *The Human Condition* (Chicago: The University of Chicago Press, 1958), p. 223.

(25) Cf., ibid., p. 248.

(26) Albert Einstein, "Telegram from the Atomic Scientists' Emergency Committee," cited in *New York Times*, 25 May 1946.

(27) Jürgen Moltmann, "Political Theology and the Ethics of Peace," in *Theology, Politics, and Peace*, ed. Theodore Runyon (New York: Mary-Knoll, 1989), p. 32.

(28) Arendt, *The Human Condition*, pp. 257-269.

(29) 黒澤満『核軍縮と世界平和』（信山社、二〇一一年）、v—vi、三—八二頁。黒澤満『核軍縮入門』（信山社、二〇一一年）、三三—三九頁、参照。シュルツ、ペリー、ナン、キッシンジャーといったアメリカの要人は、元々、現役時代は核抑止論に立脚して、核兵器政策を推進してきた。しかし、彼らは、二〇〇七年一月に『ウォールストリート・ジャーナル』誌に「核のない世界」論を提起し、人心を驚かせた。彼らは、テロリスト集団が暗躍する状況では核抑止論は実効性を失っているとし、核テロリズムを招来する危険性を指摘した。そのインパクトは大きく、オバマ大統領の核廃絶論に影響を与えたと見られている。黒澤満『核軍縮と世界平和』、vi、三―一〇頁。春原剛『核がなくならない７つの理由』（新潮新書、二〇一〇年）、二三―三二頁。

（30）http://youtu.be/cd4KX0xVrcU

（31）Iris M. Young, *Global Challenges: War, Self-Determination and Responsibility for Justice* (Cambridge: Polity Press, 2007), p. 35.

（32）E.g., Beitz, *Political Theory and International Relations*, pp. 182-183. 邦訳書、二七六―二七七頁。

（33）坂本義和『世界秩序と市民社会』、vi－vii頁。Cf., Richard Falk, *Religion and Humane Global Governance* (New York: Palgrave, 2001), pp. 134-136.

（34）もっとも、近年ではたとえばルイース・カブレラなどによって、道徳的コスモポリタニズムを制度的コスモポリタニズムに転換する必要性を強調する議論が、少しずつ出始めている。また地球規模の政治統合の制度化を探求する議論の復興の兆しも見られる。E.g., Luis Cabrera, *Political Theory of Global Justice: A Cosmopolitan Case for the World State* (London and New York: Routledge, 2004), pp. 1-2, 71-89. Cabrera, "Introduction," in *Global Governance, Global Government*, ed. Cabrera, pp. 1-3, 6-17. Campbell Craig, "The Resurgent Idea of World Government," in *World Governance: Do We Need It, Is It Possible, What Could It (ALL) Mean?*, eds. Jovan Babic and Petar Bojanic (Newcastle upon Tyne: Cambridge Scholars Publishing, 2010), pp. 90-91.

（35）David Held, *Models of Democracy*, 2nd ed. (Oxford: Polity Press, 1996), pp. 340, 353. 中谷義和訳『民主政の諸類型』（御茶の水書房、一九九八年）、四三〇、四四五頁。Cf., David Held, "Cosmopolitan

Democracy and the Global Order: A New Agenda," in *Perpetual Peace: Essays on Kant's Cosmopolitan Ideal*, eds. Bohman and Lutz-Bachmann, pp. 236-241. 邦訳書、二三七―二四四頁。

（36）Held, *Models of Democracy*, 2nd ed., pp. 353-354. 邦訳書、四四五―四四六頁。

（37）Ibid., pp. 354-356. 邦訳書、四四六―四四八頁。

（38）David Held, *Cosmopolitanism: Ideals and Realities* (Cambridge: Polity Press, 2010), p. 4. 中谷義和訳『コスモポリタニズム』（法律文化社、二〇一一年）、三頁。

（39）セネカなどのストア派の幾人かの思想家たちが共有した一つの概念に、二つの世界への忠誠心がある。すなわち、二つの世界への各人の帰属――①誕生による偶然の住処としての地方的な世界と②理性と人間性を共有する世界（セネカの「真に偉大で真に共通の世界」）――を重視し、これらの二つの世界への帰属性を人間のアイデンティティーの基本として受け止めた。また近代のコスモポリタニズムの一つの源泉には、やはりカントの世界市民論や世界市民法、平和連合や国家連合の概念がある。ヘルドのコスモポリタニズム理解も、これら二つの源泉に依拠しているといえよう。以下をも参照。Cf. Held, "Principles of Cosmopolitan Order," in *The Political Philosophy of Cosmopolitanism*, eds. Brock and Brighouse, pp. 10-11.

（40）Held, *Cosmopolitanism*, pp. 15, 39-50. 邦訳書、一一、二九―三六頁。

（41）Ibid., pp. 69-75. 邦訳書、五〇―五六頁。

（42）Cf., ibid., pp. 50-66. 邦訳書、三七―四九頁。

（43）ヘルドの民主主義的公法の概念の基本には「自律の原則」があり、この原則は各人相互の自由を最大限承認しあうことを要請する。ヘルドは、この「自律の原則」を「民主主義の条件であり、その強化の方向を定める指針」であると説明している。Held, *Democracy and the Global Order: From the Modern State to Cosmopolitan Governance*, 2nd ed.（Oxford: Polity Press, 1995）, p. 221. 佐々木寛・遠藤誠治・小林誠・土井美徳・山田竜作訳『デモクラシーと世界秩序――地球市民の政治学』（NTT出版、二〇〇二年）、二五三頁。

（44）Held, *Cosmopolitanism*, pp. 100-101. 邦訳書、七六―七七頁。［ここは筆者自身の訳文を使用］。Cf. Held, *Democracy and the Global Order*, 2nd ed., p. 233. 邦訳書、二六六頁。

（45）Held, "Cosmopolitan Democracy and the Global Order: A New Agenda," p. 243. 邦訳書、二四六頁。

（46）Held, *Cosmopolitanism*, pp. 101-102. 邦訳書、七七頁。

（47）Ibid., pp. 103-105. 邦訳書、七九―八〇頁。

（48）Ibid., pp. 105-107. 邦訳書、八〇―八一頁。

（49）Ibid., pp. 107-110. 邦訳書、八一―八三頁。

（50）Ibid., pp. 110-112. 邦訳書、八三―八五頁。

（51）Cf. Held, *Democracy and the Global Order*, 2nd ed., pp. 227-228. 邦訳書、二六一―二六二頁。Held, "Cosmopolitan Democracy and the Global Order: A New Agenda," pp. 244-245. 邦訳書、二四七―二四八頁。

（52）Held, *Democracy and the Global Order*, 2nd ed., pp. 229-230. 邦訳書、二六〇―二六三頁。

（53）Ibid., p. 269. 邦訳書、三〇六頁。

（54）Ibid., p. 273. 邦訳書、三一〇頁。

（55）Ibid., pp. 273-274. 邦訳書、三一〇―三一一頁。Held, "Cosmopolitan Democracy and the Global Order:

A New Agenda," pp. 246-247. 邦訳書、二四九―二五〇頁。

(56) E.g., Habermas, "Kant's Idea of Perpetual Peace, with the Benefit of Two Hundred Years' Hindsight," in *Perpetual Peace: Essays on Kant's Cosmopolitan Ideal*, eds. Bohman and Lutz-Bachmann, pp. 134-136. 邦訳書、一三四―一三七頁。また国連安保理の機能不全を「空虚な中心」という概念で捉えた以下の議論を参照。最上敏樹『国連システムを超えて』、一九―四三頁。

(57) Held, *Democracy and the Global Order*, 2nd ed., pp. 273-274. 邦訳書、三一〇―一頁。

(58) Held, "Cosmopolitan Democracy and the Global Order: A New Agenda," pp. 248-249. 邦訳書、二五二頁。

(59) Ibid., p. 249. 邦訳書、二五二―二五三頁。

(60) たとえば以下を参照。最上敏樹「思想の言葉――国際立憲主義の再照射」、一―三頁。

(61) 坂本義和『世界秩序と市民社会』、一六九―一七八、二二六―二二七頁。

# 終章　分権型連邦主義とコスモポリタニズム
## ――もう一つの世界、世界政府論、東アジアの和解と平和構築

### はじめに

終章では本書を締めくくる意味で、分権型連邦主義とコスモポリタニズムに関する考察をまとめ集約すると同時に、筆者なりの観点から具体的な構想を提示しておきたいと思う。終章は大きく二部に分かれている。前半部は、世界政府の可能性および危険性に関するテーマと取り組みたい。その関連で世界ガバナンス、地球規模の世界社会、世界連合の可能性などの議論を取り上げてみたい。後半部では東ア

ジアと世界における日本の今後の平和外交の課題について論じ、東アジアにおける和解と平和構築の問題に触れ、一つの喫緊の事例として中国との尖閣諸島をめぐる紛糾に光を当ててみたい。これらの議論はすべて、二一世紀の将来にむけて東アジアというリージョンおよび世界における平和構築の観点からなされる。その際、平和の制度構想や平和思想としての連邦主義とコスモポリタニズムの視座を保持しつつ、これらのテーマについて考察したいと考える。

## 1　近年の世界統合論の復権について

本書の関心からいえば、注目したい近年の動向は、前章で取り上げたT・ポッゲやD・ヘルドの現代コスモポリタニズムの議論と一線を画しつつ並走する仕方で、ルイース・カブレラ、ダニエル・H・デユードニー、アレクサンダー・ウェントなどの著作や論考において世界政府論や世界統合論が少しずつ出始めたことである。こうした動向には大いに警戒する論者も少なくないが、世界連邦運動や世界政府論の絶頂期から半世紀以上も経た今日、なぜこうした制度論――修正制度論と呼ぶ方が適切であろう――の復権が見られるようになったのか、この問題を問うてみる価値はあるだろう。また、今日、「構成主義」(constructivism)のアプローチで識者の注目を集めている国際政治学者のウェントが主張するように、目的論的視座に立った場合、世界国家は「不可避である」のか、あるいは国際関係論の多数派の議論にみられるように、世界政府は専制の危険性を常に保持し、それゆえに「望ましくない」のか。もし世界政府が「望ましくない」とすれば、その権威と正統性と権力には大幅な陰りを見せ始めたはいえ、現代の事実上の唯一のスーパーパワー（超大国）であるアメリカ合衆国に、世界の政府と警察および軍隊の役割を代替してもらうのか。（後者のシナリオは、筆者には危険きわまりないと思えるのだが、イラク戦争の失敗と惨状にもかかわらず、一部の論壇ではかえって強まっているようである。）これら二つの選択肢（①「世界政府」論、②「アメリカ＝事実上の世界政府」論）を拒否した場合、世界のアナーキーの危険（とりわけ、核アナーキー）にどう対処していくのか。これらの問題が喫緊の課題として、私たちの前に提示されているといえよう。

今日の世界政府論ないし世界統合論を主張する論者たちは、こうした現在と将来の世界のアナーキーの危険性から議論を起こしている。たしかに二〇〇一年のアメリカを襲った九・一一同時多発テロ事件、その後の「対テロ戦争」と銘打たれた二〇〇一年一〇月のアフガン戦争ならびに二〇〇三年三月に開始されたイラク戦争、さらには直近では二〇一三年に深刻化したシリア内戦問題など、二一世紀に入って世界はアナーキーの様相を深めていった。とくに注目したいのは、前章で論じた核不拡散（ＮＰＴ）体制の機能不全であり、現在、米ソ英仏中の安保理五常任理事国のみならず、インド、パキスタン、北朝鮮が、核保有国の仲間入りを果たしたことが知られている。（そしてイスラエルは自ら肯定も否定もしていないが、おそらく核を保有しているとみられており、またイランも早晩、核保有を果たすであろうと予想されている。）こうした状況下でいつ何時、核兵器が実際に国際テロ組織や犯罪組織の手に渡るのか、あるいは核兵器の製造法がこれらの組織に秘密裏に伝達されるのか分からず、これは時間の問題であるとも言われている。

### (1) D・H・デュードニーの世界統合論

デュードニーは、まさに今日の核兵器、化学兵器、生物兵器などの大量破壊兵器のハイテク軍事技術の飛躍的発展、ならびにNPT体制の機能不全が、グローバル化の加速化とともに世界のアナーキーの脅威の主たる背景となっていることを指摘している。第二次世界大戦の最終段階以降の核爆発テクノロジーの飛躍的発展は、文明の運命のみならず人類の行く末についても暗雲を呼び起こしている。したがって、人類の大多数と地球上の生命体の生存は、核兵器の大規模な行使を抑制する世界システムの十全性の有無にかかっていると主張する。[1] それゆえに彼は、今日の国家間システムの再編の必要性を指摘し、世界秩序における変革が不可避であると考えている。

デュードニーは、核兵器の出現によって提起された世界の危機に対応する五つの方策を提示している。第一は「古典的な核の脅威による統一世界主義」(classical nuclear one worldism)であるが、第二次世界大戦直後の世界連邦運動において、また一九五〇年代および六〇年代初頭におけるジョン・ハーツやケネス・ボールディングの研究において探究され保持された。第二から第四までの三つのアプローチは、それぞれ「核戦略主義」(nuclear strategism)、「自動的な抑止型国家主義」(automatic deterrence statism)、「制度的な抑止型国家主義」(institutional deterrence statism)と命名されているが、濃淡はあるもののウェストファリア型主権国家システムを前提とした権力政治と勢力均衡パラダイムを踏襲している。第五の立場はデュードニー自身のアプローチを示しているが、彼はそれを「連邦共和制型の核の脅威による統一世界主義」(federal republican nuclear one worldism) と名づけている。[2]

この第五番目のアプローチは、第一の「古典的な核の脅威による統一世界主義」の「修正版」と位置づけられているが、第二次世界大戦直後の国際政治状況と今日のそれとの本質的なギャップを前提としている。第一の変容は、現代の弱小国家といえども軍事的テクノロジーの面では飛躍的な進展を果たし、もはやいかなる超大国といえども以前より容易に他国を征服できる状況ではなくなった事態を示している。また逆に弱小国家も、戦闘行為が勃発した場合、超大国にかなり深刻な打撃と犠牲をもたらす可能性が増大した。つまり、現代の国際政治における「征服不可能性」(unconquerability) のテーゼである。国家間の戦闘行為の可能性の縮減は、権力集中によって専制化する危険性をつとに指摘してきた世界政府論への従来の批判を弱める機能を果たしているとデュードニーは認識している。[3] さらに彼は、核保有国の各国の現状をみると、核兵器使用に至る手続が簡素化され迅速化されており、少数の統治リーダーの決断に依拠するのみであり、民主主義的な討議や審議を経る必要のない現実に注目する。たしかに核兵器使用の決定の迅速化、寡頭制化、非民主化の趨勢は、すべての核保有国の国内における「核専制主義」(nuclear despotism) のリスクを露わにしていることは否定できないであろう。さらに核兵器の拡散という現実は、原子力の平和利用を含めて、プルトニウムの核爆発メカニズムの知識とテクノロジーの拡散と流出のリスクを本質的に抱え込んでいるわけである。デュードニーはこうした現状に着目し、核兵器保持の野心をもつテロ集団や諸国家への核兵器作成の知識とテクノロジーの漏出を防止するためには、核兵器ないし原子力発電を保持するすべての国々に大規模な防御装置と機密装置を作り出さざるをえない状況がやがて生じると見ている。その意味では機能不全に陥っているNPT体制の間隙を縫って、あるいはその不備を補うべく、機密保持と防御を目的とした「核全体主義」(nuclear totalitarianism)が各国にはびこる可能性はなしとしない。[4] こうした意味ですべての核保有国において潜在的に強まる可能性のある「核専制主義」や「核全体主義」は、従来の世界政府論や世界統合論にみられた権力集中と専制主義の危険の議論を多少とも弱める効果を果たすことになろう。しかし、従来の世界政府論とデュードニーの解決案とのあいだには大きな隔たりある。デュードニーは、従来の議論にみられる全能で大規模な世界政府の可能性を退け、従来の主権国家システムを維持しつつも、「核の封じ込め・抑制システム」(a nuclear containment and restraint system)を国際規模で確立することを主張している。[5] これは一種の世界政府論ないし世界ガバナンス論と見なすこともできるかもしれない。[6] しかし、その世界政府論ないし世界ガバナンス論は、基本的に国際規模の諸国家の機能統合論に基づいている。したがってそれは、従来の単一構造的かつ大規模な階層的秩序を保持する世界国家や世界政府とは一線を画し、むしろ一種の世界機能統合ネットワークとでも呼ぶことも可能である。

デュードニーの主張で興味深いのは、H・G・ウェルズに依拠しながら、世界政府は、従来の主権的国民国家とのアナロジーで理解する必要がないとの論点を提示していることである。[7] つまり、世界政府は、諸国の脱軍事化を推進するというその基本的ヴィジョンが実現される場合、安全保障の面で諸国からの脅威をそれほど想定しないですむわけなので、大規模な軍隊ないし要塞化した軍事組織や拠点を必要としないであろうという考え方である。こうして彼の世界機能統合論は、階層的かつ巨大な権力機構を備えた世界国家ないし世界政府というものではなく、一種の機能統合ネットワークを土台とした調整型の世界ガバナンスという意味合いが強い。

（2）L・カブレラの「強固な制度的コスモポリタニズム」論

カブレラは、『地球正義の政治理論――世界国家を指向するコスモポリタニズムの場合』（二〇〇四年）においてベイツ、シンガー、ポッゲなどの道徳的コスモポリタニズムの議論をさらに前進させ、世界国家構想にまで突き進んでいる点で注目に値する。彼は自分の立場を「強固な制度的コスモポリタニズム」と呼んでいる。(8) カブレラの認識するところによれば、道徳的コスモポリタニズムが主張するように、世界の貧困を少しでも是正し、資源や機会の配分的正義を少しでも改善するためには、超国家的レヴェルで地球規模の民主的ネットワークを強化していくほかはない。道徳的コスモポリタニズムの実現は、かなりの程度、制度的コスモポリタニズムを要請し、それに依存する。彼の「強固な制度的コスモポリタニズム」は、必ずしも集権的かつ完全な世界国家を要請するわけではない。彼のこの著作の意義は、今日ほとんど論じるのもタブーと考えられてきた世界国家ないし世界政府の可能性のテーマを、喚起したことにあるといえよう。世界の貧困の改善、資源や機会のより平等で公正な配分を実効的に可能にするより適切な世界の政治統合の形態がはたしてあるのか、あるとすればそれはいったい何なのか、この問題が本書によって提起されたといえよう。

カブレラはその後、リチャード・フォークに捧げられた『地球ガバナンス、地球政府——発展する世界システムのための制度的ヴィジョン』（二〇一一年）を編集し、そこにはA・ウェント、フォーク、クリスティン・キーティング、デイヴィッド・R・グリフィンらの貴重な論考が収録されている。この編著のテーマは、全体として地球政府や諸国家間のより十全な地球規模の統合に関する重要な思想の「近年の復権」である。そして内容的には地球政府論と地球ガバナンス論との緊張と確執という意味合いを帯びた論集になっている。[9] 同書にはウェントの「なぜ世界国家は不可避なのか」という刺激的な論考が再録されている一方、フォークやキーティングなどは、人間尊重的かつ民主的な地球ガバナンスを要請し、包括的な地球政府（世界政府）の主張を退けている。[10] 同書で注目すべきは、地球規模のより緊密かつ効果的で民主的な政治統合の要請に賛同する論者たちのあいだで、地球政府論と地球ガバナンス論との緊張と対立が見られる事実が明らかにされたことである。そして同時に注目すべきは、今日のこれらの議論のなかでは異質とも思われるウェントの世界国家不可避論である。

### （3）A・ウェントの「世界国家」論

上述のカブレラ編著『地球ガバナンス、地球政府』に収録されたウェントの章「なぜ世界国家は不可避なのか」（“Why a World State Is Inevitable”）は、二〇〇三年に『欧州国際関係ジャーナル』第九巻第四号に掲載された同名の論考の改訂版である。この改訂版を通じて、彼が「世界国家が不可避であることを示す『アナーキーの論理』に関する一つの目的論的理論」[11] と呼ぶテーゼの骨子を検討してみたい。

もちろん、彼は世界国家を近未来に予想しているわけではない。その道程には数多くの試行錯誤がつきまとい、単線的な進化ではなく複線的な展開があり、長期的な停滞や後退もあるだろうと想定されている。しかし、それにもかかわらず、「アナーキーの論理」（後述するように、とくに核開発や核管理における無制御状態とそこから生じる無政府状態）という内在的理由により、世界国家の創設はやがて（と言っても、おそらく一〇〇年から二〇〇年のうちに）おのずと避けられないものとなるだろうと主張する。[12] 彼は続けて次のように述べている。

「……私が関心を抱くのは、すべての道筋の巨視的な構造である。それらの道筋は、やがて国際システムを一箇の避けることのできない最終国家（an inevitable end-state）へと収斂させるであろう[13]」。

ウェントは、既述したデユードニーの「連邦共和制型の核の脅威による統一世界主義」を高く評価し、それにならって、①「アナーキーの危険」（これは主権国家システムの機能不全）と、②「核兵器開発の制御不能」という二つの要因が、世界に核兵器廃絶を促し、世界平和をもたらすべく「世界国家」を不可避的に要請するようになると論じている。ただし、デユードニーの場合は、②「核兵器開発の制御不能」が強調されるが、ウェントの場合は核兵器開発の拡散化と乱発のゆえに世界全体が核アナーキーの状況を呈すると主張し、①「アナーキーの危険」をより重視している。ウェントにデユードニー批判があるとすれば、それは後者が「世界国家」を目的論的に「不可避だ」（inevitable）とは論ぜずに、

「おそらくそうなるだろう」(probable) と論じている点にある。[14]

今日の国際政治において核兵器管理は、NPT体制という仕方で、現実の諸国家の協力と調整(地球ガバナンス)によって実現しようとしている。しかし、ウェントの場合、危機にある核兵器管理は一種の「世界国家」の樹立なしには不可能であるとする。ここで注意すべきは、彼はカント的な平和連合の選択肢ではなく、今日、その中央集権化と専制化の危険のゆえに多くの論者が忌避する「世界国家」という選択肢を挙げていることである。その理由は、ふたたび目的論的視座から核兵器テクノロジーの出現とその飛躍的発展および拡散は、潜在的に戦争のコストと規模を無限に拡大させ、やがて「世界国家」を不可避的に招来せしめるだろうとの彼の見通しと予測である。

しかし、「世界国家」とはいうものの、ウェントの場合、第二次世界大戦直後の世界連邦運動の一部にみられた大規模組織を想定する絶大な集権的権力をいただく「リヴァイアサン世界国家」であるわけではない。彼のいう「世界国家」は、次のような特徴をもつという。①脱集権化されたもの、②単一のUN(国連)軍隊のような独自の軍隊を保持しない、③うまく調整でき、統合できれば諸国民の軍隊で十分、④世界「政府」もいらない、⑤「世界国家」の創設のためには共通の権力、正統性、主権、行為主体があれば十分。[15] これは、デュードニーの場合と同様に、現在、私たちが保持し経験している実際の主権的国民国家のイメージと前提を「世界国家」に読み込んではならないということなのであろう。だが、こうした国家に関する見方は、伝統的な主権的国民国家のイメージに慣らされた眼には、具体的な形象を思い浮かべるのが難しい。ウェントの想定のなかには、一〇〇年、二〇〇年後の世界にはすでに数次のグローバル化の大波が押し寄せ、それによって広域リージョンと諸国家が歴然と存立していたとしても、一定のまとまりをもった世界社会が自ずと下から出来上がっているはずだという見通しがあるのだろうか。おそらくそうであろう。いずれにしても、ウェントが、かなり自生的な秩序として非階層的・脱集権的・ネットワーク型の軽装備の「世界国家」を描いていることだけは確かである。

いずれにせよ、以下のウェントの文章は、彼自身の立場の最終的な表明として理解できるであろう。

「リアリズムの永続的な戦争ならびに現代リベラリズムの偶発性に満ちた平和に対して、私は世界国家が不可避であると論じた。その要因はアナーキーの目的論的論理である。すなわち、そのアナーキーこそ、すべての承認を求める闘争を一箇の最終国家の方向に収斂させ、その最終国家がそうしたアナーキーを克服するのである[16]」。

## 2 「もう一つの世界」と世界政府論

### (1)「もう一つの世界」

ウェントの「世界国家」の提唱は、それを可能にする必要十分条件としての世界社会を前提としているように見える。「もう一つの世界」(another world)としての世界社会の形成は、現実にすでに始まっている。実際の世界社会の形成の動きは、まだ目に見えない場合がほとんどだが、しかし確実に進んでいるといえよう。その一つの典型的な事例は、世界社会フォーラムである。世界の住民や市民や労働者――アントニオ・ネグリとマイケル・ハートの言葉を使用すれば「マルチチュード」――が立ち上がって、「帝国」の上からの権力と富の増殖のグローバル化に抗して、世界社会の格差と不平等、貧困と飢え、地球環境の悪化を是正しようと、ブラジルのポルトアレグレ、インドのムンバイなどで毎年大規模な会議を開催してきた。世界社会フォーラムは、地球規模に展開されている新自由主義的な金融資本主義に対抗する「もう一つの世界」にほかならない。ネグリとハートは、これこそ、「新たな民主的コスモポリタニズム」、「マルチチュードの偉大な運動」、「今日のグローバル化の、真に民主的なグローバル化の、真正の主唱者」であると主張している。[17] この具体的な形姿をとり始めた「もう一つの世界」は、近年、いろいろな場面で顔をのぞかせている。たとえば、一九九九年にシアトルで開催予定のWTO（世界貿易機構）閣僚会議に対する市民たちや各種NGOの抗議活動、二〇〇三年二月に世界の諸都市（ロンドン、ローマ、バルセロナ、パリ、ニューヨーク、シドニーなど）で展開された数万から数十万人規模のイラク戦争反対のデモ、二〇一一年にニューヨークのウォール街で始まった「ウォール街占拠」デモなどである。[18]

既述したように、ラインホールド・ニーバーは、当時の世界連邦主義者を批判して、社会の土台と支持基盤のないところに世界政府を作るのは、「体」のないところに「頭」を載せるようなものだと指摘した。つまり、「頭」（government／世界政府）を先行して設立したとしても、それとは有機的に繋がっていない「体」（*body politic*／政治体）を恣意的に作りだすことは不可能だと言う。この批判には傾聴すべき洞察が見られた。

世界社会フォーラムに代表されるような「もう一つの世界」こそ、民衆ないし世界市民の地球規模の政治体（people's global *body politic*）、つまり、コスモポリス（世界統治体）を構成する土台となるべきものである。コスモポリスの主人公は、これまで国際政治で無視される傾向にあった幾多の小国や非政府組織（NGO）、世界の市民団体や住民団体など、リヴァイアサン型と対極にあるリリパット型の小さな集団である。[19] むしろニーバーの論難から六五年以上も経過した今日、下からの世界社会の輪郭は、いまだに不十分ながらも次第に明確さ、可視性、具体性を増し加えてきている。こうした地球規模の世界社会構築の試みは、民族や国籍の相違を超えるただ「人間としての人間」（human being qua human being）の連帯感によって支えられ、同時にそうした連帯感をさらに醸成し強めていくであろう。さらにそうした世界社会の形成の動きは、コスモポリス（世界統治体）の一員であるとの世界の人々の共通感覚（sensus communis）によって支えられ、同時にそうした共通感覚を醸成し、世界市民的アイデンティティー（cosmopolitan identity）を育成するであろう。コスモポリタンな共通感覚とアイデンティティーとは、多様性のなかの統合という意識に根拠づけられている。そうした意味で、「もう一つの世界」としての世界社会フォーラムの動き、地球規模の市民社会の構想は、今後とも注目すべき重要な試みであるに相違ない。

## （2）核兵器問題、核兵器主義のリスク、世界政府論

### ウェントの議論の危うさと適切さ

前述の議論でウェントは、世界国家の有利な点として、それが国民国家からの主権の委譲を受けて、諸国家の分断を回避できることにこそあると主張している。[20] ウェントは、軽装備の分権型の「世界国家」であることを強調しているが、やはり「世界国家」における諸国の主権の委譲と収斂化に将来の核アナーキーの克服と制御の希望を見出している。それでは「世界国家」は専制的にならないであろうか。これは、カント以来の往年の疑問であるわけだが、ウェントはこの疑問に対してそれはアナーキーよりもよいと答えている。[21] しかし、これはまさに地球規模でのホッブズ的な「世界国家」正当化の論理以外のなにものでもない。ここには後述するように危うさが見られるのである。

だが、私たちは、明らかにウェントの「世界国家」の目的論的正当化の議論にこもる積極的要素を継承する必要がある。それは、現在のNPT体制は、すでに前章で指摘したように、構造的欠陥を抱えており、この改革およびこの改革に立脚した新たな核兵器禁止条約、さらには核兵器廃絶条約の締結と批准なしには核アナーキー（無制御状態および無政府状態）を招来することは目に見えており、すでにそれは始まっているという認識である。この動きを制御できる政治統合の装置は、現在の国際政治のどこにもないし、国連システムにも存在しない。そうなると、一つの実際に想定できるシナリオは、現在の唯一のスーパーパワーとしてのアメリカ合衆国が、一箇の主権国家でありながら、いわゆる事実上のある

種の世界国家（*de facto* world state of some sort）として振る舞い、国際政治において君臨するシナリオである。おそらくアメリカのネオ・コンの立場を除いて、研究者や専門家のあいだではこのシナリオを支持する向きはさすがに多くはない。しかし、アメリカ内外の論壇や世論の一部において、このシナリオを支持する見解が以前よりも目につくようになってきた。「慈悲深い帝国」（benign empire）論はその一つの表現であろう。こうした一般的論調の高まりは危惧すべき傾向である。このシナリオが危険であることは自明であろう。というのも、第二次世界大戦後のアメリカの武力行使の多くは明らかに過誤に基づくものであったし、自衛戦争論ないし正戦論の立場からいっても問題含みだったからである。さらにまた、国連を利用できる場合には利用し、しかし利用不可能な場合には国連を無視するというアメリカ合衆国の近年のやり方が、批判の的になってきたからである。

だが、実際問題としてアメリカの前ブッシュ政権とそれを支持したネオ・コンの論者たちは、世界の警察（world police）および世界の軍隊（world military）として、自国の役割を認識していた傾向にある。つまり、彼らの世界像において「世界国家」とは、「大書されたアメリカ」（"America writ large" H・G・ウェルズ）――内容的にはウェルズの希望したそれとネオ・コンの想定したそれとでは雲泥の差があるが――にほかならなかった。そして近年のシリア内戦の緊迫化――化学兵器の使用――との関連で、二〇一三年八月にオバマ政権が保護する責任を目的としたシリアへの短期の軍事的攻撃（hit and run）を強く提示したことは世界を震撼させた。というのも、前ブッシュ政権のアフガン戦争とイラク戦争の過誤を是正すべく立ち上がったはずのオバマ大統領、大量破壊兵器の管理に関しても多国間協調主義へと舵をとったリベラルな政策方針を看板に掲げたオバマ政権ですら、依然として自国を世界の警察、世界の軍隊であるという認識を保持している事実が、透けて見えたからである。こうしたアメリカ政府の認識には、アメリカの自負、責任感、感情がない交ぜに混在していることは、もちろん理解できる。しかし、これは独りよがりの主観主義の所産である場合が多いという危惧の念は、多方面から寄せられている。

こうした国際政治の現状を直視する時、デュードニーやウェントの議論には、一部、適切な面があることは明らかであろう。「事実上のある種の世界国家」として振る舞う傾向を見せている唯一のスーパーパワー（超大国）としてのアメリカ合衆国の思惑へのオルターナティヴとして、核兵器テクノロジーの開発を制御し、核兵器の製造法が際限なく伝播される核アナーキー（核の無制御および無政府状態）を克服する地球規模の政治統合が喫緊の課題として認識され始めているからである。

核兵器テクノロジーの開発、核アナーキーの昂進に加えて、私はさらに原発開発をも含む核至上主義（nuclearism）の滲透に懸念をいだいている。というのも、二〇一一年三月の福島原発事故の教訓は、核兵器と原発の同一性に関する認識が日本の市民社会において広汎に共有されることになった点にこそあるからである。さらに今回の原発事故と今も持続する放射能汚染が明白に示したのは、原子力にかかわる時間が、たかだか七〇年から九〇年の寿命しかもたない人間の境涯や二〇〇年か三〇〇年の持続性しかもたない人間文明の能力をはるかに超えた、途方もないものであることである。放射能には半減期が二万年を超えるもの（例、プルトニウム）すらあり、福島クラスの原発事故は、それが起これば、地中や地上、大気や海に放射能が大量に放出され、人間を含むあらゆる生物の命は長期にわたり脅威にさらされることになる。チェルノブイリ原発事故や福島原発事故が明らかにしつつあるように、放射線被曝、放射能汚染、廃棄物の処理には、想像を絶する莫大な時間とコストがかかるのは必定であろう。原子力発電によってどんなに生活が便利になり、経済が繁栄するとしても、原子力は、核兵器であれ、原発であれ、現代の「禁断の木の実」であり、価値合理性に即していえば不合理の極致であることが次第に明らかになりつつある。[22] それに加えて、最近よく指摘されているように、世界各国に数多く存在する原子力発電所は、テロリスト集団の格好の標的とされる危険性がある。その意味でも原子力発電所の乱立は、核管理上のアナーキー（無制御状態）の証左であると同時に、そのさらなるリスク化の温床ともなりえる。このように考えてくると、脱原発社会への移行はすべての原発保有国に課された喫緊の課題として受け止められる必要がある。

### 新たな世界連合の可能性

さてウェントの議論でやはり気がかりなのは、カントの「平和連合」（foedus pacificum）の選択肢ではなく、むしろ世界国家の選択肢をより重視していることである。しかし、どんなに分権的で軽装備の世界国家がそこに構想されていても、そこにはやがて専制的秩序に変質していく危険への懸念は払拭できない。そうであるとすれば、やはり、カントが想定したような平和連合の方向性で核兵器制御と核アナーキー克服のための制度構想を検討する必要があるのではないだろうか。将来、求められているのは、世界国家ではなく、世界連合政府（world confederative government）ではなかろうか。これはカントの「平和連合」に近似したコスモポリス（世界統治体）の理念である。これは一種の世界政府論に相違ないが、各リージョンにおける国家連合ならびに国家連合に所属しない諸国家の地球規模の「平和連合」（カント的な意味で）に土台を置く分権型の世界政府論である。[23]

この世界政府の制度構想について、筆者はいまだにその具体的内容やロードマップを提示する準備をもたない。しかし、二一世紀の将来への展望を描くとすれば、世界政府は二つの土台の上に創設される必要があるとの論点を提示しておきたい。第一の土台は、以前よりも格段に凝集性と連携性を高めてきた世界社会である。第二の土台は、現在の実際の諸国家間の国際関係である。抜本的な改革を必要とし前提とする国際連合の進化した形態の「世界連合」（world confederation）が、これら二つの土台に立脚しつつ、新たに世界政府の役割を果たすことになる。こうしてそれは世界連合政府である。しかし、この世界政府は、分権型の「世界連合」の性質上、根本的にネットワーク型で軽装備の統治機構にほかならない。

この世界連合政府は、制度論的に国際連合の抜本的改組を要請する。現在の国際連合の改革の不可欠な内実としては、第一に安全保障理事会の改革がある。さらに諸国家間の法制としては従来の国際法に加えて、第二次世界大戦後の世界連邦運動で議論された世界のすべての諸個人を直接に対象にした世界法（ないし世界市民法）の創設と整備も不可欠となろう。その下で世界連合「司法部」として従来の国際司法裁判所（ＩＣＪ）と国際刑事裁判所（ＩＣＣ）に加えて、ヘルドほかの年来の主張である国際人権裁判所（ＩＣＨＲ）を加える。さらに重要な改革アジェンダとしては、現在の国際連合総会を実質的な世界連合「立法部」として機能させる必要がある。これは世界連合総会に立法権を賦与する改革である。さらに世界連合総会は、世界社会と諸国家組織という前述の世界連合の二重の土台の重要性を視野に入れながら、二院制への改組（広汎で多様な諸国の市民代表や国際ＮＧＯ代表などから構成される「上院」［世界市民議会］および諸国家連合代表および諸国家代表から構成される「下院」［諸国家議会］の創設）が急務である。そして世界連合「行政部」は、従来の安全保障理事会の抜本的改組に基づいた「立法部」選出の世界連合理事会がローテーション制で担当することになる。

将来において創設されるべきこの世界連合政府は、ウェントが想定したように、一〇〇年後、さらに二〇〇年後を待つべきものなのだろうか。はたしてそれほどの時間的猶予が、世界社会に残されているのだろうかという疑問が残る。つまり、ウェントも恐れる核アナーキー（核の無制御および無政府状態）が一〇〇年以上も続いたら、その世界社会への脅威とリスクには計りしれないものがあるからである。しかも、今日、核兵器拡散問題だけでなく、地球温暖化問題、世界の貧困と飢餓、ジェノサイドや内戦の問題、テロリズムの問題など、世界規模で対処する必要のある深刻な問題が増大の一途をたどっている。世界連合政府に基づく世界ガバナンスの緊急性は高まる一方であるといえよう。（ここで筆者は、世界ガバナンスという用語を、従来のグローバル・ガバナンスよりも、より緊密な統合性をもった統治行為の意味において使用している。）

将来の世界規模の政治統合の仕組みは、単一構造的かつ階層的な権力集中型のものである必要はない。デュードニーやウェントが指摘するように、軽装備かつ調整型のネットワークで十分である可能性は高い。ここで私たちは、「国家」についてもそうだが、「政府」という概念について新たな発想と形姿を模索する必要があろう。世界政府は将来にむけて、世界社会のより緊密な連携のネットワークを土台にして、いくつかの世界ガバナンスの課題と取り組むであろう。想定されるものでは、「平和構築ガバナンス」のほかに、世界の人々の人権侵害の防止ならびに国際人権と国際人道の擁護を目指す「人権保護ガバナンス」、温暖化問題の克服や持続可能な発展を目指す「環境保護ガバナンス」、餓死や貧困の克服や富の偏在を是正する「経済福祉ガバナンス」などがある。「平和構築ガバナンス」に関していえば、新しい世界連合を土台にして核保有諸国の核軍縮および核兵器の不拡散、最終的には核廃絶の実現に邁進するであろう。さらに世界各地に起こりえる紛争解決、和解、平和創造、また国際テロリスト集団の抑止と廃絶もその重要課題となろう。そして最終的には各国の同時的な武装解除を目標にするであろう。(24) そうなれば、デュードニーやウェントが指摘するように、世界政府の傘下に各リージョンに分散して置かれるべき世界自衛軍および世界警察は比較的に軽装備のものにとどまる可能性が高くなる。というのも、地球統治体が世界で唯一の政治共同体であるという認識が共有されていけば、諸国家連合間に、また諸国家間に「友／敵」二元論の敵対構造を持ち込む必要はなくなるからである。（もちろん、人類史が不完全きわまりない人類の歴史であるかぎり、いろいろなレヴェルでつねに新たな「友／敵」対立関係が生起するのは当然の成り行きではあるが……。）世界自衛軍と世界警察は、世界各国からの志願兵や志願者によって構成され、比較的軽装備ですみ、世界各地に分散し、ネットワーク型の運営体制を保持することになろう。世界連合創設後の世界自衛軍の当面の目的は、各リージョンの安全保障に加えて、国家の再軍事化や核武装や再核武装ならびにテロリスト集団の武装化や核武装を防止することにある。

### まだらな平和連合の形成の試み

こうした世界連合案や世界連合政府案に対しては、反対論ないし反対勢力が出てくるのは必至であろう。こうした反対論や反対勢力は、不可避的に現在の地政学的布置に根ざすものであろう。つまり、現在、唯一のスーパーパワーとして国際政治を自らのアジェンダで管理しようとするアメリカ合衆国政府は、現状維持を指向する可能性が高い。またロシア、中国、イギリス、フランスといった現在の安保理常任理事国政府も、その特権的地位を容易に手放そうとはしないであろう。おそらく現在の国際政治のヘゲモニーを基本的に維持しようとする諸国とその是正ないし組み替えを求める諸国とのあいだには、多種多様な思惑やズレそして錯雑とした関係が生じることは想像に難くない。しかし、核兵器テクノロジー開発の飛躍的進展、核アナーキーの昂進と拡散の深刻化、核至上主義（原発問題も含む）のリスクの高まり、世界各地にみられる過剰暴力の噴出、最終的にはこれらの契機が、やはり早晩より適切で実効性のある世界規模の政治統合へとむかわせる要因になるであろう。

しかし、核アナーキーの克服を含む諸種の世界ガバナンスを実効的に推進する努力も必要不可欠である。どこから始めたらよいだろうか。将来の世界連合の構築への布石としては、何度も言及した国連の抜本的改組を持続的に訴え続けることである。それと併行して一つ考えられるのは、平和連合条約によるまだらな平和連合（spotted peace confederation）形成の試みである。これは、この指止まれ方式による下からの平和連合の試みにほかならない。まずその基礎となる少数の諸国家（南アフリカ、ニュージーランド、オーストラリア、カナダ、メキシコ、コスタリカ、スイス、ドイツ、スウェーデン、ノルウェー、デンマーク、フィンランド、欧州連合、韓国、日本など）のあいだに平和連合を形成し、そこを基盤として他の多数の国々（アジア諸国、アフリカ諸国、ラテンアメリカ諸国、東欧諸国、中東諸国など）とその市民たちに働きかけ、平和連合の拡大を目指すというやり方である。

そのためにも、日本政府は、現在の安倍政権の再軍備路線を大幅に変更して、それ以前の平和外交、つまり、平和構築外交に再度コミットしていく必要がある。思えば、日本政府は、一九九四年に核保有国にむけた要請の決議案「核兵器の究極的廃絶にむけた核軍縮」を、国連総会に単独で提出したことがある。その後、政府は、より強化した内容の決議案を数年続けて提出した[25]。この決議案は当初、アメリカやフランスなどの強い反対に遭遇したが、多数の国々の賛同を勝ち得た。日本政府は、この一九九四年の時点に立ち戻るべきである。そして平和連合の維持と拡大とを日本の国政と外交の柱にして、他のいくつかの政府や諸非政府組織（ＮＧＯ）と連携を深めながら、その課題と取り組むことはできないだろうか。こうすることで核保有諸国、ＮＰＴ体制に違反する諸国、潜在的核保有諸国を牽制し、核拡散に歯止めをかけ、核廃絶を働きかける。それと同時に、他の諸国と連携しつつ、安保理常任理事五大国にも働きかけ、地道かつ粘り強い外交交渉を行い、これらの五大国の核軍縮と核廃絶を促していくことはできないであろうか[26]。

## 3　東アジアにおける和解と平和構築

前節での議論を念頭に置きつつ、最終節ではこうした日本の平和構築外交の再出発として、各論として日本の政府と市民社会に課されている東アジアの和解と平和構築にどのようにかかわっていくべきか、を手短に検討しておきたいと思う。

### （1）平和構築の概念

**平和構築**

一般的な概念としての「共生」ならびに国家間の共生を意味する「国際共生」は、現代的状況において重要性をますます増し加えてきたのではないかと思う[27]。現代世界においては各地でテロリズムが引き続き見られ、局地的な紛争や対立が激化しており、アフガン戦争とイラク戦争の余波もまだ続いている。さらに中東におけるシリア内戦や過激派の暗躍、東アジアを例にとっても北朝鮮の挑発、尖閣諸島（釣魚臺群島）や竹島（独島）の領有をめぐる紛糾など、どれをとっても深刻な状況を呈している。こうして「国際共生」とそれに基づく紛争解決や平和構築は、現代世界の焦眉の課題となってきた。

近年の平和研究にとって新しい重要な展開があったとすれば、その一つは「平和構築」（peacebuilding）の理論的かつ実践的意義の高まりである。それゆえここでは、平和構築の概念が出てきた歴史的経緯、ならびにこの概念が今日の平和の理論と実践に対してどのような可能性と意義を帯びたものであるのかを概観しておきたい。共生に裏打ちされた平和構築は、今後とも日本の平和外交の支柱としてより自覚的に理解され受容されるべき重要なアプローチと考えられるからである。

平和構築の概念は、もともと平和研究者ヨハン・ガルトゥングなどが一九七〇年代に発案したものであった。だが、この概念が一般的に受容されるようになったのは、当時、国連事務総長であったブートロス・ブートロス＝ガリが、報告『平和への課題』において紛争後の平和構築の課題について言及した一九九〇年代初期であった。その時代的背景としては、ポスト冷戦期の始まりを告げるこの時期に国際安全保障、持続可能な発展、人権保障という三部門において、紛争後の社会や国際関係における平和構築が焦眉の課題として強く認識された事実があった。そして平和構築の概念の制度的具現化は、二〇〇五年の「国連平和構築委員会」（ＰＢＣ）の創設、その後の「平和構築支援事務局」（ＰＢＳＯ）および「平和構築基金」（ＰＢＦ）の設置によって促進された。その後、国連の平和構築の総合的な制度的デザインにかかわる新たな「平和構築アーキテクチャー」（ＰＢＡ）が創設されたが、そのリーダーシップの下にＰＢＣ、ＰＢＳＯ、ＰＢＦは包摂されることになる[28]。

「平和維持活動」（peacekeeping operation）は、一九四〇年代後半の中東諸国の紛争、一九五〇年代中葉のスエズ危機に対する国連の関与に関連して発案された概念で、国連の安全保障理事会の管轄下の「国際の平和と安全」の維持を目的とする活動であった。しかし、平和構築の方は国際安全保障の分野にとどまらず、持続可能な発展ならびに人権保障の分野をも網羅し、それゆえにより包括的な概念である。従来、平和構築は紛争処理などの「紛争解決」(conflict resolution) 後の活動と認識される傾向にあったが、今日ではより包括的に理解されている。つまり、平和構築は、そのなかに紛争解決活動を包含すると同時に、紛争後の社会や国際関係において紛争や戦闘が再発するのを防止する「予防措置」(preventive actions) などの平和維持活動、さらにはより長期的視野に立って紛争後の社会や国際関係のインフラ――社会的・経済的および政治的・法的基礎――の確立(「平和確立」[consolidation of peace] 活動)をも含意している。こうして平和構築は、時間的にも過去・現在・未来の三次元を見通した広汎な概念にほかならず、作業的にも紛争解決、平和維持、紛争予防、平和創造、平和確立といった多重の行為様式を網羅する包括的な概念――一種の umbrella 概念――として立ち現れてくる。

### 平和構築外交の可能性

戦後日本政府の消極外交――とくに平和および国家安全保障の分野での――については、周知のように、多種多様な分析と批判がある。しかし、それでも一九五〇年代中葉以降の日本政府の核実験反対の姿勢、一九七〇年代末以降のアジアや中東地域などにおける「政府開発援助」(ODA) 政策、一九九〇年代末以降に小渕内閣が着手した「人間の安全保障」(human security) 政策などには、一定の高い評価がある。たとえば、シンガポールのラム・ペン・エア(藍平児)は、二〇〇九年刊行の著書で一九七〇年代末以降の日本のアジアにおける「平和構築外交」に着目した。周知のように、日本の積極的な平和構築外交は、マニラでの一九七七年の福田ドクトリンの表明(①軍事大国とならず世界平和と繁栄に貢献、②心と心が触れあう信頼関係の構築、③対等な立場で東南アジア諸国の平和と繁栄に寄与、の三点を骨子とする）を出発点とした。そして一九九二年から一年余りカンボジアでの国連と連携した平和維持活動への参加、一九九九年以降の東ティモールでの平和維持活動への支援を経て、二〇〇一年発足の小泉内閣やその後の政権の外交政策へと引き継がれていった。ラムの主張は、戦後日本の消極外交に関する数多くの議論にもかかわらず、日本外交は少なくともアジアの平和構築において際立った実績を示してきたというものである。[29]さらにラムの議論は、日本政府に対して、第一の戦後の道筋であった「一国平和主義」を超えて、さらに第二の選択肢である「普通の国」路線をも超えて、より自覚的に第三の道として「平和国家」として「平和構築外交」を国是となすべきであるとの提言を含んでいる。[30]しかも、日本の平和構築外交の特質として、憲法平和主義、ODA、人間の安全保障、「平和執行」（peace enforcement）の回避、平和確立の基本的諸原則があるとの主張は、説得的な議論といえよう。[31]これはまことに傾聴すべき議論である。ただし、ラムの議論とは異なり、日本外交の積極的介入の方向性については いまだに不透明であるという分析をしているリチャード・J・サムエルズなどの論者も少なくない。[32]こうした危惧は、近年の竹島や尖閣諸島をめぐる領土問題への日本政府の対応などをみると、裏書きされている印象もある。

こうして平和構築の概念は、理論的にも実践的にも現在の平和研究の最前線に浮上してきたといえよう。その出自においてこの概念は、これまで紛争解決後の紛争予防のための平和のインフラ整備という狭い意味合いにおいて認識されていた。しかし今日、既述したように、平和構築の概念は、紛争解決、平和維持、紛争予防、平和確立など、多種多様な作業と課題を包括する広汎な意味合いで定義されるようになった。この包括性と広汎性とは平和構築の概念の魅力となっているが、しかし、それは同時にこの概念の多義性と曖昧性とを生み出す要因ともなっている。このような事情を考慮した場合、今後とも理論的にはとくに構成主義の視点から平和構築の概念のさらなる意味づけと精緻化が要請されているように思われる。(33)

### (2) 尖閣諸島問題と平和構築

#### 平和構築の積極的内実としての国際共生

一般論として国際関係における平和構築は、実際の国際共生の漸次的具現化によって成し遂げられるといえよう。その意味では国際共生は、平和構築の積極的内実であると主張しても過言ではない。いまだに冷戦構造から脱出しきれていない東アジアの現状は、まさに国際共生の実現による平和構築を喫緊の課題として突きつけている。二〇一二年から二〇一三年にかけてはとくに、竹島と尖閣諸島の領土問題が大きくクローズアップされ、北朝鮮の核兵器行使の威嚇による瀬戸際外交がその沸点に達した。こうして東アジアには、現在、紛糾や紛争の火種が数多く観察される事態となっている。その意味で、こうした紛糾や紛争の火種を大きく燃え上がらせる前に消し止める喫緊の課題が存在するのであり、事態は一刻の猶予も許さない状況になりつつある。まさに国際共生をどのレヴェルからどのように具現化していくのか、これは東アジアの平和構築の課題にとって避けて通れない問題となってきている。

当時の石原慎太郎東京都知事による尖閣諸島の購入案を受けて、二〇一二年九月一一日に日本政府は尖閣諸島の国有化を閣議決定した。おそらく当時の野田佳彦首相や玄葉光一郎外相の発想には、都の購入よりも国有化の方が国内的にも外交的にも筋が通るとの思惑があったであろう。しかし、中国や台湾はこれに激しく反発し、中国各地で反対デモや日本店の略奪も起こり、これまで築き上げてきた日中間の経済・貿易・文化交流、観光・地域・教育交流は減退の一途をたどり、その底冷え状態は続いている。日本政府の国有化は、これまでの「尖閣問題は棚上げにし、将来世代にその解決を任せよう」とした一九七二年の田中角栄・周恩来合意（日中国交正常化）、一九七八年の園田直・鄧小平合意（日中平和友好条約締結）を覆すものと受け止められた。

日中台間のこの国際法的にも歴史的にも微妙な問題に、熟慮することなく踏み込んでしまった当時の野田政権の無理解と過誤には重い責任がある。そして日本政府は安倍第二次内閣になっても、「尖閣諸島について領土問題は存在しない」という従来の主張を繰り返すのみで、その理由を中国や台湾や世界に説得する試みをほとんどしていない。

## 尖閣問題への三つの選択肢

国際法的には一八九五年の尖閣諸島の領有は、「無主の地」の「先占」であると考えられ、さらに、実業家古賀辰四郎氏や仲間たち（ピーク時には二六〇人ほど）の「一定期間の定住」（鳥毛や貝類の採取を行った）など、日本には実効支配を主張するための有利な材料が少なくない。[34] しかし、歴史的には日清戦争（一八九四—五年）最中における領有宣言であり、明治の植民地主義の展開のなかでの領有化であった。

第二次大戦後のドイツは、ナチス時代に奪ったすべての領土を戦争責任の履行という意味を込めて返還し、固有の領土とされていた旧プロイセンのかなりの地域をポーランドに割譲した。さらにルールやアルザス・ロレーヌ地方の石炭、鉄鋼について、フランスとの共同管理を実現している。だが、日本の場合、戦争責任の遂行は、一九四九年頃から米ソ冷戦が始まったこともあり、不十分なものにとどまった。尖閣諸島や竹島の問題は、こうした近代日本の植民地主義の負の遺産との関連で歴史的に捉え返す必要がある。

今、日本の政府と市民社会には、尖閣問題への解決策として三つの選択肢がある。①対立と緊張をかかえ込んだ状態にとどまる、②一九七二年以降の「棚上げ」路線に戻る、③日中、日台の対話や可能なら日中台合同の対話による紛争解決・平和構築を推進する。ここまで紛糾した事態を放置する①のシナリオは危険である。②の「棚上げ」路線に戻るは、現在のわが国の議論では多数意見である。[35]領有権問題は現状では「棚上げ」以外にないだろうが、しかしこれだけ紛糾した現状では同時に③の紛争解決と平和構築にむけた地道な外交を追求することが好ましいことは言うまでもないであろう。その意味で台湾の馬英九総統の「東シナ海平和イニシァティヴ」は、すこぶる重要な提案であった。二〇一三年四月一八日に尖閣諸島の周辺海域における「日台民間漁業取り決め（協定）」の調印がなされたが、これは馬総統の提案を受けての進展であった。しかし、その後、沖縄県の漁民からは自分たちの頭ごなしに調印がなされたことに対して、また不利な条件が課されたことに対して大きな不満が表明されている。

すでに指摘したように、今日の内政や国際関係では、紛争解決と平和構築を区別して考える従来の手法ではなく、紛争解決・和解・平和構築を一緒に行う大局的アプローチ（広義の平和構築）がとられてきている。南アフリカでは一九九五年に有識者らによる真実和解委員会（TRC）が設立され、アパルトヘイト（人種隔離政策）廃絶、和解、有色人種の被害者たちの人権復権、民主主義の制度化を行うために、積極的な役割を果たした。また東ティモールでも、二〇〇一年に設立された真実受容和解委員会（CAVR）が、人権復権と正義の回復において同様の顕著な役割を果たした。これらはいずれも一国内に適用された事例だが、広義の平和構築の解決法を、竹島問題や尖閣問題にも適用できないものだろうか。

## 結びにかえて

日本政府は、日清戦争、日韓併合、満州事変、日中戦争と続いた半世紀にわたる植民地主義の負の系譜を自覚しつつ、不十分なものにとどまった戦争責任の再履行という前提の下に、自己抑制のきいた平和構築外交に着手すべきである。

具体的には東アジア非核・非武装地帯の宣言と制度化、尖閣諸島とその周辺海域の日中台による共同管理（漁業権の相互承認）、共同開発（天然ガスと石油）、EEZ（排他的経済水域）の共同規制水域化（三国が自由に利用できる）を模索すべきであろう。共同規制水域化はすでに竹島において日韓で制度化された先例がある。そして難題ではあるが、遠い将来の可能性としては、最終的に日中台による尖閣諸島の共同統治（condominium／領土権の共有）[36]を外交努力のアジェンダに組み入れておく必要があるのではないだろうか。

東シナ海を紛争の海にしてはならず、和解と平和の海にすることが、東アジアの今後の互恵的な国際関係の構築（国際共生）にとって不可欠である。日本に求められているのは、将来の東アジアの平和構築にむけた大局的でねばり強い外交（平和憲法に根ざした積極外交）であり、各国の市民社会レヴェルでの活発な交流である。[37]

注

（1）Deudney, *Bounding Power: Republican Security Theory from the Polis to the Global Village*, p. 245.
（2）Ibid., pp. 245-264.
（3）Ibid., p. 255.
（4）Ibid., p. 256.
（5）Ibid., p. 259.
（6）Cf., pp. 276-277.
（7）Ibid., pp. 238-239. Cf., ibid., p. 262.
（8）Cabrera, *Political Theory of Global Justice: A Cosmopolitan Case for the World State*, p. 2.

(9) Luis Cabrera, "Introduction: Global Institutional Visions," in *Global Governance, Global Government*, ed. Cabrera, pp. 1-3.

(10) Ibid., pp. 2-3.

(11) Alexander Wendt, "Why a World State Is Inevitable," in *Global Governance, Global Government*, ed. Cabrera, p. 27.

(12) Ibid., p. 27.

(13) Ibid.

(14) Ibid., pp. 32-33.

(15) Ibid., p. 31.

(16) Ibid., p. 55.

(17) マイケル・ハート、アントニオ・ネグリ「序文」(ウィリアム・F・フィッシャー、トーマス・ポニア編『もう一つの世界は可能だ』、加藤哲郎監訳、日本経済評論社、二〇〇三年)、五―六頁。

(18)「もう一つのスーパーパワー」(パトリック・タイラー)とも呼ばれた地球規模のイラク反戦デモについて、以下のデイヴィッド・コートライトの指摘を参照。「二〇〇三年二月一五日に、世界中の何百もの都市で推定一〇〇〇万人の人々がイラク戦争に反対するデモに参加した。それは、反戦運動にとって人類史上最も重要な一日であった。一〇〇万人以上の人々がロンドンの中心部に集結し、膨大な数の群衆がローマ、バルセロナ、ベルリン、マドリード、パリ、シドニー、そして他の何百もの都市で行進を行った。……地球上の人々がイラクへの侵攻計画に対して、これまでにないような一つにまとまった声をはっきりと叫んだ。『世界は戦争にノーを言っている』というのがスローガンであり、それが現実でもあった」。デイヴィッド・コートライト「もう一つのスーパーパワー——グローバルなイラク反戦平和運動」(高田明宜訳)(村上陽一郎・千葉眞編『平和運動と平和主義の現在』風行社、二〇〇八年)、二七三頁。

またニューヨークの「ウォール街占拠」デモについては以下を参照。五野井郁夫『「デモ」とは何か』(NHKブックス、二〇一二年)、一一—一二、一六—一六三頁。

(19) Cf. Toulmin, *Cosmopolis: The Hidden Agenda of Modernity*, pp. 192-198, 207-209.

(20) Wendt, "Why a World State Is Inevitable," pp. 49-52.

(21) Ibid., pp. 51-55.

(22) この関連では、四〇年も前に書かれたE・F・シューマッハーの以下の言葉が想起される。「いかに経済がそれで繁栄するからといって、『安全性』を確保する方法もわからず、何千年、何万年の間、ありとあらゆる生物に測り知れぬ危険をもたらすような、毒性の強い物質を大量にためこんでよいというものではない。そんなことをするのは、生命そのものにたいする冒瀆であり、その罪は、かつて人間のおかしたどんな罪よりも数段重い。文明がそのような罪の上に成りたつと考えるのは、倫理的にも精神的にも、また形而上学的にいっても、化け物じみている。それは、経済生活を営むにあたって、人間をまったく度外視することを意味するものである」。E. F. Schumacher, *Small Is Beautiful: Economics as if People Mattered* (New York: Harper & Row, Publishers, 1973), p. 145. 小島慶三・酒井懋訳『スモール イズ ビューティフル』(講談社学術文庫、一九八六年)、一九一頁。

(23) カントは分権型の「平和連合」とその拡充を次のように説明している。「この連合が求めるのは、なんらかの国家権力を手に入れることではなくて、もっぱらある国家そのもののための自由と、それに連合したほかの諸国家の自由とを維持し、保障することであって、しかも諸国家はそれだからといって、（自然状態にある人間のように）公法や公法の下での強制に服従する必要はないのである。……連合制度は次第にすべての国家の上に拡がり、そうして永遠平和へと導くことになろう……」。宇都宮良明訳『永遠平和のために』（岩波文庫、一九八五年）、四三頁。

(24) この関連で筆者はかつて以下のような議論をしたことがある。「［これは］筆者によるカントの議論の応用ないし敷衍であるが、ホッブズが自然状態から国家設立を導出する際に用いた『すべての人間が、一回限りの行為において同時に自らの自然権を主権者に譲渡する』という論理を逆手にとり、『すべての国家の主権者が、一回限りの行為において同時に、軍事的主権とそれを成立せしめている物的基盤である常備軍とを国際連合に譲渡する』という論理に基づく、すべての国家の同時的武装解除の要請である。この長期的展望は、日本国憲法が内在化している『戦争の違法化』および『戦争の廃絶』の理念に相即するものであり、憲法の徹底的平和主義の目指すべき『方向と線』でもある」。千葉眞『「未完の革命」としての平和憲法』、一八八―一八九頁。

(25) 黒澤満『核軍縮と国際平和』（有斐閣、一九九九年）、一五五頁。

(26) 二〇一四年四月に、被爆地の広島市で非核保有国一二か国による「核軍縮・不拡散イニシアティブ」（NPDI）の外相会合が開かれ、アピール「平和宣言」（四月一二日）を採択した。その内容は、核廃絶への具体的ロードマップも示されておらず、批判もあるが、日本発のまだらな平和連合の形成の試みとして高く評価できる。

(27) 「国際共生」の概念の意味内容については、大阪女学院大学国際共生研究所が共同研究に従事している。黒澤満「序章」（黒澤満編『国際共生とは何か』東信堂、二〇一四年）、i‐xii頁。

(28) Cf., Rob Jenkins, *Peacebuilding: From concept to commission* (London and New York: Routledge, 2013), pp. vii, 2-3, 44-148.

(29) Cf., Lam Peng Er, *Japan's Peace-building Diplomacy in Asia: Seeking a more active political role* (London and New York: Routledge, 2009), pp. ix, 1, 6, 10. ラムは、カンボジアと東チモールにおいて日本の平和構築活動は成功したが、アチェ、スリランカ、ミンダナオにおいてはそれほどの成果を挙げることができなかったと指摘している。Ibid., pp. 5-10, 27-114.

(30) Ibid., pp. 1-5, 10.

(31) Ibid., pp. 15-26, 104-114.

(32) Cf., ibid., pp. 104-105. Richard J. Samuels, *Securing Japan* (Ithaca: Cornell University Press, 2007), pp. 4-9, 185-209.

(33) E.g., Vincent Chetail, "Introduction: Post-conflict Peacebuilding — Ambiguity and Identity," in *Post-Conflict Peacebuidling*, ed. Vincent Chetail (Oxford: Oxford University Press, 2009), pp. 1-33. Oliver P. Richmond, *The Transformation of Peace* (New York: Palgrave Macmillan, 2007), pp. 6-17, 85-123. 片野淳彦「思想としての平和構築」(千葉眞編『平和の政治思想史』おうふう、二〇〇九年)、二九三―三〇三頁。

(34) Cf., Thomas J. Schoenbaum, ed., *Peace in Northeast Asia: Resolving Japan's Territorial and Maritime Disputes with China, Korea and the Russian Federation* (Cheltenham, UK and Northampton, MA, USA: Edward Elgar, 2008), pp. 30-51, 83-104.

(35) 以下の諸著作を参照。豊下楢彦『「尖閣問題」とは何か』(岩波現代文庫、二〇一二年)。孫崎享『日本の国境問題』（ちくま新書、二〇一二年）。孫崎享編『検証 尖閣問題』（岩波書店、二〇一二年）。新崎盛暉ほか『「領土問題」の論じ方』（岩波ブックレット No. 861、二〇一三年）。

（36）共同統治にはいくつかの歴史的事例がある。たとえば、イギリスとフランスは一九八〇年まで南太平洋のニューヘブリデーズ諸島を共同統治していた。現在のバヌアツ共和国が独立国家として成立した一九八〇年の時点でこの共同統治は解消した。

（37）ここで筆者が言及している「平和憲法に根ざした積極外交」とは、昨年来、安倍政権が言い始めた「積極的平和主義」とは内容において正反対であることを、念のため申し添えておきたい。安倍政権の主張は、日本の軍事力および日米同盟の強化を基軸とした覇権的安全保障の強制である。これに対して「平和憲法に根ざした積極外交」とは、対話、説明、説得、交渉、妥協といった言葉による外交的手段と解決法を積極的に行使する平和構築の多面的な営みである。

筆者は別の論考で、安倍政権の「積極的平和主義」が結局のところ、G・オーウェルの使用した「ダブル・シンク」（二重思考）や「ダブル・トーク」（二重語法）に近いと論じたことがある。「軍事強調路線」を「積極的平和主義」呼ばわりする物言いは、オーウェルが批判する「戦争は平和である」式の言葉の操作でしかないであろう。千葉眞「戦後日本の政教分離と靖国問題」（和田守編『日米における政教分離と「良心の自由」』（ミネルヴァ書房、二〇一四年）、二八五頁。

# 付論　東アジアにおける和と共生の実現のために

## はじめに

### 東アジアにおける和解と平和構築

いかなる平和の理論化の作業も、その人が自ら身をおく具体的かつ現実的な歴史的文脈の「実在」そのものから始められねばならない。筆者にとって、この「生活の座」(Sitz im Leben) はいくつもの仕方で表現されねばならないが、その最も重要な歴史的文脈の一つは東アジアにおける日本である。この歴史的および地域的な東アジアのなかの日本という具体的文脈とは、明らかに無実かつ無垢な日本を意味しない。周知のように日本は、一九三一年に始まり一九四五年に終結するいわゆる「十五年戦争」期に、その戦慄すべき超国家主義と軍国主義とによって、隣接するアジア・太平洋諸国を侵略した国家である。日本政府はこの一五年ほど、とくに経済と科学技術の分野における「東アジア共同体」ないし「東アジア・パートナーシップ」の政策の追求に着手すると何度か宣言してきた。しかし、この試みは必ずしも近隣諸国に諸手を挙げて歓迎されたわけではなかった。日本政府および財界などによる前述の「東アジア共同体」の言説は、近隣の東アジア諸国にとっては、一方における経済的利益の観点からの積極的評価と同時に、他方、歴史問題ないし歴史認識の問題との関連では一種の冷淡さないしは微妙なためらいをもって受け止められた感がある。

また周知のように、この東アジアの文脈において日本政府は、四〇年にもわたって、北朝鮮による日本人拉致問題を強く問題提起してきた。しかし、かつての東アジア諸国の歴史的文脈において、戦時中、朝鮮半島の数十万単位の人々を兵役や強制労働や慰安婦業務のために連行し酷使した非人道的な国家的拉致の問題が存在した。この歴史的過誤と真摯に向き合うことなく、この日本政府による日本人拉致問題が提起された経緯からか、この問題も、同情とともにある種の無関心とためらいをもって受け止められてきたきらいがある。それに加えて、日本は今日、近隣諸国とのあいだに三つの島領有問題をかかえている。すなわち、ロシアとの北方領土問題、韓国との竹島（独島）問題、そして中国との尖閣諸島（釣魚臺群島）問題である。島領有問題の解決にむけての動きは、暗礁に乗り上げているか、あるいは停滞していると言ってよいであろう。さらには、前述の従軍慰安婦問題ならびに韓国、台湾、中国の労働者に対する強制移住や強制労働を含む、日本の戦争謝罪と戦争責任問題は完全な解決を見ないまま放置されており、和解にむけた早急の話し合いおよび真なる解決が求められているのも、現実である。ポスト冷戦の歴史的文脈において、日本政府はこれらの懸案事項と真摯に取り組む必要があったが、それが十全な仕方での履行ないし再履行には至らなかった。アメリカ合衆国の多くの人々にとっては、一九四一年の真珠湾攻撃はいまだに赦しがたい戦争の記憶として受け止められている。一九四五年八月の広島と長崎に対するアメリカ政府の原子爆弾投下に対しては、日本と世界の人々、少なからざる数の歴史家たち、数多くの政治学や国際法や平和研究の専門家たちから今なお厳しい批判が寄せられている。(1)

筆者は、東アジアにおける和解と平和を妨げているこれらの幾重ものハードルを一つひとつ取り除くために、注意深くも精力的で多角的な地道な努力が早急になされる必要があると考えている。もちろん、政府間の外交や交渉はその中心に位置づけられねばならない。しかし、市民社会のレヴェルにおいても、これらの諸問題を多国間的に討議し解決するための諸種のトランスナショナルな市民フォーラムやネットワークの構築が必要であり、これはすでに実施されているが、歴史家などの専門家たちの合同研究会などを開催し、共同の学習と討議と議論を今後とも続けていく必要がある。東アジア諸国の歴史家たちが研究と討議のための会合を定期的にもち、東アジア地域の共通の歴史について資料を収集交換し、この広域リージョンの共通の歴史認識——おそらく複数の歴史観——を共有していく試みは最も基本的な課題である。こうした努力とともにもう一つ追求されねばならない平和と和解への道筋としては、二国家間、多国家間いずれにせよ、単一問題解決型であれ、複次元的問題解決型であれ、東アジアにおける前述の多次元にわたる問題や論争を解決するために、必要なら国連のサポートの下に第三者機関による仲裁や和解や調停の試みも行われるべきであろう。このような真摯な努力なしには、東アジアは現代世界のなかで唯一冷戦構造が依然として残存する地域として取り残されることになる。戦後日本の復興、日本国憲法下でのまがりなりにも民主主義的平和国家としての再出発とその模索は、総じて世界の国々の信頼を得てきた実績があるものの、東アジアの歴史問題は棚上げにされてきた印象が強い。ポスト冷戦下で早急の解決にむけた外交努力が必要であったが、ほとんど何もなされぬまま放置されてきた。それどころか、この一〇年余り、日本政府の東アジア外交は、国政の右傾化と相俟って、中国の軍事路線に刺激されて、国家主義的色彩を強めてきている。これは憂慮すべき最大の懸念材料である。

### 日韓国交正常化四〇周年記念国際会議

二〇〇五年九月三〇日に、日本政治学会（ＪＰＳＡ）と韓国政治学会（ＫＰＳＡ）とは、毎日新聞、朝鮮日報ほかの協賛の下で、日韓国交正常化四〇周年を記念して、両国の政治学者と退役した外交官を中心に大規模な国際会議を開催した。当時、筆者は日本政治学会の国際交流委員長を務めていたこともあり、韓国ソウルの聖公会大学校の梁起豪教授とともに国際会議の議長を務めた。その会議で筆者は、東アジア・パートナーシップの将来的展望についての理解と評価に対する、両国代表者間の目に見えにくいが明らかに存在する緊張に困惑したことを、昨日のことのように想い起こすことがある。一方で、日本代表のうちの何人か、とくに退役した外交官たちは、戦争謝罪と責任問題は四〇年前に決着が着いているという前提で、彼らの主張を提示していた。他方、学者と外交官を含む韓国側の代表者たちは、あからさまな非難の主張がなされることはなかったが、日本政府の戦争責任問題に対する措置は十分でなく、控えめに言っても、歴史における正義の基準は満たされていないという認識を、少数の例外を除いて、共有しているようにみえた。戦争責任問題に関しての日本に対する韓国側の疑念は、日本側の明らかな沈黙あるいは無関心によって十分な応答を得られぬままであった。この問題に関する認識のズレは、まさに甚大であったといえる。

筆者は、東アジアにおける真なる和解と平和を実現するためには、日本の政府と市民社会が、戦争謝罪と戦争責任への責任ある対応を十全にふたたび実行すること以外にはないと考えている。このような日本側からの心底からの戦争謝罪と戦争責任の再履行にむけての真摯な対応がとられることなしには、このリージョンにおける和解と平和を達成する見込みは成立しないように思われる。というのも、このリージョンにおける和解と平和の成就のための必要十分条件、すなわち「矯正的正義」の履行が、いまだに成し遂げられていないからである。この付論においては、これら一連の問題についても検討してみたい。

前半部で東アジアにおける戦争責任問題に対する戦後日本の取り組みとその不十全性について検討した後、後半部ではこの付論の主たるテーマである東アジアにおける和解の実現という課題を視野に入れつつ、この広域リージョンで共有されている「和」と「共生」の概念を取り上げ、それらの概念の現代的意義を考察したい。その際、戦争責任の履行の不十全性との関連でアリストテレスの「矯正的正義」の概念を取り上げ、日本の政府と市民社会が「矯正的正義」の実現を軸に戦争責任の再履行に着手し、和と共生を土台とした平和構築の課題を各国の政府と民衆と共に担っていく必要について検討してみたい。

## 1　戦後日本の戦争責任への対応とその不十全性

### (1) 深刻な認識のズレの問題

**戦後日本と戦争責任履行問題**

戦後日本の政府と市民社会は、アジア・太平洋戦争の被害諸国に対する戦争謝罪および戦争責任の履行の問題において、後に見るように、かなりのことは実行したけれども、十分に責任ある対応とはいえなかった。この戦争責任の履行という歴史的課題との取り組みの不十全性は、戦後日本の民主主義にとって手痛い挫折であった。戦争責任問題におけるこの戦後日本の政府と市民社会の歴史的挫折は、戦後の西ドイツの対応と鋭いコントラストをなしている。[2] また、この日本政府の失敗は、戦後の東アジア、東南アジア、さらには南太平洋地域との関係において、適切かつ友好的な国際関係を構築していく課題を遂行していく上で障害となった。

最初に取り上げてみたいのは、日本の戦争責任の問題に関して戦後一貫してみられた日本政府と被害諸国の政府とのあいだの認識のズレの問題である。(3) この認識のズレの問題の背後にある歴史的事由としては、一九四九年頃に生起した東アジアにおける米ソ冷戦の開始があった。さらに一九五一年に締結されたサンフランシスコ講和条約の問題もあった。これら二つの問題について検討する必要がある。第一に、東アジアの歴史的文脈では米ソ冷戦は一九四九年頃に始まり、この広域リージョンに対するアメリカの政策はこの時期に大きな転換を果たした。一九四五年のポツダム宣言の受諾に伴って、占領軍は、一九四七年に施行された日本国憲法の前文と第九条に見られるように、戦後日本の非軍事化に成功した。第九条においては、国際紛争を解決するための手段として戦争は放棄され、軍事力とその他の戦力の保持は禁止され、さらに交戦権も否認された。しかしながら、当時の国際情勢の急速な変化により、アメリカの外交政策は、西側自由主義陣営に対するソヴィエト連邦の脅威を食い止める防波堤としての日本の戦略的位置の重要性を再確認することとなり、その結果、戦後日本の再軍備の道を追求し始めたのである。さらに中国は共産主義国家として戦後再出発したのであり、一九四九年一〇月に中華人民共和国が設立された。そして一九五〇年には追い打ちをかけるかのように、朝鮮戦争が勃発したのである。このような東アジアにおける急速な歴史的変化によって生じたアメリカの大幅な外交政策の再定位は、多岐にわたる多大な歴史的帰結をもたらすことになった。非武装化されたはずの戦後日本の再軍備への準備は、一九五〇年の警察予備隊の設立、一九五二年の保安隊への改組、さらに一九五四年の自衛隊の創設という仕方で着々となされていった。

これらの一連の出来事を背景としてアメリカは、戦後まもなく中国、韓国、オーストラリア、その他のアジア・太平洋諸国およびヨーロッパ諸国の声を封じ込める挙に出たのである。これらの国々は、当時、帝国日本の軍隊による侵略行為や非人道的行為や人的および物的被害に対して、戦争謝罪、国家的賠償、個人的補償を含む日本政府の適切な戦争責任の履行を当然のことながら要求していた。さらに一九五一年にはアメリカの主導によってサンフランシスコ講和条約が締結されたが、その戦争責任と戦後賠償の項目は日本に対しては過度に寛容であり非懲罰的であると受け止められた。たとえば、この講和条約の規定にしたがえば、戦後の日本政府による戦争責任の受容と履行に関する規定は、戦争被害諸国にとっては過度に抑制されたものと受け止められたのである。同条約の第十四条（a）項には、次のような規定がみられる。

「日本国は、戦争中に生じさせた損害及び苦痛に対して、連合国に賠償を支払うべきことが承認される。しかし、また、存立可能な経済を維持すべきものとすれば、日本国の資源は、日本国がすべての前記の損害及び苦痛に対して完全な賠償を行い且つ同時に他の債務を履行するためには現在充分でないことが承認される」。

これに続く諸項を勘案しても、日本の戦争責任と賠償と債務に関するこの条項は、被害諸国に対する戦争賠償の問題について、日本に対しては適度の要求すらも課されることのない緩和された内容となっていた。日本政府に対して有利な処遇を決めた歴史的事由の決定的な要因としては、既述したアメリカの極東戦略の大幅な変更があった。それは、すでに勃発していた冷戦状況においてアメリカがソヴィエト陣営に対して有利な立場に立つために、日本を自由主義陣営に組み込もうとしたアメリカの政策上の意図であった。予想された通り、アジア・太平洋諸国の多くは、講和条約第一四条に条文化された戦後賠償規定に深い失望感を表明した。ソヴィエト連邦と中華人民共和国は、講和会議それ自体に招かれることはなかった。さらにビルマ（現ミャンマー）とインドは欠席し、フィリピンとインドネシアの代表は第一四条（a）項に対して強い反対意見を表明し、条約の批准を拒否した。

こうした国際関係上の政治的な要因にも影響されて、日本の戦後政治は戦争責任の履行問題に関しては政治的アカウンタビリティー[4]を大きく欠落させたものとなり、アジア・太平洋諸国にとっては受け容れがたいものとなった。この政治的アカウンタビリティーの欠如は、一面、冷戦の開始期における東アジアをめぐるアメリカの政策変更に由来していたともいえよう。そうしたアメリカ主導の権力政治の下で、日本の戦争責任、賠償、諸個人への補償の問題を取り扱うはずの政治の基盤が失われてしまったことが、これら一連の問題が棚上げにされてきた主たる歴史的要因であった。

### 底冷え状態にある韓中の対日国民感情

戦後日本の戦争責任をめぐる問題にまつわる不透明さと曖昧さは、日本政府の政策に対する韓国や中国およびその他の被害諸国に大きな不満と不信をもたらすことになった。日本と東アジアの隣接諸国との緊張関係は、東アジアにおける冷戦構造によって強化されたわけであるが、この緊張関係は紆余曲折を経ながらも今日に至るまで引き続き見られる。この事実は、朝日新聞社およびその他の報道機関各社による継続的になされてきた世論調査によっても浮き彫りにされている。この種の世論調査は、日本人、韓国人、中国人の一般的な相互認識および理解における分裂の深まりを立証している。たとえば、朝日新聞の二〇〇五年の世論調査によれば、日本が嫌いという割合は韓国人においては六三%であり、中国人の場合は六四%に上る。(5) この数字は韓国人および中国人による日本に対する近年のネガティブな感情の高まりを示しているが、その主たる背景としては、当時の小泉首相による靖国神社参拝問題、ならびにそれが提起したいわゆる「歴史認識問題」があったことは明らかであろう。そして中国と尖閣諸島の領有をめぐる問題がホットな争点になった二〇一二年の秋以降、二〇一三年六—七月に行った世論調査（中国の政府系英字新聞「チャイナ・デイリー」と日本非営利団体「言論NPO」の調査）によれば、中国と日本両国の国民のうち、相手国に対する印象が「良くない」または「どちらかといえば良くない」と答えた人の割合は、中国が九二・八%、日本が九〇・一%だったという。(6) 後者の世論調査の結果は、尖閣諸島問題で両国のナショナリズムが沸騰していたことを考慮する必要がある。しかし、こうした日中、日韓の国民感情の齟齬は、一面、中国や韓国からは、日本の中等教育において過去の歴史がどのように教えられてきたのか、また現在どのように教えられているのか、さらには今後どのように教えられようとしているのか、といういわゆる「歴史教科書問題」として提起されている。しかしながら、この「歴史認識問題」は、戦後日本が戦争責任の問題にどのように対応してきたのか、という重要な問題をも含んでいる。

前述の朝日新聞社による世論調査では、東アジア諸国の相互の関係を改善させるための施策に関して、諸国が対照的な態度をとっていることをも示している。すなわち、一方では日本人の大部分は、この不幸な分裂の克服には、東アジア諸国間でのさまざまな形での人的交流が必要であると考える傾向にある。こうした人的交流には、たとえば経済協力や交易、人々の観光や訪問を通じての交流、市民社会レヴェルでの種々の協力や連携、三国の歴史家たちによる共通の歴史叙述のための共同研究プロジェクトなどが含まれるであろう。日本人の多くの見方にしたがえば、こうしたさまざまなレヴェルでの人的交流は、懸案の「歴史認識問題」に対しても「重なりあう合意」を作り上げるのに重要な一里塚となりえるとされる。こうした日本人一般の見方に対して、六〇%を上回る韓国人と大多数の中国人は、凄惨を極めた戦争犯罪に対する日本政府による公式かつ誠実な謝罪、ならびにより適切な賠償と補償を早期に実現することが、最優先されるべき焦眉の課題であると考えている。中国と韓国の大多数の人々は、この重要な最初の一歩なくしては、どのような経済協力や人的交流や他の多くの領域における協働行為も、ほとんど無意味であり役に立たないと考えている。(7) まさにここにおいて、つまり、戦争責任問題において、日本と近隣の被害諸国とのあいだにみられる認識上の最も深刻なズレが見出される。

## (2) 日本政府の対応における問題点

### 一連の戦争謝罪とその問題点

付論の主要な目的は、戦争責任の履行において、日本政府と市民社会がなしてきたこと、ならびに十分にはなしてこなかったことに関して厳密な歴史学的分析および経験科学的検証を試みることにあるのではない。そうではなく、その目的は、日本政府による戦争責任の履行に関連するいくつかの事実を考察することによって、その戦争責任の取り方における不十全性に光をあてつつ、それを検証することにある。

十五年戦争に関する被害諸国に対する戦争謝罪に関しては、日本政府は一九四五年のポツダム宣言受諾、一九四六年から四八年にまで及んだ極東軍事裁判（東京裁判）の判決受諾、一九五一年のサンフランシスコ講和条約の受諾と履行によって十全に実行してきたという公式見解を採ってきた。さらに、戦後日本の歴代の首相は、さまざまな場で、被害諸国の政府と戦争犠牲者に対する謝罪を表明してきた。これらの首相声明は、日本政府の観点からみれば、政府による公式の見解表明あるいは準公式の見解表明として見なされてきた。そのなかでも、日本政府というよりは日本の識者とジャーナリズムならびに近隣諸国の政府によってとりわけ重要な声明と位置づけられてきたのは、一九九三年夏の当時の細川護熙首相による一連の謝罪声明である。細川首相が表明した一連の声明は一歩踏み込んだものであり、満州事変から太平洋戦争に至る帝国日本による一連の戦争は、基本的に侵略戦争であったことを認めるものであった。この細川首相のより徹底した立場は、周知の通り、一九九四年から一九九六年にかけて首相の座にあった当時の社会党の村山富市首相によって引き継がれた。しかしながら、アジア・太平洋諸国の政府と国民は、戦後の日本の首相によって折に触れてなされた戦争謝罪に必ずしも満足していたわけではなかった。彼らの大部分にとっては、これらの首相声明は、帝国日本による戦争行為の非人道的かつ侵略的性格を十分に明示するものとは受け止められず、また具体的な戦争の賠償や補償行為を伴うものではなかった(8)。

謝罪が誠実であるためには、その背後に真摯な悔改めの気持ちと赦しを切に求める誠実さが要求されることは、個人的な謝罪の場合も、集団の社会的および政治的謝罪の場合も同じである。日本の歴代の首相の謝罪声明は、一部の例外を除いて、このような心底からの悔改めに基づいて赦しをこい願うタイプのものではなく、通り一遍のものだったという印象が強い。そして戦争謝罪の場合に——社会的ないし政治的赦しの場合も同様だが——、決定的に重要なのは、率直な悔恨の感情の表白、なぜそのような侵略行為や蛮行や政治的犯罪に陥ってしまったかの理に適った説明と反省、さらには正義と衡平の原則に適う誠実な償いの三要素が不可欠である。日本政府の戦争謝罪の場合には、これら三要素(感情・理性・行為)のいずれの面でも不十分であった。

戦後の歴代の首相のうちの誰が、大虐殺が行われた南京に赴いて、あるいは教会焼き討ち事件の現場になった提岩里(現在の華城市)に赴いて、その現場の前で頭を垂れて謝罪を行っただろうか。後に見るように、日本の市民社会レヴェルでは南京でも提岩里でもそのような謝罪行為が例外的にいくつかなされてきたが、日本政府の側からは、戦争謝罪と戦争責任の問題は解決済みであるとの一点張りで、なされて然るべきこのような謝罪行為が行われてこなかった。これは、一九七〇年に西ドイツのヴィリー・ブラント首相が、ポーランドのワルシャワ・ゲットーに赴いて、記念碑の前に跪き深く頭を垂れて、ナチス・ドイツのユダヤ人虐殺について謝罪と哀悼を捧げた事例と際立ったコントラストを示している。日本人の赦しには「水に流す」という「忘却」行為が中心に据えられてしまい、その結果、深い「懺悔」や「悔改め」に基づいて相手方に赦しを心底からこい願う態度が出てきにくいのではないか、という憶測も生じよう。だが、これは文化的問題にも関わる事柄でもあり、検証するのが困難な仮説でしかない。

さらに時折、論壇では日本の恥《はじ》の文化と韓国の恨《はん》の文化との衝突という側面を強調する向きもある。つまり、先祖の恥を自分の恥として、歴史の現実を隠蔽しようとする傾向をもつ日本の恥の文化と、先祖の受けた迫害や苦難をあくまでも自分の受難として受け止め、敵対者を執拗に糾弾するという傾向をもつ韓国の恨の文化とのズレをそこに見ようとする見解である。しかし、これもまた文化的問題にかかわる一つの解釈であるだけに、そこには信頼に足る論拠や実証的な立論があるわけではなく、検証するのが困難な仮説というほかないであろう。

## 日本政府と市民社会の戦争責任の履行

ここで戦後の日本政府による戦争責任の履行のあらましについて概観しておきたい。まず日本政府は中華民国（台湾政府）とのあいだで一九五二年四月二八日に講和条約に調印したが、その際、台湾政府は戦争被害に対する賠償の権利を放棄した。これは当時の中華民国初代総統であった蒋介石個人の日本に対する寛大な措置によるところが大きかった。しかし、戦争被害者諸個人に対する補償請求の権利は、後に決定すべき特別事項として台湾側によって留保された。しかしながら、一九七二年に日本政府が中華人民共和国を唯一の正統性を保持する中国政府であると公式に承認した際に、台湾との講和条約は、事実上、失効した。したがって、台湾の戦争被害者諸個人の補償請求問題は、依然として未解決のまま放置されることとなった。中華人民共和国の場合は、当時の田中角栄首相が訪中して、一九七二年九月二九日に調印した日本との「共同宣言」を発表した際に、そのなかで戦争賠償権を放棄することを謳った。しかし、戦争被害者諸個人やその家族に対する補償問題は、解決を見ないまま棚上げにされたと言って間違いではないであろう。

大韓民国（韓国）との戦後日本の外交関係の場合、国交正常化の動きは一九六五年六月二二日にようやく始まった。その成果としては、「日韓請求権並びに経済協力協定」（財産及び請求権に関する問題の解決並びに経済協力に関する日本国と大韓民国との間の協定）が締結された。この協定の第一条一項（a）によれば、日本政府は韓国に対して、一〇年間にわたり総額一〇八〇億円（当時の米ドルで三億ドル［以下、ドル表記はすべて当時の米ドル］）相当の「日本の生産物及び日本人の役務」を無償で供与するとした。さらに第一条一項（b）によれば、日本政府は韓国に対して、七二〇億円（二億ドル）の額に達するまでの「長期低利の貸付け」を提供することが義務づけられた。この協定にしたがえば、これらの措置は、財産賠償請求権の要求をすべて破棄するという目的の下に導入されると規定されていた。後に検討するように、これらの条項は、戦時中に日本帝国政府によって戦争行為や強制労働に従事させるために強制的に移住させられた個々の韓国人被害者たちへの補償問題を提起するものではなかった。そのために、韓国人の戦争への強制徴用や強制労働、さらには従軍慰安婦といった問題が、一九九〇年代になって一気に浮上し、論争的問題として各方面から半ば不可避的に取り上げられることとなったことは記憶に新しい。(9) 北朝鮮とは、戦後六八年、いまだに公式には国交が樹立されておらず、戦争賠償などの問題は議論のテーブルに載っていない。

日本政府となにがしかの戦争賠償の協定を結んだアジア諸国のなかには、ビルマ（現ミャンマー）、フィリピン、インドネシア、南ベトナムがあった。日本はビルマとのあいだに一九五四年に賠償協定を結んだが、それによれば日本政府は、一〇年以内にあらゆる生産物や物資、さまざまなサービスや役務の供与によって、総額七二〇億円（二億ドル）相当を支払う約束をした。フィリピン政府は当初現金による賠償を要求したが、後にあらゆる物資や生産物、さまざまな役務やサービスや事業の供与、さらには円借款で妥協し、賠償協定を一九五六年に交わした。しかし、両政府間で実際に合意された賠償金額は一九八〇億円（約五・五億ドル）相当であったが、これはフィリピン政府の当初の賠償請求額の一〇分の一以下であった。日本政府はさらに一九五八年にインドネシア政府とのあいだに賠償協定を締結し、向こう一二年間で八〇三億八八〇〇万円（約二億二三三〇万ドル）相当が、製品、建設事業、サービス供与、円借款を通じて支払われることとなった。インドネシア政府は当初一八〇億ドルを請求していたが、実際に合意され支払われた額面はその八〇分の一相当でしかなかった。日本政府はさらに南ベトナム政府とのあいだに賠償協定を締結したが、それは建設事業とサービス供与を中心としたもので、総額一四〇億四〇〇〇万円（約三九〇〇万ドル）相当の賠償がなされることになった。これらの賠償協定は適切に履行された。

その他、日本政府とのあいだに前述の賠償協定とは異なる措置を講じたアジア諸国もあった。カンボジア政府は一九五九年に、賠償請求権を放棄する一方、その代償として総額一五〇億円（約四一六七万ドル）相当の経済協力および技術協力を得ることで合意した。ラオス、モンゴル、そしてその他のアジア・太平洋諸国も、同様の経済協力および技術協力の取得の方式による協定を締結した。[10]

### 日本政府への不満と批判

当時、こうした日本政府による円借款および経済・技術協力による戦争賠償の方式は、一種の偽装された「貿易」ないしは「商取引」として批判されることもあった。生産物や製品、事業やプロジェクト、役務やサービスの供与によってなされたこれらの賠償の方式は、日本が当時うまく遂行できた方法であっただけでなく、そこから利益を得ることが可能な方法でもあった。言い換えれば、この賠償方式を採用することで日本政府はできるだけドルを貯めて、戦後初期の経済復興と技術革新に活用し投資することができたのである。既述したように、この種の措置は、冷戦期のアメリカによる全面的支援の下で日本側には有利に作用した面がある。しかしその裏面として、アジア・太平洋諸国の政府にとって、戦後日本のこうした政策遂行は、公平性とアカウンタビリティーと正義に欠けていると受け止められる傾向にあった。

冷戦が終結した一九九〇年代の初頭において、アジア・太平洋諸国の政府と民衆に鬱積していた戦後日本への不満と憤りとが、噴出してきたことは疑問の余地がない。[11] その背景としては、とりわけ一九八〇年代までに戦後日本がいわゆる「経済大国」としての地位を築いた事実があった。さらにそのような日本の経済的豊かさを表す象徴的事件として、一九九一年の湾岸戦争時に日本政府がアメリカを中心とした連合国側に一三〇億円にものぼる戦争支援金を提供した出来事があった。わが国の政界とメディアと世論においてはこの出来事が「金は出すが血を流さない」国としての日本が世界各国から冷たい眼差しで見られた事例として受け止められたが、しかしかつてのアジア・太平洋諸国（戦争被害諸国）においては、自国の利益ばかりを優先しアメリカに追随する日本政府に対する懐疑と憤りをさらに深める事件として記憶された。さらにまた、前述のような日本政府の戦後賠償の努力は、戦後のドイツと比較した時に、被害諸国家に対する戦争謝罪の行為においても、具体的な賠償の額面においても圧倒的に劣っていたことが指摘される。衆議院の主任調査員として日本の戦後賠償にあたった徳田力氏の指摘するところによれば、戦後ドイツが被害諸国と被害者諸個人に対して、総額において七兆円（一人当たりに換算すると八万七〇〇〇円）の賠償金および補償金を支払った一方、日本政府はその十分の一でしかない七一四八億円（一人当たり七〇〇〇円相当）を被害諸国に対して支払った計算になる。(12)

しかしながら、さほど事例は多くないが、日本の市民社会の側からは戦争への真摯な謝罪がなされ、被害を受けた諸個人への補償が行われた事例がいくつか存在したことも想起しておきたい。とくに注目したいのは、戦後まもなく、日本のキリスト教の指導者たちが戦争謝罪と戦争責任の履行をした事例である。これはたとえば、鈴木正久、政池仁、藤澤武義、酒枝義旗、尾山令仁といった諸氏によって先鞭を付けられた。これらの戦後日本の教会や無教会の指導者たちは、具体的に韓国に何度も足を運んで、政府と民衆と教会に対して公式の戦争謝罪をなし、一部の焼き討ち事件の被害教会（たとえば華城市の提岩里教会など）に対する謝罪と補償を行った。また四半世紀以上にもわたり、毎年、一九三七年の南京大虐殺事件を記念して、謝罪と贖罪と平和友好の象徴的行為として植樹を行ってきた民間団体もある。これは、岡崎嘉平太、菊池義隆、向坊隆、白西紳一郎などの諸氏によって担われてきた市民社会の運動であり、日中関係の回復と平和構築のために貴重な働きを続けている。(13) さらに注目すべき展開は、一九九五年七月の「アジア女性基金」の設立であろう。これは当時の村山首相によるイニシァティヴの下で、いわゆる「従軍慰安婦」諸個人に対する市民社会からの補償を行おうとする基金が、首相サイド、官僚機構、大沼保昭、和田春樹、上野千鶴子といった研究者諸氏の協力の下、設立されたものである。「アジア女性基金」は、二〇〇七年三月まで継続され、総計二八五名の被害女性に「総理の手紙」とともに補償金を送った。この事業が日本政府によって行われたものではなかったこと、補償金の総額が少なすぎたこと、韓国では受け取る被害女性が極端に少なかったことなどに対する批判や反論が、国内外から多く寄せられた。だが、これらの批判にもかかわらず、またその成果の大小についての認識は分かれるにしても、政府と市民社会による戦争責任の遂行と再履行の課題に対して「アジア女性基金」は少なからざる貢献を果たしたと評価できるであろう。

### （3）戦争責任行為の再履行の必要性について

すでに明らかなように、戦後日本の戦争責任履行の努力は、被害を受けた国民や集団や諸個人に対して適正な戦争謝罪と十全な賠償および補償を履行できなかった点で、とくにドイツとの比較において疑問点と問題をはらんでいるといえよう。政治的アカウンタビリティーと責任の観点からすれば、直接の戦争被害を受けた集団や当事者諸個人に対する補償を伴わない賠償は、説得力に欠け、意味をなさないものである。ドイツの事例の他にも、たとえばアメリカ政府は、太平洋戦争中に収容所に入れられた日系人に対する補償を一九九〇年の初めに開始した比較的近年の事例がある。各被害者は、大統領からの謝罪文とともに二万ドルを支払われた。約六万人もの日系人が、一九九九年の一月末までに補償を受け取った。同様にカナダ政府は、戦時中に不当な扱いを受けた日系人に対し、謝罪文を出すとともに一人当たり二万一〇〇〇カナダドルを支払った。またドイツの場合に戻ると、ドイツ政府は一九九〇年末までに、ナチス侵略の被害者たちに対して、総額で八六四億二七〇〇万マルクの補償を行ったことで知られている。ドイツはまた、二〇三〇年までには、個人と集団を問わず戦争被害者たちに対して、さらに総額で一二〇〇億マルク（約九兆六〇〇〇億円）の補償を予定していると報じられた。

次節において筆者は、東アジアの将来にむけての和と共生の実現のために、矯正的正義の意味合いを内包する政治的アカウンタビリティーの重要性と不可欠性について論じてみたいと思う。矯正的正義にせよ、政治的アカウンタビリティーにせよ、これらの概念は、日本の政府と市民社会の双方にとって、時を失する前に、なんらかの形での適切な戦争責任の再履行を促すものであり、それが迅速に推進されるべきことを、要請するものであるといえよう。すでに遅きに失した感はあるが、この課題は、被害者諸個人の多くがすでに逝去され、近い将来、皆無になることが想定されるなかで、先延ばしにすることはもはや許されない類の事柄であることは自明であろう。

## 2　和、共生、正義

### (1) 東アジアにおける共有概念としての「和」

**和の概念と聖徳太子**

英語の"peace"にあたる用語は日本語では「平和」であるが、これは中国語の「和平」に由来する言葉である。どちらの用語も、元来、「和」という儒教に由来する古代にさかのぼる言葉であり、この言葉は同時に後に仏教思想の影響を受けた言葉である。このように「和」の概念は、儒教と仏教を背景とする宗教的および哲学的概念であり、東アジアの文脈において歴史的に共有され、各々の国の文化的伝統のなかで育まれてきた。私は本節において、東アジアの歴史的文脈におけるこの古代の概念である「和」の重要性を強調しておきたい。というのも、東アジア諸国の共有概念であるこの「和」の概念は、この広域リージョンにおける将来にむけた平和構築のための包括的なエートス上の基盤として作用する可能性があるからである。

もちろん、このことは、東アジアでは歴史的に先験的な共通性を安易に前提としえない深刻な「過去の重荷」が存在してきたことを否定できるということを意味しない。そうではなく、とくにこの一世紀半にわたる東アジアの歴史が不幸な敵対と侵略の歴史であり、佐々木寛が指摘したように、その言説空間も深刻な敵対とディスコミュニケーションによって支配されてきた事実を私たちは否定できるものではない(14)。この敵対とディスコミュニケーションの構造（とりわけ植民地主義）についての深い認識と自覚を出発点とすることなくして、東アジアにおける将来にむけた平和構築について十全には語りえないであろう。

しかしそれにもかかわらず、この近代の東アジアにおける敵対とディスコミュニケーションの背後に追いやられてはいるが、言説上の系譜として「和」という共通の平和概念がこの広域リージョンに存在していることの特異性と重要性をいま一度想起しておきたい。本節ではこのような前提に立ちつつ、古代期の日本において聖徳太子（五七四―六二二年）によって展開され議論された「和」の概念について検討しておきたいと思う(15)。しかし、「和」の概念については一つ注意が必要である。「和」の概念はしばしば「同」と同一視され、差異や異質性や不同意を承認しない日本型の伝統的かつ閉鎖的な「村」的概念として理解されてきた面が強い。同時にまた「和」は、とくに十五年戦争期には天皇制国家の支配的イデオロギーであった「大和主義」として受け止められた面がある。この付論でも「和」の概念が歴史的に理解されてきた問題性と限界に関しては、十分に顧慮されている。ここでは聖徳太子の「和」の概念が、異質なものとの共生を志向する面を備え、前述の「同一化」としての「和」とは本質的に異なるだけでなく、同時に明治以降の天皇制国家論の想定する「大和主義」をそこに読み込むのは大きな誤謬であるとの前提に立っている。

聖徳太子の事績としては、冠位十二階の制定（六〇三年）、十七条の憲法の発布（六〇四年）、遣隋使の派遣、四天王寺や法隆寺を始めとする多くの寺院の建立、『三経義疏』の著作などが有名である。そのなかでも十七条の憲法は聖徳太子の大きな功績として理解されてきたが、その基本原理は第一条で示された「和」の精神であった。「和」の精神は、仏教の信仰ならびに儒教の倫理ほかによって基礎づけられ、冠位十二階（第七条、第一一条）、聖賢政治（第七条など）、官吏の職務規定（第八条、第一三条など）、民の労役調達規定（第一六条）、ある種の合議制（第一条、第一七条など）などの制度的装置によって堅固なものとされている。

## 「慈悲」と「仁」に基づく「和」

最初に聖徳太子の「和」の教えについて見ておきたい。十七条の憲法の第一条は「和を以て貴しと為す」（以和為貴）で始まるが、この第一条こそが、憲法全体のライトモチーフであり、その根幹をなしている。この関連で注目すべきは、「和」の提唱が、決して平和な社会状態においてなされたのではなく、当時の戦乱の世においてなされたという事実である。当時、皇位継承問題、朝鮮半島の百済、新羅、高句麗に対する外交政策などについて、蘇我一族と物部一族のあいだで反目と闘争が相次ぎ、ついで穴穂部皇子の暗殺、物部一族の滅亡、崇峻天皇の殺害など、悲惨な出来事が引き続き起こっていた。このような紛争が頻発する状況のなかで十七条の憲法は人生や社会や政治の過酷な現実を深く認識しつつも、そうした一種のリアルな眼差しに裏づけられた人生の基本的価値規範を指し示している。

第二点として重要なのは、「和」の概念が、仏教思想の「慈悲」ならびに儒教思想の「仁」という二つの宗教的および哲学的基礎に立脚していたことである。「和」の思想が仏教の土台を有していることは、第二条において「篤く三宝を敬え。三宝とは仏・法・僧なり」と記されていることからも明らかである。つまり、「和」の思想は仏教の「慈悲」の思想を表現するものということができよう。「慈悲」とは人々への深い思いやりの気持ちであるが、これはとくに貧困や飢餓や病禍など悲惨な状況にある恵まれない人々に対して示され、生きとし生けるものすべてに示される仏のあわれみの心、慈しみの心である。「慈悲」の実践は、来世への逃避ではなく、かえって現世への能動的参与を促すわけである。十七条の憲法全体にみられる注目すべき特色は、「慈悲」の精神が社会的および政治的に「和」という形態をとって具現化されている事実である。一例をあげれば、第一六条にみられる次の規定は、農業発展のための施策であると同時に、勤労の民――たとえば農夫や蚕婦――への「慈悲」の配慮でもある。

「民を使うに時を以てするは、古の良典なり。故に冬の月には間があり、以て民を使うべし。春より秋に至るまでは、農桑の節なり、民を使うべからず……」。

この教えは、単に農業発展のための効果的な政策を旨とするというだけでなく、農夫や蚕婦などの勤労の民に向けられた「慈悲」の精神の現れでもあった。このように聖徳太子の仏教思想は、瞑想的かつ修行的な出家主義的なものというよりも、むしろマックス・ウェーバーが指摘した意味で「現世内禁欲」の行為を促すもの、その意味で実践的で在家主義的なものであった。(16)

「和」の概念の二つ目の大きな精神的および思想的土台は、儒教思想における「仁」の教えであった。この関連で、儒教の倫理的価値規範の「仁」の意味合いについて少しく見ておきたい。孔子は「仁」を重視したが、『論語』にはその明白な定義は示されていない。「仁」とは間接的に他者への愛を意味し、また具体的には「孝悌」（親につくすこと、および長幼の秩序に基づく恭順）であると指摘されている。孔子は、「終身実践すべき、つねに心に留めおくべき一言の言葉はありましょうか」との弟子の子貢の問いに対して、「其れ恕か。己の欲せざる所は、人に施すこと勿れ」と答えている（『論語』衛霊公24、参照）。「恕」とは他者への「思いやり」という意味であり、たとえば家族や友人のあいだに自然に発する「親愛の情」があまねく近隣や他者に示されることを含意している。このように「仁」とは、自分の立場を離れ他者の立場に立って物事を考えることを意味し、そのような意味で身近な他者、隣人への思いやりを意味している。

「仁」は、孔子においても、また儒教のさまざまな系譜においても、倫理道徳の要諦、最高の徳を表現するものであり、徳を徳たらしめるものとしてとくに君子に要求され、また君子以外にも各種の統治者や指導者の資質となるべきものと理解されている。「仁」は普遍道徳でありつつ、同時に最も身近な徳でもあり、すべての人間に要請される内面的規範でもある。孔子によれば、「仁」の徳の完成こそ、すべての人間の人生の目標とされるべきものにほかならず、その道程は「文行忠心」（読書・実践・誠実・信義）を通じて踏み行うことにこそあるとされる。さらに「礼」は「仁」と密接不可分の関係にある。すなわち、「礼」は「仁」の実行と維持を可能ならしめる外面的要件にほかならず、同時に「礼」

は「仁」の内実の外面的および具体的な表現にほかならない。

### 「和して同せず」(和而不同)

第三に注目したい点として、第一条の「和」の概念は、同じく『論語』に由来する「和して同せず」(和而不同)という言葉と表裏一体で理解される必要があるということである。十七条の憲法の本旨である「以和為貴」は、聖徳太子が繰り返し語ったと伝えられている「和而不同」と密接不可分のものとして理解される必要がある。このように理解された場合、「和」とは、各人および各集団が、平和の心、慈悲と赦しの心をもって相互に相対する和解の態度を意味していることが理解できる。この「和」の態度はさらに、自らの敵に対しても適用されるべきものと認識されている。聖徳太子にとって「和」とは、集団的エゴイズムや自己中心主義を克服する「平和を生み出す」姿勢にほかならない。

聖徳太子の「和」の概念は、残念ながらしばしば誤解され、誤って伝えられてきたように思う。彼の場合、すでに見たように、「和」は決して「同」ないし「同和」という意味合いと同じではない。そうではなく「和」とは、聖徳太子に固有の「共生」の理念と言うこともできよう。というのも、彼にとって「和」は、他者の差異と異質性――上下の身分間にせよ、政敵との関係にせよ――を承認し肯定することによって、同時に異質な他者との連帯性と協働を追求する各人および各集団の態度であると理解できよう。それはイヴァン・イリイチの「共生」(conviviality)の概念にどこか類似したところがある。いずれにせよ、聖徳太子の「和」の考え方は、その含意と適用範囲において豊かな可能性を包蔵しており、とりわけ東アジアにおいて共有された平和概念として、この広域リージョンにおける和解と平和構築を達成する上で重要な示唆がそこに見られるように思われる。

## (2)「共生」——東アジアのもう一つの共有概念

### 「共生」の概念

次に私は「共生」という現代的概念に着目し、「共生」が現代の東アジアの文脈において和解と積極的平和を達成する鍵概念として作用しうる可能性について検討してみたい。私たちの理解するところによれば、「共生」の概念は、歴史的にみれば広くは「和」の思想的系譜に帰属する。この関連では国際基督教大学のいくつかの分野の専門家グループが、二〇〇三年から二〇〇八年にかけて二一世紀COEプログラム（広域平和研究）の展開に従事した際、「共生」の概念の検討を行ったが、そのプロセスにおいて取得した「共生」に関する知見と理解のいくつかを振り返ってみたいと思う。

「共生」の概念に関する興味深い探究は、このプログラム開始当初（二〇〇三年）から始められた。最初の知見として私たちは、日本語の「共生」という用語が、欧米の言語に置き換えるのが困難であるという認識を得た。「共生」は英語では"conviviality"、"living together"あるいは"symbiosis"というように多様に訳される。しかしながら、これらの三つの英語の用語や熟語も、「共生」のもつ含意やニュアンスを十分に伝えてくれているとは思われなかった。そこでワシントン州立大学（WSU）との平和のグランドセオリー構築に関する共同研究の最初の果実であった英文著作 *Toward a Peaceable Future:*

*Redefining Peace, Security, and Kyosei from a Multidisciplinary Perspective*（2005）において、私たちは、熟慮と論議の結果、「共生」を英語に翻訳することをあきらめ、それをアルファベット（ローマ字）表記で"kyosei"と表示することを試みた[17]。

「共生」はそれ自体、なかなか英語には訳しにくい独特の意味とニュアンスを保持している。おそらく英語の用語のなかでは、自己と他者との相互的関係性、互恵性、間主観性の意義を指し示しているという点で、"conviviality"（コンヴィヴィアリティー）が最も「共生」に近い言葉であるといえよう。「コンヴィヴィアリティー」も「共生」も、双方ともに自己と他者との異質性の承認を含意している。「コンヴィヴィアリティー」という言葉は、陽気な協働性のあり方、生の祝祭性を示す用語として、すでに一九七〇年代にイヴァン・イリイチらによって、社会学の分野で使用されていた。しかしながら、なぜかこの言葉は、社会諸科学における専門用語として定着することはなく、また広汎に使用されるということもなかった。その一つの理由としては、「コンヴィヴィアリティー」という言葉がもつニュアンスとして、宴会やパーティーなど、人々の飲食を中心とした和合が含意されていることがあろう。こうした事情もあって、英語のネイティヴ・スピーカーは概して、「コンヴィヴィアリティー」を社会科学の専門用語として受け容れることにはかなりの抵抗感がみられることに気づいた。しかし、これは興味深いことではあるが、スペイン語圏の研究者たち、東欧出身の学者たち、アジア出身の専門家たちにとっては、「コンヴィヴィアリティー」という用語の使用に関してこうした英語圏の人々がもつ抵抗感はなく、この用語はむしろ使用可能な言葉だというのが一般的であった。たとえば、スペイン語圏の人々は、日常生活において、また職業生活においても、同じ語源の"convivencia"という言葉を使用している。中国語での「共生」は同じ漢字で、アルファベット表記ではgong-shengと記され発音されるが、日常的に使用されている言葉だそうである。韓国語で「共生」は、アルファベット表記ではkong-saengと記され発音される。同じ意味合いの「相生」(sang-saeng)の方が頻繁に使用されるが、「共生」も互換的によく使用される。これらの事実や観察はきわめて興味深い。つまり、多様な言語圏や文化的伝統に帰属している人々の多くが、「共生」という概念およびそれに相応する語彙を保持しており、互恵的かつ相互承認的な生き方という意味合いに共感を覚えているということが、理解できた。こうした理由に基づいて、私たちは「共生」をアルファベットで表記することを試みたのであった。ここで「共生」とは、自己と他者ないし異質なものとの連帯と協働の態度ないし様式を意味している。そしてこの「共生」における連帯と協働は、出会いの喜びと相互の自由な表現の承認によって活性化される。

## 「共生」の三つのモデル

「共生」に関するこれらの語彙上の意味と背景を踏まえて、私たちはどのように「共生」を再定義できるであろうか。日本の人文諸科学および社会諸科学の分野では、この四〇年にわたり、「共生」の概念についてさまざまな定義や議論が試みられ、この用語はジャーナリズムにおいても一般的なものとなった。しかしながら、「共生」に関して一義的な定義はいまだに日本では確立されていないし、確立することがよいとも思えない。研究者のあいだでも多様な解釈と議論がなされてきた。前述した英文の著作において、私たちは、これまで日本で議論されてきた三つの「共生」の意味合いを、（a）「寛容モデル」、（b）「会話モデル」、（c）「協働（あるいは共通性）モデル」として分類し紹介した。[18] まずここでは、日本の現代の議論における「共生」のこれら三つの基本的な類型を簡単に振り返っておこう。初めに二〇〇七年に逝去された世界的に著名な建築家であった黒川紀章は、一九八〇年代の日米間の貿易摩擦の議論との関連で、「共生」という用語を使い始めた論者の一人であった。黒川が提唱したのは、他者の文化的価値と伝統を認めながら、各々の神聖な文化的価値を維持する「共生」である。私たちはこれを「寛容モデル」と名づけた。黒川の議論は、諸種の異なる伝統や文化的価値の平和的共存という意味において、マイケル・ウォルツァーの「寛容」の議論に重なるところがある。[19] 黒川の意図は、日本に対するアメリカからの米市場の規制緩和への強い要求に表されるようなグローバル化の圧力に対して、日本的価値と文化的表現を擁護するところにあった。これが「共生」の第一類型としての「寛容モデル」（消極的平和）である。[20]

第二の類型の「共生」は私たちが「会話モデル」と名づけたものであり、長年にわたり法哲学の分野においてリベラリズムの考察を進めてきた井上達夫によって提示された「共生」の考え方である。井上は、人々の通常の会話という行為のなかにリベラルな「共生」の本質的要素を捉えようと試みたといえよう。さまざまに異なる人々は、会話という通路を媒介にして、自由の共通空間としての「ソキエタス（社交体）」（societas）という古代の概念に含意された相互の交流の場に参加するのである。井上は、この種の形式的かつ自律的で、会話的な「共生」の概念を表現する英語の用語として、“conviviality”という言葉を採用した。この「共生」のリベラルな概念は、会話と同様に、異なる人々や集団のあいだでの自発的で喜ばしい相互交流のプロセスを享受することを意味している。このリベラルな「共生」概念の特徴は、「共生」によって特定の結果が生み出されることを期待することなく、相互間の合意、反対、議論、競争といった交流の契機——何にもましてフェアプレーの精神と喜ばしき交流——を重視するところにあるといえよう。これが「会話モデル」（会話と対話、交流と交渉）である。[21]

第三の「共生」モデルはここでは「協働（共通性）モデル」と名づけているが、尾関周二などの研究者たちによって提示されてきた類型である。尾関は以下のように議論している。

「『共生』という概念は、現在、思想や社会科学の分野において新しい積極的な意義を伴い登場しつつある。共生概念はもともと生態学的概念であり、異種の生物が生理的・行動的に結合し生活する状態をさすものである。しかし今日、共生概念は、基本的に『他者との差異・対立・多様性を承認しつつ、相互に自己変革しあい、平等・対等に共に生きる』ことを含意し、『共生』思想として展開されつつある。すなわち、共生概念は、人間と自然、また人間と人間のさまざまな次元に適用されつつある」。[22]

こうしてこの「協働モデル」は、種々の集団間の交流、自然環境と人類社会との関係など、さまざまな関係や次元に適用されている。日本では近年のスローガンとして提唱されているものには、「人類と自然との共生」のほかに、「民族と民族の共生」、「文化と文化の共生」、「男女の共生と共同参画」、「健常者と障害者の共生」などがある。この「協働モデル」は、異質な主体のあいだに相互の個体性の尊厳を尊重し、その上で公正な連帯を模索するという意味で、「共生」の規範概念であるともいえよう。これが第三の「共生」としての「協働（共通性）モデル」（積極的平和）である。このモデルは、多少のヴァリエーションをも含めて、近年の日本の文脈では「共生」の意味合いとして一般的に多くの人々に受容されているタイプであるといえよう。[23] このように「共生」の概念は以上の三つのグラデーションを保持していると考えられるが、東アジアの現代的文脈における和解と平和の実現――「国際共生」――のためにはいずれも同様に重要な意義を有しているといえよう。[24] すなわち、東アジアの竹島問題や尖閣諸島問題などの懸案の解決のためには、こうした共存と相互承認という意味での消極的平和を含意する「寛容モデル」、熟議や対話を重ねる交流と交渉を含意する「会話モデル」、自他の異質性を承認した上で相互のより緊密な協力と共同プロジェクトの推進を意味する「協働モデル」のすべてを、必要としている。東アジアにおける平和構築外交の要諦があるとすれば、それは、状況に応じ場面に応じて、これら三つの「国際共生」モデルを臨機応変に活用していくことだ、といえるであろう。[25]

### （3）「共生」と正義

行論において「共生」は、平和の手段でありつつ、またそれ自体が目的そのものとして、さらに変革的実践を志向するものとして捉えられてきた。ヨハン・ガルトゥングは、日本の平和研究にとって「共生」の概念の意義を強調したが、彼はまた「共生」にはそれ自体、「公正」(equity)の意味合いが含意されているかどうかといった懸念をも示唆してもいる。[26] 同様にリチャード・フォークもまた、二〇〇七年に開催された平和研究セミナーにおいて、現代における平和のグランドセオリー構築の課題としてより有意義であるためには、「平和・安全・共生」に「正義」(justice)を付加する必要があるのではないかという提言をしている。[27]

これら二人の卓越した平和研究者による批判と警鐘は重要であり、私たちはそれを真摯に受け止める必要があろう。たしかにガルトゥングやフォークの提示した懸念に対して、「共生」の概念はそれ自体「公正」の感覚を内包しているという反論を試みることは可能でもあり適切でもあろう。「公正」(equity)とは、「公平性」(fairness)とも類似した意味合いをもち、自己だけでなく他者の尊厳と平等性の承認を意味する概念である。それは、個人であろうと集団であろうと、他者がおかれた状況を深く認識し尊重する態度を意味している。「共生」がその内部に「公正」ないし「公平性」を内包しているという事実は、アリストテレス的意味での「矯正的正義」(remedial justice)を含意しているということになる。「矯正的正義」とは、不平等、不公正な取り扱い、集団間の差別などの不均衡を正すことを要求する。アリストテレスの「矯正的正義」とは、与えた損害を償い、賠償することによって成立する正義にほかならない。「矯正的正義」を背景とした「公正」は、とくに自然環境と人類社会との「共生」の課題に対して格別の妥当性を有する。

アリストテレスは、正義には「一般的正義」と「特殊的正義」の二つのカテゴリーが存在すると考えた。前者が一般的な「人間の徳」を意味するのに対し、後者は「配分的正義」と「矯正的正義」（あるいは「交換的正義」）の二つに分類される。後者の「矯正的正義」は、人々のあいだでの任意のあるいは非任意の取引ないし交渉または相互行為の関連で議論されている。アリストテレスは次のように指摘している。「不正とは均衡を侵害するものである。しかし、人々のあいだの取引における正義とは、事実、一種の均等のことであり、不正とは一種の不均等にほかならない[28]」。さらにアリストテレスは続けて次のように主張する。「それゆえに、この種の不正は不均等であるので、裁判官はそれを均等にしようと試みる。というのも、一方が利益を受け、他方が傷を負うような場合、あるいはまた一方が殺害し、他方が殺害されるような場合、苦難と損傷行為とは不均等に分配されたことになる。しかし、その場合、裁判官は処罰することによって、加害者の得たものを取り去り、それによって結果を均等にしようとするのである[29]」。すなわち、「均等とはより多く持つものと少なく持つものの中間点」であり、それゆえにまた「矯正的正義とは利得と損失の中間点である」と指摘されている[30]。

筆者がここで指摘しておきたいのは、「共生」が「矯正的正義」の含意を保持していることである。その意味で「共生」には必ずしも平等や公正の意味合いが欠如しているわけではない。しかしながら、「共生」に実体化されている公正ないし公平性、正義ないし平等の感覚は、現実の抑圧や不平等や不均衡の状況を変革するには脆弱であり希薄ではないのかという反問もなされるであろう。さらにまた、「和」や「共生」の力点は、比較考量した場合に平等や正義の側にあるというよりは、むしろ統一性の方に置かれているのではないかという反問も起こりえるであろう。これらの反問は適切であり、それには根拠がある。というのも、東アジア的な「共生」の概念は、「和」の概念と同様に、すべての生命と万物の統一性があらかじめ想定されている全体論的コスモロジーを前提とするものだからである。「和」や「共生」は、たとえば同じ全体論的性質をもつヘブライ語の概念である「シャローム（平和）」(shalom) などと比べた場合でも、正義に対する感覚が相対的に希薄であるといえよう。その意味では、「共生」をより変革的な実践概念として捉え返すためには、正義、公正、アカウンタビリティーの感覚をより自覚的に「共生」に導入すべきだという議論も、もっともな面を有しているのである。伝統的な西洋倫理の中枢的な概念上の区分からいえば、「和」や「共生」の概念が基本的に「愛」のカテゴリーに帰属するのに対して、「公正」や「アカウンタビリティー」の概念は一般的に「正義」のカテゴリーに分類できるであろう。

しかしながら「共生」の概念により明示的にアリストテレスのいう「矯正的正義」を含意させることで、「共生」が東アジア諸国の和解と平和の実現に資するものとされるであろう。

## 結びにかえて——東アジアの共同の家の建設にむけて

在日韓国人の政治理論家、姜尚中は、かつて日本の政治と外交は「東北アジアの共同の家」を将来的な課題とすべきであると語っていた。(31) たしかにこの表現は、ミハエル・ゴルバチョフの有名なフレーズである「ヨーロッパの共同の家」に着想を得たものであろう。東アジアの共同の家は、それぞれの個人にとって異なる意味合いを有するであろう。本章の冒頭で触れた日本政府や財界の掲げる経済協力と技術協力の分野における「東アジア共同体」ないし「東アジア・パートナーシップ」は、その一つの可能性を示唆している。さらにより踏み込んだもう一つの構想としては、半世紀後を視野に入れた東アジア諸国の「平和連合」(foedus pacificum／ここでもふたたびカント的な意味において使用)の形成が考えられるであろう。たしかに「平和連合」形成というこの目標に達するには長い道のりがあるが、この目標にむけての中間目標を掲げてもよいかもしれない。こうした中間目標のなかには、東アジアにおける「非核地帯宣言」や「共通の安全保障」条約の締結なども入るであろう。いずれにしても、東アジアにおいて諸国の互恵的な「国際共生」を少しでも具現化するために、将来にむけた平和の制度構想を具体的に描き上げていく作業が求められる。

日本の政府と市民社会にとっては、こうした目標に到達するためには平和構築外交による戦争の被害諸国との和解の成就がどうしても要請されるであろう。そしてまた、そのために踏み出さねばならない一里塚こそ、これまで不十分にしか履行されてこなかったことへの償いとして、戦争の被害諸国の政府と被害者諸個人や子孫の家族に対する戦争謝罪の真摯な再履行である。戦後日本の国政と外交は、多くの場合、国際関係と国際政治において信頼と信任を受けてきた。このプラスの遺産を土台に、日本政府と市民社会は、東アジアの将来にむけて和解と平和構築の課題に地道に取り組んでいくことを願いたい。

＊注記　付論は、もともと下記の著書の第12章として刊行した旧稿であるが、終章の末尾の議論を補完する意味で、一部修正・削除・補足の上、本書に再掲載させていただいた。読者の皆様のご理解をお願い申し上げたい。千葉眞「東アジアにおける和と共生の実現のために」（村上陽一郎・千葉眞編『平和と和解のグランドデザイン——東アジアにおける共生を求めて』〔ＩＣＵ二一世紀ＣＯＥシリーズ第一〇巻〕風行社、二〇〇九年）、二八九—三一七頁。

注

（1）これらの多次元的な問題に関する興味深いシンポジウムは各種開かれてきた。そのなかでも以下の事例は東アジアだけでなく、ヨーロッパとアメリカの事例も含めた「過去の重荷」との取り組みについて議論した啓発的な記録である。Andrew Horvat and Gebhard Hielscher, eds., *Sharing the Burden of the Past: Legacies in Europe, America, and Asia* (Tokyo: The Asia Foundation and Friedrich-Ebert-Stiftung, 2003).

（2）戦争責任の履行問題における西ドイツおよび統一ドイツの足跡は、戦後日本とは対照的な軌跡を描き上げている。西ドイツおよび統一ドイツは、第二次世界大戦の終結直後から、被害諸国の政府との外交関係および賠償行為においてだけでなく、被害者諸個人やその家族に対する補償においても、誠実な対応を行ってきた。たとえば、以下を参照。朝日新聞戦後補償問題取材班編『戦後補償とは何か』（朝日新聞社、一九九九年）、五—一八頁。仲正昌樹『日本とドイツの戦後思想』（光文社新書、二〇〇五年）、九—五一頁。

（3）戦争責任をどのように定義するかという課題は、たしかに不可欠で重要な問題である。本付論では以下の二点を簡単に述べておきたい。第一に、戦争責任には四つの重要な側面があるということである。すなわち、法的責任、政治的責任、道徳的責任、形而上学的責任である。第二に戦争責任とは、国家、政治的軍事的指導者たち、兵士たち、そして国民全体が、敵国の兵士たちや民間人たちに対してなした戦闘行為、攻撃、侵略における不法行為および不当な行為や処遇などの理由で、当然処罰を受けるのに該当する処遇や行為、犯罪行為、罪責に対して責任を負う行為である。とくに以下を参照。家永三郎『戦争責任』（岩波書店、二〇〇二年）、一頁―三八頁。さらに戦後日本の戦争責任に関する論争や意味づけや問題に関しては、以下の啓発的な二つの論文集を参照。安彦一恵ほか編『戦争責任と「われわれ」』（ナカニシヤ出版、一九九九年）。金美景・バリー＝シュウォルツ編『北東アジアの歴史と記憶』（稲正樹・寺田麻佑・福岡知哉訳、勁草書房、二〇一四年）。

（4）ここでは政治的アカウンタビリティーを次のように定義しておきたい。政治権力を信託され委託された為政者が主権者である国民および権力行使の影響を受ける人々に負うところの統治に関する説明責任、情報開示責任、応答責任を意味し、不当な権力行使の場合にはその被害者の損害賠償および是正措置を講じる責任を意味している。以下を参照。Richard Mulgan, *Holding Power to Account: Accountability in Modern Democracies* (London: Palgrave Macmillan, Ltd., 2003), p. 10. 千葉眞「後期近代国家と民主主義的アカウンタビリティ」（眞柄秀子編『デモクラシーとアカウンタビリティ』（風行社、二〇一〇年）、一〇四―一〇六頁。

（5）『朝日新聞』二〇〇五年四月二七日朝刊、一頁。

（6）『朝鮮日報（日本語版）』二〇一三年八月七日。以下を参照。http://www.chosunonline.com/site/

data/html_dir/2013/08/07/2013080700538.html

（7）『朝日新聞』二〇〇五年四月二七日朝刊、九頁。

（8）これらの一連の首相声明にもかかわらず、日本の政界は十五年戦争が、「自衛」か「侵略」か、で深刻な対立をかかえてきたまま今日に至っている。以下を参照。朝日新聞取材班『「過去の克服」と愛国心』（朝日新聞社、二〇〇七年）、六五—七九頁。

（9）朝日新聞戦後補償問題取材班編『戦後補償とは何か』（朝日新聞社、一九九九年）、一六—一七、二五—三七、五九—六七頁、を参照。

（10）同右書、一五—一一六頁。

（11）たとえば以下を参照。内海愛子『戦後補償から考える日本とアジア』（山川出版社、二〇〇二年）、二四—二八頁。

（12）同右書、二七頁。

（13）たとえば以下を参照。南京大虐殺被害者追悼献植第二一次訪中団編『緑の贖罪——南京・追悼献植訪中団の記録・一九八六—二〇〇六』（日中協会、二〇〇七年）。

（14）佐々木寛「危機から〈共生〉へ」（佐々木寛編『東アジア〈共生〉の条件』世織書房、二〇〇六年）、六頁。

（15）このテーマについて筆者は別の機会に論じたことがある。千葉眞「平和の思想について」（植田隆子・町野朔編『平和のグランドセオリー』風行社、二〇〇七年）、五一—七〇頁。Shin Chiba, "On Perspectives of Peace: The Hebraic Idea of *Shalom* and Prince Shotoku's Idea of *Wa*," in *New Pathways to Peace*, eds. Noriko Kawamura, Yoichiro Murakami, and Shin Chiba (Seattle: University of Washington Press, 2011), pp. 48-64.

（16）岡野守也『聖徳太子「十七条の憲法」を読む』（大法輪閣、二〇〇三年）、五一―五三頁。

（17）Editors, "Preface," in *Toward a Peaceable Future: Redefining Peace, Security, and Kyosei from a Multidisciplinary Perspective*, eds. Yoichiro Murakami, Noriko Kawamura, and Shin Chiba (Pullman, WA: Thomas S. Foley Institute for Public Policy and Public Service, Washington State University, 2005).

（18）Ibid., pp. xvi-xvii.

（19）Michael Walzer, *On Toleration* (New Haven: Yale University Press, 1997). 大川正彦訳『寛容について』（みすず書房、二〇〇三年）。

（20）Editors, "Preface," in *Toward a Peaceable Future*, eds. Murakami, Kawamura, and Chiba, p. xv. 以下を参照。黒川紀章『共生の思想』（徳間書店、一九八七年）。

（21）Editors, "Preface," pp. xv-xvi. 以下を参照。井上達夫『共生の作法――会話としての正義』（創文社、一九八六年）。井上は、何かを実現するための手段という意味合いの強い「コミュニケーション」や「対話」と、それ自体、目的そのものとして成り立つ「会話」を区別する。本付論では、そうした区別を必ずしもしていない。

（22）吉田傑俊・尾関周二編『共生思想の探求――アジアの視点から』（青木書店、二〇〇二年）、三頁。

（23）Editors, "Preface," in *Toward a Peaceable Future*, eds. Murakami, Kawamura, and Chiba, p. xvi.

（24）この関連で佐々木寛は、東アジアの文脈での「共生」の多層的かつ段階的意味合いの重要性を議論している。彼の指摘するところによれば、"conviviality"が「共生」のより交流的な部分を重視するのに対して、"symbiosis"は「共生」のより距離感のある共存タイプを表している。東アジアにおける「共生」の文脈においては、どちらの意味合いも同様に重要であることは間違いないであろう。佐々木寛「危機から〈共生〉へ」、三―二六頁。また、以下をも参照。千葉眞「脱原発社会とエコロジー」(国際基督教大学平和研究所編『脱原発のための平和学』(法律文化社、二〇一三年)、一六六―一七〇頁。Shin Chiba, "A Historical Reflection on Peace and Public Philosophy in Japanese Thought: Prince Shotoku, Ito Jinsai and Yokoi Shonan," in *Visions of Peace: Asia and the West*, eds. Takashi Shogimen and Vicki A. Spencer (London: Ashgate, 2014), pp. 85-192.

(25) 戦後の平和研究の創始者の一人、ヨハン・ガルトゥングは、「共生」の概念について次のように述べている。

「共生とは寛容に加えて会話であり、それらに加えて共通性(協働)であるという。さらに共生は、生に反するものや不調和や暴力を脱して、より高次のレヴェルの共なる生活へと発展していくものであるという。日本の平和研究は、共生を導きの灯とすることによってその包含する諸種の豊かな意味合いを汲みとることができ、戦争と暴力からの解放にとどまらず、より積極的な平和を追求することにおいてよい方向をたどりつつある。積極的平和は、これまで不十分な形でしか展開されていないが、日本はそれに取り組むための豊かな伝統と聖域、良質な会話と共同プロジェクトを有している」。Johan Galtung, "Toward a grand theory of positive and negative peace: peace, security, and conviviality," in *A Grand Design for Peace and Reconciliation: Realizing Kyosei in East Asia*, eds. Yoichiro Murakami and Thomas Schoenbaum (Northampton, MA: Edward Elgar Publishing Company, 2008), p. 105. ヨハン・ガルトゥング「補論・『共生』(kyosei)概念について」(村上陽一郎・

千葉眞『平和と和解のグランドデザイン——東アジアにおける共生を求めて』［ＩＣＵ二一世紀ＣＯＥシリーズ第一〇巻］風行社、二〇〇九年）、一九一頁。［訳文は一部変更している］。

（26）Cf., Galtung, "Toward a grand theory of positive and negative peace: peace, security, and conviviality," pp. 105-106. ヨハン・ガルトゥング「補論・『共生』（kyosei）概念について」、一九一—一九三頁。

（27）リチャード・フォーク「コメント」（国際基督教大学「平和研究セミナー」、二〇〇七年六月一日）。

（28）*Ethica Nichmachea*, 1132a, 1132b. アリストテレス『ニコマコス倫理学（上）』（高田三郎訳、岩波文庫、一九七一年）、一八二頁。［訳文は一部変更している］。

（29）Ibid., 邦訳書、一八二頁。［訳文は一部変更している］。

（30）Ibid., 邦訳書、一八三頁。［訳文は一部変更している］。

（31）姜尚中『東北アジアの共同の家をめざして』（平凡社、二〇〇一年）、一七—一九頁。

# あとがき

＊

本書において筆者が試みたのは、連邦主義とそれをしばしば支える思想として登場するコスモポリタニズムについて、その思想・運動・制度構想を検討し考察することである。連邦主義とコスモポリタニズムは、いずれも古代世界に提起された制度論ないし思想であったが、現代にいたるまで大きな影響力を示してきた。その歴史的軌跡を部分的にたどると同時に、二一世紀の将来にむけたその可能性と意義とを考察しておきたい、と筆者は考えた。はたして十分にこの課題をこなせたかどうか、判断は読者に委ねるほかはないが、執筆後の感想として私は、制度構想としての連邦主義、さらには倫理思想ないし政治思想としてのコスモポリタニズムは、まさに二一世紀の将来における重要な規範的かつ実践的理念であるという明白な認識をもつことができた。

本書を執筆しながら、つねに念頭にあったのは、チャールズ・テイラーの「社会的想像」(social imaginaries) という着想であった。テイラーによれば、近代社会の制度や慣行を支えてきたものとして、人々が、国家の正統性とそれを基礎づける人民の同意、主権や社会契約や憲法といったものに関する人々の社会的想像の集合的な共有があったと理解されている。B・アンダーソンが国民を「想像の共同体」と意味づけたように、近代の主要な制度や慣行はことごとく想像の産物であり、その想像の集合的共有こそ、それらを基礎づけ、それらの持続性に意味と力を与える当のものである。

当時、西欧社会に生きた人々のこうした社会的想像こそが、西洋近代の勃興を支え、西欧社会で生み出された社会的秩序や慣行を意味づけ、非西洋社会へとそれらを伝播する際の推進力となっていったとされる。さらにこれらの社会的想像に初発の形象と輪郭を付与したのは、J・ボダン、T・ホッブズといった哲学者たちであったとしても、後にそれは社会的想像として西欧社会に広く深く浸透し、多くの人々の共有する原イメージとなった。こうして宗教戦争の時代および市民革命期の混沌とアナーキーを克服するシステムとして、主権的国民国家体制が徐々に形成されていった。そこで共有されたいわゆる「社会的想像」は、シェルドン・S・ウォリンの用語を使用するならば、当時の状況を事実に即して精確に描写しようと試みた理論家たちの「記述的ヴィジョン」(descriptive vision)、および社会的混沌を一定のコスモス(調和的秩序)へと再構成する「想像的ヴィジョン」(imaginative vision)によって導出されたと言うことも可能であろう。「社会的想像」、「記述的ヴィジョン」、「想像的ヴィジョン」といった概念は、言うまでもなく国際政治学の「コンストラクティヴィズム」(構成主義)の理論的展望と大きく共振しあうところがある。というのも、観念、思想、イメージ、アイデンティティーの形成と共有は、これらの諸概念や視座にとって本質的な共通要素だからである。

この近代特有の「社会的想像」は、三世紀以上にもわたって大きな持続力と影響力を示した。しかし、それは二〇世紀の前半から中葉にかけての二つの世界大戦を経過するうちに、異なる新たな「社会的想像」と拮抗するようになった。その新たな「社会的想像」は、運命共同体としての一つの世界という共通イメージであり、各個人は特定の国民の一員であると同時に世界社会の一員であるという共通感覚である。こうした新しい社会的想像は、第二次世界大戦の惨禍をへて世界各地で展開されていった世界連邦運動、世界を結ぶ交通手段の格段の進展、一つの運命共同体としての世界イメージ、地球規模の市民社会、共通の世界社会という概念と実態の拡がり、欧州連合の展開、地球環境危機の共有、ＩＴ革命や情報手段の急速な進展、今日の核アナーキーの脅威などによって、徐々に形成されてきた。そして現在、世界の少なからざる人々に共有される「社会的想像」となっている。おそらく今後も長いあいだ、これら新旧二つの「社会的想像」は、ある部分では結びつきながら、別のある部分では緊張や対立をはらみつつ、拮抗していくであろう。しかし、この拮抗と対立の濃度が高まるほどに、一つの世界ないしコスモポリスという新しい「社会的想像」は、主権的国民国家パラダイムに対する今日観察できる幾多の「変則性」(anomalies) の実態と呼応しつつ、コスモポリタニズムおよび世界統合のモメントを強化する方向に働くであろう。

＊　＊

以下、凡例上の付記を二点、記しておきたい。

一　本書に名前が出てくる研究者や著者については、敬称を省かせていただいた。この点、ご了承いただければ幸いである。

二　以下に諸章の初出を記しておきたい。転載を御承諾頂いた各位にお礼を申し上げる。なお、本書に再録された文章には基本的に修正・加筆・削除を施していることをお断りしておきたい。

第一章――「連邦主義」（古賀敬太編『政治概念の歴史的展開』第一巻、晃洋書房、二〇〇四年）、二四一―二六二頁。「平和の制度構想としての連邦主義――序説――」（国際基督教大学『社会科学ジャーナル』第五四号［ＣＯＥ特別号］、二〇〇五年三月）、一〇一―一三八頁。

第二章――「カントの永遠平和論とコスモポリタニズム」（千葉眞編『平和の政治思想史』株式会社おうふう、二〇〇九年）、六七―九九頁。

第三章――書き下ろし。

第四章――書き下ろし。

第五章――「集合的アイデンティティーに関する一試論――ナショナリズム、愛国心、コスモポリタニズム」（岡本仁宏編『新しい政治主体像を求めて』法政大学出版局、二〇一四年二月）、五五―八五頁。

第六章――書き下ろし。

終　章――書き下ろし。

付　論――「東アジアにおける和と共生の実現のために」（村上陽一郎・千葉眞編『平和と和解のグランドデザイン――東アジアにおける共生を求めて』［ＩＣＵ二一世紀ＣＯＥシリーズ第一〇巻］風行社、二〇〇九年）、二八九―三一七頁。

＊＊＊

今回も、多くの方々のお力添えと励ましに助けられた。とりわけ、若い頃から世界連邦運動に関心を寄せられ、自らその運動に係わってこられた関西大学の寺島俊穂先生には、本書の執筆についてつねに励ましを頂戴した。しかも、今日ではなかなか入手困難な本や論考などを教えてくださり、またその一部を貸し与えてくださった。寺島さんに心より感謝を申し上げたい。また、本書の校正刷の一部に目を通して、記述の誤りを指摘し、貴重な専門的知見を提供してくださった国際基督教大学の同僚、植田隆子、毛利勝彦の両先生に、この場を借りてお礼を申し上げたい。また、小松﨑利樹氏（本年三月末まで国際基督教大学社会科学研究所研究助手、本年四月より聖学院大学政治経済学部専任講師〔国際法・平和研究専攻〕）、ならびに高田明宜氏（国際基督教大学大学院博士後期課程、本年六月に学位取得予定〔西欧政治思想史専攻〕）に謝意を表させていただきたい。両氏は、校正刷全体をチェックし、多くの貴重な助言と改善案を提示してくださり、つねに助力を惜しまれなかった。

「政治理論のパラダイム転換」シリーズは、平成16—19年度科学研究費補助金・基盤研究（A）（1）「政治理論のパラダイム転換——21世紀の新しい理論構築にむけて」の研究成果の出版として企画されたものであることをお断りしておきたい。本書が、そのシリーズの一冊としてここに出版されることを嬉しく思う。風行社社長の犬塚満氏には、本シリーズの企画から大変お世話になった。本書は、刊行が計画より大幅に遅れてしまったが、それにもかかわらず筆者を寛容と忍耐をもって支え、また励ましてくださった。本書が世に出ることができたのも、犬塚さんの熱意とお力添えのお蔭だった。犬塚さん、本当にありがとうございました。

本書は、二一世紀の将来にむけた新しい規範理論を探求したいとの本シリーズの課題ととり組むべく執筆された。この課題に少しでも沿うことができたのであれば、著者としては大変嬉しいことである。

千葉　眞

二〇一四年四月二七日

#《人名索引》

## [ア]

アインシュタイン (Einstein, Albert) 90, 121, 218-219
アウレリウス (Aurelius, Marcus) 12
アクィナス (Aquinas, Thomas) 15, 140
アクトン (Acton, John) 18
アダムズ (Adams, Samuel) 31
アッピア (Appiah, Kwame Anthony) 187
アドラー (Adler, Mortimer J.) 111
安倍晋三 192, 223-224, 270, 276
安倍能成 77
鮎澤巌 102
アリストテレス (Aristoteles) 11, 290, 317-319
アルキメデス (Archimedes) 217, 219-220
アルトジウス (Althsius, Johannes) 15-17, 41, 135
アーレント (Arendt, Hannah) 54, 70, 145, 149-154, 217-219
アンダーソン (Anderson, Benedict) 165, 171, 173
イエス (Jesus) 195
イザヤ (Isaiah) 196
石橋湛山 194
石原慎太郎 276
稲垣守克 90, 93, 95-96, 99, 120
井上達夫 314
イリイチ (Illich, Ivan) 310
ヴァッテル (Vattel, Emer de) 60
植木枝盛 77
上野千鶴子 303
ウェーバー (Weber, Max) 308
ウェルズ (Wells, Herbert George) 254, 263
ウェント (Wendt, Alexander) 227, 250, 256-259, 262, 264-265, 267-268
ウォルツァー (Walzer, Michael) 188, 314
鵜飼信成 102
内村鑑三 194-195
エラスムス (Erasmus, Desiderius) 17
エレイザー (Elazar, Daniel J.) 20, 26-27, 32, 141
エレミヤ (Jeremiah) 196
遠藤乾 130, 154-155
大沼保昭 303
岡崎嘉平太 303
尾崎行雄 90, 92-93, 95-96
オストロム (Ostrom, Vincent) 32
尾関周二 315
オニール (O'Neill, Onora) 209
オバマ (Obama, Barack) 217, 220-221, 263-264
尾山令仁 302

## [カ]

賀川豊彦 90, 96, 98
梶田孝道 144
加藤俊作 99
カフカ (Kafka, Franz) 217, 219
カブレラ (Cabrera, Luis) 250, 255-256

鴨武彦　144
カルヴァン (Calvin, Jean)　15
ガルトゥング (Galtung, Johan)　228, 272, 316-317
川上敬逸　102
姜尚中　319
カント (Kant, Immanuel)　17, 42, 第2章, 91, 100-101, 135, 150, 189, 205, 208-209, 216, 230-231, 235-236, 239, 240, 258, 262, 265-266, 320
カントロヴィッチ (Kantorowicz, Ernst Hartwig)　173
菊池義隆　303
キケロ (Cicero, Marcus Tullius)　12
キッシンジャー (Kissinger, Henry A.)　221
キーティング (Keating, Christine)　256
ギデンズ (Giddens, Anthony)　166
キムリッカ (Kymlicka, Will)　5
キュンク (Küng, Hans)　182-183, 190
キング (King, Preston)　25
クラーク (Clark, Grenville)　100-101, 105
グリフィン (Griffin, David R.)　256
クリュシッポス (Chrysippus)　12
黒川紀章　314
グロジンズ (Grodzins, Morton)　32
グロティウス (Grotius, Hugo)　17, 41, 60
ゲルナー (Gellner, Ernest)　170-171
玄葉光一郎　276
小泉純一郎　294
孔子　309
古賀辰四郎　276
小谷鶴次　102
コタリ (Kothari, Rajni)　228
コール (Kohr, Leopold)　32
ゴルバチョフ (Gorbachev, Mikhail)　221, 319

[サ]

斎藤眞　27
酒枝義旗　302
坂本義和　207, 228
佐々木寛　305
サムエル (Samuel)　8
サムエルズ (Samuels, Richard J.)　274
サンデル (Sandel, Michael)　164
サン・ピエール (Saint-Pierre, Charles)　17, 52, 67, 135, 205
ジェイ (Jay, John)　31
ジェファソン (Jefferson, Thomas)　152
シシュフォス (Sisyphus)　219
シュヴァイツァー (Schweitzer, Albert)　62
周恩来　276
シュタール (Stahl, Friedrich Julius)　58
シュミット (Schmitt, Carl)　30, 32-39, 42, 142, 146, 152
シュルツ (Shultz, George P.)　221
蔣介石　298
聖徳太子　306-308, 310
ジョンソン (Johnson, Samuel)　195
白西紳一郎　303
シンガー (Singer, Peter)　188, 204, 210, 216, 255
鈴木正久　302
スタイナー (Steiner, Jiirg)　22
スターリン (Stalin, Joseph)　212
スチュアート (Stuart, William H.)　26
ストラボン (Strabon)　11
ストーン (Stone, Oliver)　223
スピネッリ (Spinelli, Altiero)　133, 137
スペンサー (Spencer, Herbert)　195-196
スミス (Smith, Anthony D.)　167, 172
セネカ (Seneca, Lucius Annaeus)　12, 185
ソウル (Saul)　8
園田直　276
ソーン (Sohn, Louis B.)　100-102, 105

## [タ]

田上富久　223
高野雄一　102
高柳賢三　97
タッサン (Tassin, Etienne)　149
田中角栄　276, 299
谷川徹三　119
田畑茂二郎　90, 102
ダミーコ (D'Amico, Robert D.)　18
タミール (Tamir, Yael)　166
ダンテ (Dante, Alighieri)　14
チャーチル (Churchill, Winston)　132
ツヴィングリ (Zwingli, Ulrich)　16
ディオゲネス (Diogenes)　12, 185
テイラー (Taylor, Charles)　180, 188-189
ティリー (Tilly, Charles)　180
デューイ (Dewey, John)　107-110, 112, 114-116, 118-119
デュードニー (Deudney, Daniel H.)　250, 252-254, 257-258, 264, 268
デリダ (Derrida, Jacques)　73
峠三吉　208
トゥールミン (Toulmin, Stephen)　152
徳田力　302
鄧小平　276
朝永振一郎　90, 93
ドロール (Delors, Jacques)　133

## [ナ]

中江兆民　77
ナン (Nunn, Sam)　221
西周　77
ニーバー (Niebuhr, Reinhold)　110-119, 260-261
ニーマイヤー (Niemeyer, Gerhart)　111
ヌスバウム (Nussbaum, Martha)　184-188, 193, 216
ネグリ (Negri, Antonio)　260
野田佳彦　276

## [ハ]

馬英九　277
バージェス (Burgess, Michael)　135-137
ハーツ (Herz, John)　252
ハッチンス (Hutchins, Robert M.)　103, 113
ハート (Hardt, Michael)　260
バーバー (Barber, Benjamin R.)　187
ハーバーマス (Habermas, Jürgen)　54, 58, 62, 67-68, 71, 237
ハミルトン (Hamilton, Alexander)　31, 40-41
バーリン (Berlin, Isaiah)　168
バンカー (Bunker, Laurence E.)　99
ピウス十一世 (Pius XI)　140
ピコーン (Picone, Paul)　18
ビシェイ (Bishay, Susan)　30-31, 142
ヒットラー (Hitler, Adolf)　212
ビーナー (Beiner, Ronald)　54
ヒューム (David, Hume)　53
ピリス (Piris, Jean-Claude)　137, 154
フィヒテ (Fichte, Johann Gottlieb)　170, 176
フォーク (Falk, Richard)　187, 228, 256, 317
フォルラート (Vollrath, Ernst)　54
福田赳夫　273
フーゴー (Hugo, Ludolf)　17, 41, 44
藤澤武義　302
ブートロス＝ガリ (Boutros-Ghali, Boutros)　272
ブーバー (Buber, Martin)　153
プーフェンドルフ (Pufendorf, Samuel von)　41
ブラント (Brandt, Willy)　297
フリードリッヒ二世 (Friedrich II)　53, 61
プルードン (Proudhon, Pierre-Joseph)

18-20, 41-42
ベイツ（Beitz, Charles C.）　209, 227, 240, 255
ベック（Beck, Ulrich）　166
ペリー（Perry, William J.）　221
ヘルダー（Herder, Johann Gottfried von）　53, 170, 176
ヘルド（Held, David）　205, 228-238, 240, 250, 266
細川護熙　296
ボダン（Bodin, Jean）　17
ポッゲ（Pogge, Thomas）　188, 204, 209, 211-212, 214-216, 240, 250, 255
ホッブズ（Hobbes, Thomas）　17, 41, 53, 60, 61, 69
ポリビウス（Polybius）　11
ボールディング（Boulding, Kenneth E.）　252

［マ］

マキアヴェリ（Machiavelli, Niccolo）　17
政池仁　302
マズルイ（Mazrui, Ali）　228
マッカーサー（MacArthur, Douglas）　99
マッキンタイアー（MacIntyre, Alasdair）　164
マッツィーニ（Mazzini, Giussepe）　176
マディソン（Madison, James）　31-32
マルク（Marc, Alexandre）　32, 145, 148-149, 151, 153
宮田光雄　76
ミラー（Miller, David）　166, 176, 206, 210-211, 213, 227
向坊隆　303
ムーニエ（Mounier, Emmanuel）　148, 153
村山富市　296, 303
メイソン（Mason, George）　31
メイヤー（Meyer, Cord）　103
メドヴェージェフ（Medvedev, Dmitrii Anatolievich）　221
メンドロヴィッツ（Mendrovitz, Saul）　102, 228
モーセ（Moses）　9
モネ（Monnet, Jean）　133-134, 137
モルトマン（Moltmann, Jürgen）　218, 220
モンテスキュー（Montesquieu, Charles-Louis de Secondat）　53

［ヤ］

ヤスパース（Jaspers, Karl）　152
ヤング（Young, Iris M.）　227
湯川秀樹　90, 93

［ラ］

ラッセル（Russell, Bertrand）　90
ラム（Lam, Peng Er/ 藍平児）　273-274
リーヴス（Reves, Emery）　90, 106-107, 110, 112-114, 116, 118-119
笠信太郎　90, 97
梁起豪　288
ルージュモン（Rougemont, Denis de）　148
ルソー（Rousseau, Jean-Jacques）　39, 53, 57, 67
ルッツ＝バッハマン（Lutz-Bachmann, Matthias）　58, 67-68
ルナン（Renan, Ernest）　170-171
レイプハルト（Lijphart, Arend）　22
ローウィン（Lewin, Kurt）　22
ロック（Locke, John）　17, 53
ローティ（Rorty, Richard）　185
ロールズ（Rawls, John）　54, 166, 208-209, 211, 216, 240

［ワ］

和田春樹　303

# 《事項索引》


## [ア]

愛国心（主義） 164, 176, 184-188, 190-192, 194-196
アイデンティティーの政治 5, 181
アカウンタビリティー 141, 229-230, 238, 293, 301, 304, 319
アジア女性基金 303
アムステルダム条約 137-139, 143
永遠（久）平和（論） 17-18, 42, 51-55, 57, 60-68, 71, 75-77, 90
NPT（核不拡散）体制 251
欧州安全保障・防衛政策（ESDP） 139
欧州共同体（EC） 3, 21, 131
欧州経済共同体（EEC） 2, 131
欧州原子力共同体（EURATOM） 2-3, 131
欧州石炭鉄鋼共同体（ECSC） 2, 131-132
欧州統合 130, 132-134, 137, 140
欧州連合（EU） 2, 3, 15, 18, 21-22, 42, 54, 69, 118, 120, 129-139, 141-145, 148-149, 154-158, 177, 227, 229, 231, 238, 270

## [カ]

核アナーキー 205, 251, 257, 262, 264-265, 267, 269
核軍縮 222, 224, 268, 270
革新的連邦（制） 145
核専制主義 253-254
核全体主義 254
核不拡散条約（NPT） 221, 223, 225
核兵器（核）廃絶 155, 204-205, 208, 216-217, 220-226, 240, 257, 262, 268, 270
環境的生存権 75
カント・ルネッサンス 53-54
基礎的生存権 75
キニク派 12, 185
共生 271-272, 289-290, 304, 306, 310-319
矯正的正義 289-290, 304, 317-319
共通安全保障・防衛政策（CSDP） 136, 139
共通外交・安全保障政策（CFSP） 131, 136
共同体主義 163-164, 171
共和主義 20, 191
共和制 60-63, 68, 72, 75-76
グローバル・ガバナンス（論） 233-234, 267
契約（連邦）神学 16
構成主義 275
国際共生 271, 275, 279, 316
国際刑事裁判所（ICC） 231, 233, 238, 266
国際国家 64, 67
国際司法裁判所（ICJ） 233, 236, 238, 266
国際立憲主義 239
国際連合 69, 88, 93, 100, 104, 107, 148, 235, 266-267
国際連盟 69, 89, 107-108, 148, 235
国連改革 93, 100-101, 104-105, 120, 193, 205, 226, 228, 230, 235-237
国連憲章 93-94, 101, 104-105, 107, 139, 225, 236

コスモポリス(世界統治体)　183, 189, 193, 261, 266
コスモポリタニズム
経済の――――　233-234
政治的(政治の)――――　206, 227-228, 233-234
制度的――――　185, 204-205, 212-214, 234, 240, 255
道徳的――――　185, 204-206, 209-210, 213, 227, 255
文化の――――　233-235
法的(法の)――――　213, 233
コスモポリタン民主主義　228-231, 235-238, 241
国家連合　2-4, 10, 17, 19-21, 24, 38, 43, 54, 63-64, 67-68, 81, 102, 135-137, 144-146, 150, 152-153, 155, 177, 227, 235-236, 246, 266-268
コミュニケーション論　54

## [サ]

サンフランシスコ講和条約　291-292, 296
シカゴ憲法委員会　113
市民的公共性(論)　54, 62, 71
市民の自由　61, 63, 68, 191
社会的想像　189, 193
自由教会　16
十五年戦争　182, 191, 286, 296, 306
重層的(な)アイデンティティー　190, 194, 196
集団的安全保障体制　93, 139
十七条の憲法　306-308, 310
十二部族連合(アンフィクチオニー)　7, 26
主権の共有　23, 30, 153
承認の政治　181
審議的(熟議)民主主義(論)　54
人類共同体　12
スコットランド誓約集団　16
ストア派(主義)　12, 17, 116, 185, 230
正義　41, 76, 103, 105, 115-116, 119, 138, 184, 187, 240-241, 278, 289, 297, 301, 317-319
政治的判断力　62
世界ガバナンス(論)　249, 254-255, 267-269
世界共同体(論)　110, 113-117
世界共和国　64, 67
世界軍　101, 105
世界警察　101, 268
世界憲法　100, 103-105
世界国家　12, 67-69, 96, 120, 150, 152, 185, 189, 214, 226-227, 236, 250, 254-259, 262-266
世界市民　12, 52, 66, 68, 70-75, 149-150, 152-53, 183, 185, 197, 204, 206-207, 210, 226, 230-233, 238, 261
――――権　69-73, 75, 186, 232-233, 239
――――法　60, 63-65, 68, 70, 74, 91, 100-101, 231-235, 237-239, 266
世界社会　69, 107-110, 112-113, 189, 249, 259-261, 266-268
世界政府(論)　96, 100, 103-105, 107, 109-115, 118, 120, 146, 149, 185, 189, 205, 226-227, 249-251, 253-256, 260, 266, 268
世界秩序構想プロジェクト(WOMP)　228
世界統合論　205, 250-251, 254
世界平和　17, 87, 97, 101, 103, 105, 107, 116, 119, 196, 207, 240-241, 257, 273
世界法　91-92, 94, 99-102, 105-106, 109, 120, 231, 266
――――学会　102
――――研究会　102
――――体系　101-102
――――理論　102
世界連合　177, 249, 266-269
――――政府　266-267, 269

世界連邦　88-89, 91, 95-97, 109, 112-113, 118-120, 177, 189, 205, 226-227
――――運動　87- 90, 92-95, 97-100, 102-103, 106, 110-111, 113-114, 117-120, 203, 205, 231, 237, 240, 250, 252, 258, 266
――――主義者　89, 93-94, 99, 104, 105, 235, 260
――――制　92, 94, 98
――――政府　89-91, 94, 100-102, 104, 113, 116
――――創設運動　88
――――都市宣言　99
――――論　99-100, 104, 119
戦争謝罪　287, 289-290, 292, 296-297, 302-304, 320
戦争責任(問題)　277-278, 289-290, 292-298, 302-304
想像の共同体　165, 171, 189

[タ]

多極共存型政治体　22
多極共存型民主主義　22
多文化主義　4-5, 22, 29, 148, 166, 175, 181
地球資源配当税(GRD)　211, 214-215
地球市民　66, 204, 207-208
――――社会　66, 75, 189
地球社会　183, 194
地球正義(論)　117-118, 204-206, 208-212, 216, 240
超国家主義　192, 286
デルフォイ・アンフィクチオニー(隣保同盟)　11, 26
同盟　2, 10-11, 13, 33, 92, 96, 98

[ナ]

ナショナリズム　5-6, 18-19, 28-29, 39, 62-63, 106, 112, 144, 163-177, 179-183, 190-192, 194-196, 294
エスノ・――――　39, 165-166, 175, 180-182, 193
解放的――――　173-175
リベラル・――――　165-166, 168, 176, 206, 210
二重の主権　30, 35
ニース条約　137, 139, 143
日本国憲法　75, 77, 97, 288, 291

[ハ]

バーゼル講和条約　55-56
パトリア主義　164, 194-197
バルーク計画　94
東アジア共同体　286, 320
東アジア・パートナーシップ　286, 288, 320
ピューリタニズム　16
ピューリタン諸派　16
複数ネーション(民族)連邦制　5
福田ドクトリン　273
普遍的な友好(友好権)　60, 63, 65, 69, 73-75
平和構築(外交)　101, 147, 250, 268, 270-275, 277-279, 290, 303, 305-306, 311, 320
平和的生存権　75, 97
平和の制度構想　23, 134, 205, 241, 250, 320
平和連合(論)　17, 60, 64, 67-68, 72, 75, 230, 235-236, 258, 265-266, 269-270, 320
包括的核実験禁止条約(CTBT)　225
訪問の権利(訪問権)　66, 73-76
補完性　14-15, 42, 140-145, 149, 230

[マ]

マーストリヒト条約　3, 21, 131, 135, 137-140, 142-143
メイフラワー誓約　27
盟約主義　26, 40-41

もう一つの世界　259-261
モントルー六原則　90

[ヤ]

ユグノー派　16

[ラ]

リヴァイアサン世界国家　68, 150, 152, 189, 258
リスボン条約　14-15, 131, 136, 138-139, 143-144, 154
立憲主義　16, 33, 53, 61, 75-76, 111, 239
歴史教科書問題　294
歴史認識問題　294-295
連邦国家　2, 3, 5, 10, 17, 19-20, 24, 30-32, 38, 43, 49, 64, 81, 102, 135, 145, 153
連邦主義
　アメリカ型――　19, 31
　構成的――　145, 148-149, 151
　集権型――　32
　人格主義的――　145, 149
　分権型――　18, 42, 144, 146-148, 152, 249
　盟約的――　26-28
ローマ条約　135

[ワ]

和　289, 305-311, 318-319
和解　207, 250, 268, 271, 278-279, 287-289, 310-311, 316, 319-320

千葉　眞（ちば・しん）

1949年　宮城県生まれ。

1983年　プリンストン神学大学 Ph. D.（政治倫理学）。

西欧政治思想史・政治理論専攻。

現在、国際基督教大学教養学部教授。

主要業績
『ラディカル・デモクラシーの地平』（新評論、1995年）、『アーレントと現代』（岩波書店、1996年）、『デモクラシー』（岩波書店、2000年）、『政治と倫理のあいだ』（共編著、昭和堂、2001年）、『平和運動と平和主義の現在』（共編著、風行社、2008）、『「未完の革命」としての平和憲法』（岩波書店、2009年）、*Building New Pathways to Peace*（Co-ed., Seattle and London: University of Washington Press, 2011）.

連邦主義とコスモポリタニズム
――思想・運動・制度構想――

2014年5月25日　初版第1刷発行

著　者　千　葉　　眞
発行者　犬　塚　　満

発行所　株式会社 風 行 社
〒101-0052 東京都千代田区神田小川町 3-26-20
電話 03-6672-4001／振替 00190-1-537252

印刷・製本　中央精版印刷株式会社
装　丁　狭山トオル

 ISBN4-938662-75-2

## シリーズ『政治理論のパラダイム転換』発刊にあたって

二〇世紀末から世界は大きな変動期に入っていったが、政治理論の世界も大きな転換期にさしかかっている。アレクシス・ド・トクヴィルは、古典的名著『アメリカにおける民主主義』(一八三五年、一八四〇年)の序文において、注目すべき時代観察を書き記している。「それ自体がきわめて新しい社会には、新しい政治学が必要とされる。」二一世紀初頭の今、このトクヴィルの指摘は、われわれの時代的な観察および実感と呼応しているように思われる。

主権的国民国家、権力政治、支配と被支配のメカニズム、利益政治、議会主義、政党政治など、これまで既存の政治理論のパラダイムを組み立ててきたさまざまな制度や理念的前提が、グローバルな規模で挑戦を受け、激動する社会と政治の現実に対してズレを示し始め、既存の認識枠組みでは十分に説明できない「変則性」(anomalies/トーマス・クーン)を示し始めている。環境問題、情報化社会の出現、グローバリゼーション、民族紛争、テロリズムと報復戦争の悪循環、持てる者と持たざる者との地球規模の構造的格差など、現代世界は大きな変容を示している。しかし、現今の政治学の状況は、こうした世界の激動に相即する新たな認識枠組みおよび分析枠組みを必ずしも構築し得ているわけではない。つまり、今日の政治学は、新たな政治理論のパラダイムを取得し得ているわけではなく、その具体的形姿を示し得ているわけでもない。事実、現今の政治学は、いまだに政治理論のパラダイム転換を模索する途上にあり、しかもそうした摸索の試みの初期の段階にあるといえよう。
　本シリーズは、こうした激動する社会と政治の現実および知の今日的展開を踏まえつつ、政治理論のパラダイム転換にむけて、政治学の諸種の基本概念やイデオロギーや制度構想の再検討を行うさまざまな試図を表している。本シリーズにおいて再検討と再吟味に付されるテーマには、主権国家、市民社会論、平等、環境、生命、戦争と平和、市民的不服従、共和主義、コミュニタリアニズム、リベラリズム、デモクラシー、ナショナリズム、連邦主義などである。本シリーズは、こうした再検討の作業を通じて、三つの課題を追求しようと試みている。第一の課題は、政治理論ないし政治思想の基本概念、イデオロギー、制度構想の変容過程を仔細にフォローしつつ、その意味内容を精確に認識することである。第二の課題は、第一の作業を踏まえて、そのような基本概念、イデオロギー、制度構想が、現代においてどのような意味合いと役割を持ち得ているのかを、種々の角度から具体的に問い直し、今日の社会、政治、世界に対して行動および政策の規範や指針や方向づけを提示することである。そして第三の課題は、とりわけ日本の現状を問い直しつつ、日本の社会状況および政治状況に対して、分析と批判、方向づけと提言を行っていくことである。こうして本シリーズの目標は、政治理論の分野において新しい知のパラダイムを模索していく過程で、幾多の啓発的かつ果敢な理論的試みを示していくことにほかならない。

（シリーズ編者）千葉　眞／古賀敬太